年報・死刑廃止2017
特集
ポピュリズムと死刑

HOSAKA Nobuto

UKAI Satoshi

IWAI Makoto

特集：ポピュリズムと死刑

ポピュリズムと死刑

保坂展人×鵜飼哲×岩井信（司会）

1 現在をどうみるか

トルコ、死刑復活へ向う？

岩井　今の世界を見るにあたって、ポピュリズムという言葉があちこちで見られます。パリやロンドンでのいわゆる「テロ」と報道されるような事件が起き、日本では相模原事件なども起きている中で、現在をどう見るかについて一緒に考えたいと思います。その中で、今、日本で死刑を廃止するのは非常に厳しい状況が依然としてあるわけですが、今後の道筋についても探っていきたいと思います。

今年の七月一三日に、死刑の執行が金田勝年法務大臣によってありました。再審請求中の人への死刑執行がなされて、大きな議論を起こしています。ドイツ大使館も抗議の声明を出している。これまでも、ドイツもしくはEU（欧州連合）が日本の死刑廃止を求めて活動したり声明を出したりしているというのは皆さんもご存じだと思います。一方、そのEUに加盟するため死刑を廃止していたトルコで、死刑の復活が唱えられています。昨年七月、トルコでエルドアン大統領に対してクーデターの未遂があった。エルドアンの支援者たちが、大きな声で「死刑の復活を求め、大統領の支援者たちが、大きな声で「死刑死刑」と唱えていると最近報道されていました。

『ポピュリズムとは何か』（ヤン＝ヴェルナー・ミュラーら著、岩波書店）の中にも、エルドアンが死刑の復活への批判に対して次のように応じたとあります。「重要なのは死刑を廃止するのかどうなのか、これは人民が何を言うかだ」と。その手法というのは、憲法改正に関する安倍晋三首相の姿勢とも通じるところがあります。

死刑の廃止に至る道については、いろんな議論があって、市民に選ばれた国会議員が熟した議論の中で廃止をするんだということをヨーロッパからの先例として学んできたわけですけれども、どうも最近はなかなかそう簡単に言えない状況が来ていると感じています。

そこでまず、現在というものをどう見るか、という大きなテーマのもとで、皆さんからお話をうかがいたいと思います。最初にヨーロッパが死刑の廃止をし、また理念的にも日本に対して死刑の廃止を求めるなどの動きをしていたのですが、難民をはじめ、いろんなことでヨーロッパが今揺らいでいるという報道を日々見てきています。鵜飼さんに、ヨーロッパもしくはフランスの現在をどう見ているかうかがいたいと思います。

鵜飼　いまトルコの例が出されたのですが、エルドアンという人自身がトルコ共和国の歴史の中で占めている位置というのは非常に微妙だと思うのです。一五、六年前にトルコに行ったことがあるのですが、そのときはケマリストと言いますか世俗的な民族主義者、つまり共和国「建国の父」とされるケマル・アタチュルクの思想を奉じているグループがまだ国政を握っていました。相当強権的な政権だったのですが、一方でEUに加盟するという展望を持ち、その条件の一つである死刑廃止に向かっていた。元来世俗主義的な与党が、西欧志向の現代的展開としてEU加盟を目指していたのです。

この加盟を実現するためには、トルコは大きく言って二つの問題をクリアしなければなりませんでした。一つは死刑の問題、もう一つは一九世紀後半から第一次大戦中の一九一五年に至るアルメニア人に対する迫害、虐殺の責任を認めるかどうかという問題です。死刑は廃止したけれども二番目の条件はなかなかすっきりとクリアすることができなかった。これはある意味で日本が東アジアで抱えている問題とも似ているわけですけれども、この虐殺がジェノサイド的な性格を持っていたということを、トルコの国会あるいは政府が、はっきり認めることができるかどうかが問われていたわけです。ところが二〇〇〇年代に入ってくると、ヨーロッパで九・一一以後反イスラームの風潮がいっそう強くなる中で、EUがイスラーム国であるトルコをメンバーとして迎え入れることができるかどうか加盟国の中でも抵抗が強くなっていったのです。ドイツばかりでなくフランスにも、トルコ人の移民は相当数住んでいます。イスラーム諸国の中でも一番国家体制がしっかりしているトルコ国民であるこの移民たちが、将来的にヨーロッパでどういう役割を果たしていくのか、どういう存在になっていくのかが議論の対象になりつつある。この文脈での死刑問題の位置には非常に微妙なものがあります。

他方いわゆる「テロ」事件の実行者のなかにトルコ人はほとんどいません。アラブ系、さらに最近は中央アジアの出身者が出てきています。トルコという要素の重要性は、日本ではなかなか理解されていないと思います。もともとオスマン・トルコはイスラームというより東ローマ帝国、ビザンチン帝国を継承した側面が強く、その意味では歴史的に常にヨーロッパの一員という側面を持っていたわけです。第一次大戦の敗戦国となったオスマン帝国の解体後に誕生した世俗主義の共和国であるトルコを、EUが統合できるかどうかは非常に大きなチャレンジだったと思いますが、現状では双方からいろいろな無理が生じてきていることは明らかです。アルメニア問題については、二〇一四年にエルドアンが追悼声明を出してからトルコ世論も多様化の傾向を見せていますが、そのぶん反欧米感情に根ざした死刑復活の流れが強化されることになったとも言えるでしょう。

議論の出発点としてもう一点。ファシスト的な政治家にとっては「殺せ！　殺せ！」と叫ぶ民衆ほど都合のいいものはないと言われてきました。その意味ではエルドアンは、ポピュリストという以上にファシスト的な側面の強い政治家という印象を持っています。

もう一方で、トルコ共和国のかなり強権的な世俗化の歴史の果てに現れた、イスラーム回帰を体現する存在としてのエルドアン政権の特殊性を見ておく必要があると思います。イスラーム諸国はほとんどが死刑存置国です。この間の政治情勢としてはイスラーム主義政党同士の抗争から生じたクーデターの問題とともに、クルド人の分離独立運動の問題があります。そういう中でエルドアン自身は、オスマン・トルコの擬似的な復活の演出に余念がありません。ISがケマル・アタチュルクによって廃止されたカリフ制の復活を唱えているときに、エルドアンは帝国の復活をイメージ戦略の中心に据えている。またシリアからの難民は大多数がまずトルコに越境してきますので、難民流入の増加を避けたいヨーロッパ諸国はいま、トルコ政府の強権的な政策に寛容な姿勢を示しがちです。エルドアンが死刑復活をほのめかしているのは、この地政学的な条件のなかで、トルコにとってEU加盟を優先的な課題としなくとも、対ヨーロッパ戦略で失うものは少ないと考えているからでしょう。それと同時に、ここまでEU加盟路線を進めてきた世俗主義的民族主義者、あるいはより左派のリベラルなグループに対する攻勢という意味合いもあります。リベラル派や左派はことに都市部では根強く、死刑廃止の維持を求めています。こうしたなか、内戦の可能性さえ否定できないような多面的な危機に直面しているエルドアン政権が、支持基盤の強化のために、死刑復活というテーマを強調しているということだと思います。

相模原事件と共謀罪に見る政治の劣化

岩井　今、「殺せ！　殺せ！」という言葉が出てきました。日本に目を転じてみても、ヘイトスピーチのデモでは相手を「殺せ！　殺せ！」という言葉が露骨に公の空間で出てきています。そういった中で、なぜ相模原事件が起きたのか、その社会背景を分析し、ヒトラーの時代に遡って少し考える必要があるのではないかと。岩波ブックレットなども発行してきた保坂さんは、最近の日本の状況をどう見ますか。

保坂　明日（七月二六日）未明になるとちょうど相模原事件から一年になるわけです。相模原事件で一九人の方が亡くなり二六人の重軽傷者が出たということも、スケールとして非常に大きなことですが、世界の中でもやっぱり障害者を、しかも声をかけて応答できないような人を選別して殺害していったというのは、二〇世紀のドイツで起きたような障害者の大量殺戮に共通する行為だと思う。そして昨年は国連の障害者権利条約のもとに日本も国内法を整備した年だったわけです。

相模原事件、そして共謀罪、一見すると全然違うアングルで存在するかに見えるんですが、私は政治の劣化ということで見事に背中合わせになっている問題だと思います。

相模原事件というのは、実は一年前の七月二六日に起こった事件ではなく、その五カ月前の二月に起きた事件だと見るのが妥当なんですね。一年前の二月に大島理森《ただもり》衆議院議長の公邸に二日連続で加害青年は手紙を持って訪れています。彼の手紙は、安倍首相ならわかってくれる、という内容でした。手口から何から先行的に予告をして、障害者を殺すしかない、自らこれは歴史の進歩であり革命なんだと、歴史的偉業にたとえて、またそれを評価してほしいというようなことが書かれている。

ところが、これだけ直接的に国政の場に予告していた事件であるにもかかわらず、これが国会で議論がまったくなされなかった。去年の七月というと、国会は閉会中で審議は秋の臨時国会ということになりますけど、今回、加計問題で閉会中審議をやっていますが、そういうことをやろうという声さえなかった。つまり国会で始まった事件だという認識が与野党ともにどこにも見あたらないということと、死刑廃止議員連盟が、私も事務局長を一〇年近くやりましたけれども、現在、残念ながら、一応存在はしているが動きはないという状態であることと無縁ではないと思います。

共謀罪は、国際組織犯罪防止条約、ＴＯＣ条約に入るというのが唯一の立法理由だったのは間違いないのですが、しかしそこにテロを防ぐため、事前にテロの芽を摘み取っておくという、一見すると万人受けする包装紙で法案をくるんで出したわけです。ただ、その包装の仕方というのはずいぶん荒っぽすぎて論理的に説明がつかなかったと思います。

一例を挙げると、どうして共謀罪が必要なのかという根拠を、九・一一の旅客機がハイジャックされて高層ビルに突入するという例を法務省は挙げました。野党側がハイジャック防止法には予備罪がある、「チケットを予約したとき」に拘束できるはずだと主張したのに対して、予備罪では、まさに空港に向かっているハイジャック・グループを事前に一網打尽にすることはできない、それは裁判例で明らかになっていると、金田勝年大臣は昭和四二年の東京高裁判決を出してきて「予備罪というのは相当慎重に犯罪の起きる直前でないと使えない」というところを引用して読みました。安倍首相もそこを引用し、「予備罪は簡単には適用できないから共謀罪が必要だ」と声を大きくした。ところがこの判決は破防法適用第一号事件「三無《さんゆう》事件」で一審有罪判決が出ています。この判決を不服として予備罪適用を求めた検察側の主張を退けて予備罪適用が認められなかった裁判例を探して来たのです。これは三無事件という、クーデター計画の共謀事件でした。破防法には、陰謀罪、共謀罪と同一の処罰があり、この事件は陰謀罪で有罪判決が確定している。

破防法の組織的殺人の陰謀罪で実際、有罪判決が出されている事件の判例を引き合いにして、なぜそれが共謀罪がないから立法が必要だという裁判例になるのか。おかしな話だ。

そういう意味では論理的にまったく説明がつかなくても構わない国会だった。残念ながらメディアでも三〇秒以内ぐらいで説明できないと、矛盾は矛盾としても問題になかなかならないというそういう面があったかと思います。

そこまでずいぶん議論したんだけれども、結局、TOC条約を批准しないと国際的な捜査協力で、身柄引渡ができないじゃないか、と政府が言ってたと思うんです。その阻害要因はまさに死刑制度じゃないかという議論がありましたか？　あれだけ共謀罪の議論をやったんだけど。

岩井　共謀罪の議論の中で、死刑相当犯罪の被疑者を死刑存置国の日本に送還することができないという問題があるとの指摘が先日の新聞記事でちらっとは出ていましたけど、実際はほとんど国会では議論されていないのではないでしょうか。

保坂　残念ながら、熱心な、非常に可能性のある議員の方はなお残ってはいるけれども、やはり政治の劣化ということそのものが露わになった現在じゃないかと思います。

岩井　相模原事件について、保坂さんはヘイトクライムとしての見方を提示されたんですけれども、現代の日本において、「ヘイトクライム」という言葉を使うことの意味はどこにあるのでしょうか。

保坂　感情的な衝動とか、その時の気分とかいうことで起きる犯罪というよりは、確信を持った思想に裏打ちされて、正しいと考えて実行した行為をヘイトクライムとして捉えましたね。

やまゆり園には、『相模原事件とヘイトクライム』（岩波ブックレット、二〇一六年）を書いてから周辺を歩いてみました。相当大きな施設で、それをあれぐらいの時間で一九人を絶命させるというのは、迷いなくずっとそれは続けなければいけなかっただろうし、二十何人も怪我をしているわけなので、かつての職員で建物の構造を熟知しているとはいっても、横に長い、広いところですから、まさにこの手紙で予告しているように、障害者は生きる資格はない、で、その障害者福祉やそういう施設を含めて虚構であり、多く殺せば殺すほど価値が高まるという確信犯の優生思想そのものです。彼自身はヒトラーの影響を受けたというよりは、あなたの考えと同じことをヒトラーが言っているよということを教えられてそうなのかと気づいたというふうに言っています。

ただ、それは国会では、精神障害者の措置入院以降の管理の問題だと矮小化されてしまって、殺されたのも知的障害者の方たちですけど、精神障害者のコントロールをより厳しくしなければいけないというポピュリズム的な方法に国会の議論も流れていったと思います。

ポピュリズムとフランス大統領選

岩井　例えばアメリカでは入管政策において一定の国の出身者を入れないとか、「殺せ！　殺せ！」という言葉とか、大統領選挙でも相手の大統領候補を刑務所に入れろ、という扇情的、扇動的な言葉が常に飛び交っていますよね。

保坂　あえて鵜飼さんにも意見をうかがいたいのですが、僕は、今非常にせめぎ合っているんじゃないかと感じるんです。ポピュリズム、「殺せ！　殺せ！」というような。例えばル・ペンだって大統領になるかわからなかったフランスの状況もあったろうし、トランプが確かに勝ったけれども、トランプ大統領の支持率は三六パーセントで、各州で絶対にトランプは支持しないという声も高まっているように思うし、日本でも政治の劣化等々あって、まずい状態はずっと続いてきたけれども、ここに来て、激しく双方が軋み合って、ぶつかり合っている、と僕は感じているんです。

鵜飼　ポピュリズムという言葉をどう考えるべきか大変難しいところで、今年はフランスの大統領選があって、その後、総選挙が行われたのですが、この言葉がメディアで使われるときには必ず、「右翼のポピュリズム」と「左翼のポピュリズム」という言い方になるのですね。保坂さんがおっしゃったように、国民戦線は非常に民族差別的な政党であると同時に、フランスの政党の中で唯一死刑復活を唱えている政党でもあるわけです。EUにとってはこの間、トルコとの関係だけではなくて、ギリシャとの関係も大変深刻でした。財政規律の条件を一律に課すと、連合加盟国中経済的に弱い国々は対外債務が増えていかざるを得ない。ところがこうした死活的な条件はブリュッセルの欧州評議会で官僚主義的に決定されたものので、国政選挙を通して変えることができない。加盟国の有権者である民衆は、なんとも理不尽な無力感を抱くほかありません。欧州連合憲法があまりにも新自由主義的だということで国単位で否決されても、もう一回選挙をやり直して無理矢理通す。フランス、アイルランドなどいくつもの国でそういうことを繰り返しつつ、二〇〇〇年代に入ってからのEUは、現在の体制を作ってきたわけです。そのことに対して、典型的にはギリシャのような形で、選挙で勝利した左派政権が異を唱える。あるいはスペインなどでも同様な動きが顕著になる。ユーロといっても結局偽装されたマルクに過ぎないではないか、EU統合はドイツの独り勝ちではないかという見方が強くなる中で、左派のほうにも当然のことながら、少なくとも今のEUに対しては、否定的な意見が広がっていきました。二〇一〇年代前半には、フランスの場合、社会党政権の大企業優先の姿勢が鮮明になると、左派がEUや政権のネオリベラリズムを批判すればするほど、投票行動では国民戦線の票が増えるという傾向に陥りました。とはいえ今年の選挙では、左派に「不服従のフランス」というグループが形成されて、大統領選では一一パーセントの得票を得ました。それに対し社会党は一〇パーセント、国民戦線は一四パーセントでした。共産党とエコロジー政党はそれぞれ三パーセント。フランスの場合新左翼諸党派も合計一、二パーセントの支持はあるので、トータルすると左派を支持する民衆層は日本に比べると圧倒的に厚いのです。ところがここで問題は、「不服従のフランス」が、他称としても自称としても、「左翼ポピュリズム」と呼ばれていることです。国民戦線のほうは自分たちの運動がポピュリズムと呼ばれることを拒否しているのですが、左派の側はむしろ肯定的に左翼ポピュリストを名乗るという構図になっているのです。

ベルギー人の政治哲学者にシャンタル・ムフという人がいて、政治においては合意を目指す理性的な討論以上に情動が重要だという議論をしています。彼女によれば、左派がこの認識を持たないかぎり、民衆は右のほうに持って行かれてしまう。左派はポピュリスト的な政治手法を忌避するのではなく方法的に路線化するべきだと主張して、今回「不服従のフランス」の選挙戦に参謀として参加しました。ムフの場合は理論的に明確な立場から、「左翼ポピュリズム」路線を肯定しているのです。

私などの眼から見ると、大統領選の勝者となったエマニュエル・マクロンの政治路線は、非常に不人気だったフランソワ・オランド前政権の路線を踏襲し、いっそうネオリベ的傾向を促進するものです。オランド政権ができなかったレベルにまで、解雇の自由化など、雇用者に有利な方向に労働法を改変しようとしている。つまり非常に攻撃的な新自由主義政権なのですが、「共和国前進」という政党を形成したマクロン派は、この新自由主義政策の被害を被る人たちに対してはセーフティ・ネットを提供するという主張もしていました。こうして「右も左も」というスローガンによって支持者を取り込んでいったのです。哲学研究から経済活動に転じ、さらに政党活動を経ずに大統領顧問として政界に登場した青年政治家という特異性を売り物に、マクロンは不人気な現職大統領の代わりに個人的な人気を獲得していきました。これも一種のポピュリズム現象でしょう。しかしフランスの支配的なメディアはマクロンに対し、ポピュリズムという言葉は、私が見た限り、一度も使わなかったと思います。

ポピュリズムという言葉は、こうした具体的な政治的力学のなかで実際には機能しています。ポピュリズムは分析のための概念というよりは政治的なレッテルに近い。自分の言葉として使う場合には、よほど注意してかからないといけないでしょう。フランス大統領選の過程でポピュリズムという言葉の使用によって暗に行われていたことは、「不服従のフランス」の支持層と国民戦線の支持層は相互浸透的であり排外主義にとらわれやすい、民衆階層の人たちほどレイシズムに侵されやすいという刷り込みだったのだと思います。それによってマクロンを、決戦投票に勝ち残った国民戦線党首マリーヌ・ル・ペンに対する、一種の救世主に仕立てあげたのです。

決戦投票では「不服従のフランス」の候補であるジャン＝リュック・メランションでもル・ペンに勝てるという数字が出ていたのです。ところが、この調査結果はメディアでは非常に小さくしか取り上げられませんでした。一般の見方とは反対に、マクロンのおかげでフランスが極右の脅威から救われたのではなく、極右の脅威や二〇一五年初頭以来フランスで起きたさまざまな暴力的事件が、マクロンを最高権力の地位に押し上げたのです。逆に言えば、マクロン派が権力を維持するためには、これまでの社会党の政治戦略と同様に、これからも国民戦線的な排外主義勢力を必要としていくことになるでしょう。国民戦線をヒール（悪役）に仕立てて、自分たちを対抗者として売り込むという戦略です。国民戦線がここまで伸長したのも、議会内の多数派勢力が左右を問わず、極右の勢力および思想を、政治システムに取り込んで利用してきた結果です。その構造を見ないと、民衆、大衆が本能的に、あるいは自発的に、差別や死刑を好むという議論になりかねません。

具体的な提案としては、日本ではポピュリズムという言葉をカタカナ表記でできるだけ使わないようにしたほうがいいと思います。矛盾した意味をいくつもはらんだこの言葉を日本語に訳したらどうなるか、そのつど悩むべきでしょう。少なくとも、何も説明していない言葉が、なにごとかを説明しているように流通していくのはよくないと思います。

生かせ！　生かせ！という潮流

保坂　今の鵜飼さんの話を聞いていて思うのは、「殺せ！殺せ！」というのもある種、情動的なエネルギーなんだけど、「生かせ！　生かせ！」というのも、やはり情動的熱狂でもある。というのは、私は去年の春からアメリカ大統領選挙の予備選挙でバニー・サンダースの動きをずっと追ってたんですよ。近くで運動していた人やサンダースのボランティアの人に取材をしたりしました。そこで感じたのは格差社会が来るところまで来たと。金がなければ医療にもアクセスできずに死ぬしかない、貧乏な家の子は教育が受けられない、というのは古典的な貧困の構図です。そこに対して、高学歴ではあっても借金は莫大だという二〇〇〇年代のミレニアム世代の若者たちが核になって、戸別訪問運動をやる。で、サンダースのカンパの勢いというのは去年の二月だとヒラリーを上回っているんですよ。日本円にして四〇億円ぐらいを、しかも一人三ドルとか非常に少額の最低限の募金で賄っているんです。その連中が今回、イギリスのメイ首相が敗北した総選挙の、ほとんど人気がなかったと思われていた労働党のコービンも、イギリスにおけるサンダース的な位置を占めたのかなと思います。大衆的な感情なり、勢いというのを組織するのが政治なので、多かれ少なかれそれは情動の部分は含むわけです。そこが、排外主義的な、あるいは誰かを踏みつけて自分たちが救済されるとか、誰かを貶めてすっきりするとか、自分たちの抑えつけられている痛みを忘れるとか、その部類の、ネオナチ型というか、ヘイトスピーチをやるような、そういうところに行くのか。連帯型というか、命を大切にしようというところの平等を組織するというのも十分僕は可能性があるというふうに思っていて、命を組織するというところの力が、日本の永田町の政治にまったくといっていいほど見あたらないというか、サンダースからも何も学ばない、その辺りが歯がゆい気がしますね。

岩井　死刑は、その情動の政治の中で一番のトピックになりやすいテーマですね。去年のアメリカの大統領選で、去年の秋頃はカリフォルニア州で死刑を廃止するかしないかの州民投票が行われた。事前の世論調査などの動向を分析すると、廃止の州民投票が通るかもしれないという話もありましたが、開けてみたら予想されていたよりも死刑廃止に対する賛成が少なかった。これには大統領選の影響もあったという分析の報道を読んだことがあります。そうすると、死刑というのは、情動の政治の中で非常に大きく揺れやすい、引きずられやすいテーマとも言えます。死刑の問題を、政治が劣化し、扇情的になっていると言われる中で、どのように議論を進めていったらいいのか。

一方では、冒頭で紹介したトルコのエルドアンのように、死刑をもう一度政治的道具として使おうという動きも再び強く出てきているわけですよね。さらに、今まで以上にいろんな事件が起きてくる。排外主義なり、障害者の方や難民であったり外国人であったり、ムスリムの人であったりという、ある一定のカテゴリーの人を排斥する動きが強く出てくる。このような状況下で情動の政治をうまく使おうと言っても、なかなか死刑の問題で具体的な議論を進めるのが難しいのではないかと思えるのですが、どうでしょうか。

鵜飼　私は一九九二年、安田好弘さんと一緒に死刑廃止時にフランスの法務大臣だったロベール・バダンテールの招聘に関わらせていただいたことがあります。その後、二〇〇一年の六月には欧州議会所在地のストラスブールで第一回死刑廃止世界大会のシンポジウムがあり、そこでバダンテールに再会する機会がありました。そのとき彼は「死刑の地政学」というタイトルの講演をしました。今年はロシア革命一〇〇周年でもあり触れておくべきかと思いますが、バダンテールの父はロシアからの移民で、メンシェビキのユダヤ系活動家でした。ボルシェビキがヘゲモニーを握った後、フランスに亡命してきたということです。そのような経緯もあって、バダンテールは社会主義諸国が革命後死刑を濫用したことに対し、非常に厳しい考え方を持っています。そのときは中国とキューバが、名指しで批判されていました。一方、日本訪問時のさまざまな交流の経験も、あるかたちで講演に組み込まれていました。彼は日本を、死刑を固有文化に埋め込んでしまった国と規定しました。ヨーロッパでもポーランドのようにカトリック信仰の根強い国では、死刑の廃止と妊娠中絶の禁止を天秤にかける傾向が強い場合もあり、バダンテールはそれぞれの国の状況に関わっていて非常に広い視野で議論していたのですが、固有文化に死刑を埋め込んでしまった国と規定したのは日本だけでした。確かに自民党政府は欧州評議会の代表団などに対し、森山眞弓法相の頃までそういう言い方をしていましたよね。

保坂　「死んでお詫びをする文化」と彼女は日本の死刑制度を文化だと語りました。

鵜飼　そう、死んでお詫びをする文化であると。一方民主党に政権が代わったあと、死刑の問題をめぐっては千葉景子法相の時期に大変複雑な局面があったわけですが、野田佳彦首相は死刑執行のとき、みずから「死刑は法制度の根幹である」という発言をしました。自民党時代には国連やEUからの要請をかわすために文化主義的な正当化がなされていたのに対し、民主党政権は首相自身が、非常にオーソドックスというか、ある意味カント的な、法制度の根幹は死刑制度であるという言い方が出てきたことは注目すべきではないかと思います。日本の法務官僚が非常に強い意志を持って死刑を維持してきた、その論理がむしろ、民主党政権期に露呈したのではないかという印象を私は持っています。歴史的に継承されてきたこの官僚集団の意志は、ただちにポピュリズムとはつながらないのではないかと思うんです。

2 ポピュリズムと死刑
橋下徹の登場

鵜飼　他方日本の文脈でポピュリズムと死刑と言えば、決定的な局面はやはり光市事件の裁判だったと思います。

この裁判の経緯は、橋下徹という弁護士がテレビでこの問題を取り上げて煽動したことと切り離せません。この人物の介入なしには、死刑とポピュリズムが、今のような形で結びつくことはもしかするとなかったかもしれない。一九九五年のオウム事件によって日本の死刑廃止運動は大きな打撃を被ったのですが、現在のポピュリズムとの関連でいうと光市事件は決定的に大きく、そのなかで橋下が果たした役割は繰り返し分析しなければならないと思います。それはのちに橋下が、明確に新自由主義的な政治家に転身したからでもあります。ポピュリズムと一緒に、新自由主義と死刑の関係もまた、考える必要があると思います。

最近ネットなどにしばしば現れるのは、死刑囚が処刑されずに生きていることは税金の無駄遣いであるという主張です。それはほとんど生活保護バッシングと同じような論拠から出てきていて、ここでは大衆の一部が新自由主義的な発想に染まり、全ての問題をこの論理で斬って捨てる傾向が見られると思います。ここを切開していく方法が死刑と他の問題の接点を探るという意味でも必要だし、可能でもあるのではないかという気がするのです。

厳罰化と裁判員制度

保坂　僕は国会、そして地方自治体と場は違うんだけど、政治を続けているので、あまり客観的にというのは言いづらい立場なんですけど、ほとんどの事柄において、情報公開と市民の参加というのはとても大事だと思っているんですけれど、死刑の問題については、情報を出す側の知性というか、整理の仕方、つまりフレームの作り方によって、結論はどうにでも動いてくると今でも思っているんです。

つまり、情報公開でオープンに、ボトムアップでみんなで議論しましょうと、それは今言うと、少なくとも常識的な線では、将来は死刑廃止が理想だけれども、当面は抑止効果のために存続はやむを得ないみたいな、そういうふうになるでしょうね。

死刑の問題のフレームを変える最大の良い機会は、裁判員制度の導入だったと思います。つまり籤で選ばれた裁判員が多数決で無罪、有罪を決める。その中で、この人はやっていないという無罪の確信を持った人も多数に従って量刑を決める場につきあう、有無を言わさず引きずられていくという制度設計ですよね。これはどう考えても出来が悪くて、「死刑」で全員一致ということにならないときには、罪一等減じて終身刑となす、というのが、どちらかというと厳罰派、死刑存置派側からも、そういうルールならわかるという意見が出ていたくらいです。

ところが、裁判員制度の改正案として、全員一致の時だけ死刑になる、全員一致にならざればいわゆる終身刑、重無期刑というのを創設して、そちらに自動的に振り替わるという法律を議員立法で作ろうとしたとき、かなり多くの議員が賛同しました。最終的に弁護士出身議員によって激しく阻止されてしまった。ここが今考えても非常に悔しい局面だったと思います。

日弁連もその後、死刑廃止のことで議論を進めたりしているのは進歩だと思いますけど、あのとき裁判員制度というのを生むわけだから、なぜ多数決で死刑という非常に重圧感の重い判断を強いるのかと。で、そうじゃないって言っている人が、量刑と言ったって、やってなきゃ、それはあるわけないので、そういう一人一人の国民の主権や市民の主権と言いつつ、非常にがさつな制度設計だったなと。

去年、裁判員法の定期的な見直しの時期があって、またチャンスは来たんですよね。つまり裁判員の経験者で、やっぱり死刑事件に関わって考え始めたという方は相当出てきているわけです。そこの議論をちゃんと精緻に編み上げてやるのが一つの可能性だったし、過去形だけじゃなくてこれからの日本の死刑制度というのを考えていく上で、そこの論点はなくなっていないと思います。

情念を制度に組み込んではならない

岩井　日本の場合、特に裁判員制度を考える際には、被害者参加制度のもとの裁判員裁判制度だというのが大きな制度設計上の特徴です。そのため、日本における情念というか情動が裁判の中に入ることが制度化されているともいえますね。
被害者もしくは被害者遺族の代理人弁護士も検察官の横に座って、検察官団ができる。その背後には被害者遺族が座ることもある。さらに、被害者遺族の代理人弁護士が被告人に直接の質問もできる。そうすると、弁護人が座っていると目の前に検察官がたくさん増えているようになるわけです。しかも、それが有罪、無罪の事実認定が決まる前の段階です。日本では有罪か無罪かという事実認定のプロセスと、量刑のプロセスが分かれていないので、被害者参加制度における裁判員裁判制度が事実認定に与える影響はきわめて大きいと思います。量刑の前提である細かい事実経緯についても、丁寧に争うとすると、反省していないとして見られかねない。しかも、裁判の外でのいろいろな声も、光市事件のときの橋下氏の扇動的な言葉をはじめ裁判に大きな影響を与えるようになっている。

ポピュリズムの場合、反エリート主義、反エスタブリッシュメント、反制度という側面があると思うんですけれど、日本では、市民の声、被害者の声により、ポピュリズム的な要素が色濃くなり制度化されていく。最近で言えば重罰化であったり、共謀罪等の犯罪の拡大化であったり、もしくは時効や親告罪の撤廃であったり。そういう意味では、エリートによって作られた制度への反発よりも、当然の形で制度化が実現している。

ポピュリズムという言葉で見られる現象を、もっと開いた言葉で丁寧に表現していくのが重要だというのは、今日、鵜飼さんから提起をされていますが、そこはどういうふうに読み解いていったらいいと思いますか。

鵜飼　死刑を廃止しているヨーロッパでも、厳罰化はある意味で進んできていると思います。フランスで私が身近に経験したことですが、デモで捕まった移民系の青年に数カ月の実刑判決があっという間に出たりしています。

この国際的な流れは、一旦死刑と切り離す必要があるかと思います。またポピュリズムとも、ただちには繋がらないでしょう。

一方でバダンテールの世代が死刑問題で頑張っていた頃、すでにヨーロッパではいろいろな形の政治的暴力が登場していました。来日時にバダンテールは、政治的犯罪に関しては死刑に抑止効果はまったくない、政治的大義があるところでは死刑は英雄になるために暴力的行動に出る傾向をむしろ刺激すると述べていました。死刑廃止は、その意味でも、政治と暴力の関係を変える意義があるという考え方だったわけです。この論点は、現在もなお、EUが動かすまいとしているポイントだろうと思います。

シャルリ・エブド事件が起きた二〇一五年一月、私はフランスにいたのですが、事件の数日後に「私はシャルリ」という合言葉のもとで大規模なデモがありました。フランス政府は新左翼まで含めあらゆる政党に参加を呼びかけたのですが、国民戦線にだけは呼びかけませんでした。その理由を問われた当時のオランド大統領は、「これは死刑復活のためのデモではない。国民戦線が参加すれば『死刑復活』のスローガンを叫ぶに違いない。それは共和国行進の精神にまったく反する」という趣旨の答えをしていました。国民戦線を共和国行進から排除する理由に、死刑問題が持ち出されてきていたわけです。

この事例はさまざまな角度から解釈できると思いますが、一つには、少なくとも死刑廃止をしている国では、今岩井さんがおっしゃったような法の空間に情動を持ち込むことに対する警戒、法は理性的でなければならず、感情を持ってはならないという原則が維持されているということでもあるでしょう。

日本でなぜ法的決定の場に被害者や被害者遺族が組み込まれ、感情の論理が裁判過程に影響するような事態になってしまったのでしょう。日本にしても以前からこのような構造が一般的だったとは思えないのですが、裁判員裁判制度の設立と並行してこの方向にプロセスが進んだという理解でよろしいんでしょうか。

岩井　人によって見方が違うと思いますが、二つの流れがあったと思うんです。それが結果的に合流した。被害者参加制度は、日本の刑事手続きの中で被害者の権利が失われてきたのではないかという動きが一部で強く進められていた。一方、もともとは陪審制度の推進から、職業裁判官による司法ではなく市民参加による司法へという流れにつながり、裁判員裁判を作るというところで被害者参加制度が入っていったというのが私の理解です。

保坂　いくつか経過があります。例えば私自身が関わったことですが、九七年ぐらいには、片山隼《しゅん》君という交通事故の轢き逃げにあった子の、加害者への不起訴処分。これについて両親は一切説明も聞けないということがありました。ただ、検察審査会があるという紙切れを出されて早く帰れというような対応で傷ついたと。この件で法務大臣を謝罪させたりしたことがあったのです。そののち、この前亡くなった原田刑事局長が、保坂さん、ご両親に会わせてくれないかというので、会って、謝罪して、もう一回、事実上の再捜査をやったような経過がありました。

あと、殺人事件の遺族、あるいは少年事件の被害者遺族が埒外に置かれていることに対する強い不満と要望が繰り返しあって、その犯罪被害者の手続き参加みたいなことが議論されるようになり、そこがあれよあれよという間に法廷でも傍聴席じゃなくて検事の横にいて、被告に対面する、そしてまた尋問もする。求刑もするのでしたか？

岩井　意見として言うことができますね。

保坂　それは刑事裁判として、客観的な事実を認定するような環境としてはどうかなと思います。だって、被告が否認したこと自体がけしからん話だ、ということになるのはわかりきっている。

　一方でその時に裁判員制度導入も近づいていたんですね。死刑廃止についても当時はかなり頻繁に集会も、それから先ほどの裁判員制度改正の動きもありましたので、根底ではやっぱり死刑制度を維持するために何をしてもいいというぐらいのことは、根底に流れているものとして何かあったんじゃないかな。法務官僚にとっては、死刑はどういう状況にあっても継続しなければならないというような枠組みの中に彼らはいたのではないかと思います。

　だって、重無期刑という終身刑を作ろうということに対しても猛烈な反対がありましたからね。

鵜飼　法務省から？

保坂　はい。裁判員制度導入の直前に、自民党の国会議員、加藤紘一さんとか、死刑存置、廃止問わず、重無期刑はあっていいんじゃないかとかなり大勢で議員連盟が立ち上がったんですよ。平沢勝栄とか、幅広い人が来て。それに対して、現在も仮釈放があまり行われていないとか、逆に終身刑は死刑より残虐であるという奇妙なご説明攻勢があって打破されました。そういうものをやっぱり潰しておきたかったということですよね。

　だから世論調査でも「もし終身刑があったらあなたはどうですか」という設問に切り換えると、だいぶ数値は変わってくるわけですね。死刑は絶対的になきゃだめだという人は減少するわけです。もし終身刑があれば、というところで、それなら、という人が増えるわけです。

　もう一つは死刑の当事者に国民全体がなったということじゃないでしょうか。今までは死刑というのは検事とか裁判官とか、一般の人があまり会うことのない司法官僚の手にあったわけです。ところが国民誰もが籤で選ばれて、死刑を言い渡すという、考えてもみなかったことに直面をする時代に入ったということが大きな一〇年だったと思います。

3 死刑を狭める道は

処罰ポピュリズムを乗り越えるために

岩井　そうすると、まさに今、国民という名前のもとで、自らが死刑まで決定できる制度になっています。この中で、どういう形で冷静に死刑制度の行方を議論できるのか。フランスで死刑を廃止した当時の法務大臣のバダンテールさんを以前呼んだときに私たちが学んだのは、選挙でミッテラン大統領候補が死刑廃止を唱えて当選し、その後、議会でバダンテール法相が演説もし、理性的な討論を経て死刑が廃止されるということでした。国会できちんと事実に基づいた冷静な議論をすることが死刑廃止への道として重要だということです。しかし、今、そういう形で議論を進めようとすると、それこそエリート主義だと、もしくは一部の人たち、官僚だけで独善的に政策を実現することになりかねない。一方で着実に日本では、重罰化と犯罪の拡大化、時効や親告罪の撤廃が制度化され、いろんな形で処罰のポピュリズム、ピナル・ポピュリズム（処罰ポピュリズム）が広がっています。民主主義と自由主義の緊張関係が、崩れ始めているのではないか。

そういう中で、どうやってこの死刑を狭めるのか、少なくするのか、もしくはなくすのか。この展望を最後に考えていきたいのですが、いかがでしょうか。

鵜飼　難しいですね。もう一回バダンテールが来日したときの発言を思い出してみると、フランスの死刑廃止は大統領選挙制度のなかで可能になったという点が重要でした。当時でも死刑というシングル・イシューで国民投票すればもしかすると存置派が勝ってしまったかもしれない。しかしミッテランは選挙公約の中に死刑廃止を含めていた。その上で、大統領になったのちに議会討論を重ねて廃止への道筋をつけていったわけです。死刑廃止はどこの国も同じパターンでなされてきたわけではない。日本の場合、バダンテール来日当時は執行停止という状況にありました。執行しなくてもそれで犯罪が増加するわけではない、大丈夫だということを、社会がだんだんと納得していく。日本では討論の積み重ね以上に、そういうプラグマティックなパターンが大切なのではないかと彼は言っていたんですね。

ところがオウム事件で大きな打撃を受ける前に、後藤田正晴法務大臣によって執行が再開されました。これはやはり法務官僚の意志ですよね。多くの国でポピュリズムと呼ばれる現象は、ときに反国家的であったり反EU的であったり、下層民衆の怒りが右派的に現れたり左派的に現れたりと、不安定性を特徴とするとみなされていますが、日本の場合のポピュリズムは、ほとんど常に上から組織されていると言えるのではないでしょうか。

一般的に言えばどの国でも議会制民主主義の機能不全によって国家と民衆の関係が非常に不安定になっていて、国家が執行権を発揮して民衆生活にプラスに働くような何事かがなされるということがほとんどないわけです。どんな経済政策にせよ、メディアが発表する疑わしい数字を通じて以外に、民衆が成果を実感することはありえません。そのなかで、自分たち国民が主権者だという意識が、一つ間違えると、もっともわかりやすい執行権の行使である死刑執行に喝采してしまうことになりかねない。

一方、民衆生活の底流には別の感情も流れていると思います。沈黙の情動と言っていいかどうかわかりませんが、「殺したくない」という感情のことです。バダンテールがもう一つ強調していたことを思い出したいと思います。相当昔のことですが、だいたい平安時代にあたる数世紀間、当時の支配階級に仏教の影響が広く浸透していた時代、日本には少なくとも記録上死刑のない時代があった。彼によれば、これは世界史的にもかなりまれなことだそうです。だから日本に固有文化なるものがあるとしても、そこには深い分裂もありうるわけです。一九九〇年代の当時、フォーラム90には必ずしもリベラルや左派の人たちばかりでなく、こうした文化的側面につらなる保守派の参加者も少なくなかったと思います。普遍的な人道的価値観から積極的に「殺すな」とか「命が大事」と表明することとはまた別の形で、生命を奪うことに対する根源的な忌避感みたいなものが生き延びてきているはずです。その領域をもう一回探りなおして、社会的な抵抗力と言えるところまで浮かび上がらせられるかどうか。結局のところ、法務官僚の巧みな誘導政策だけが功を奏する社会のありかたは限界にきているはずなので、民衆が処罰ポピュリズムによってしか主権者意識を満たせない現状の悲惨さが、そろそろ感じられてくる頃だと思うのですが。

殺せ殺せと生きろ

岩井　今聞いていて、保坂さんが冒頭で「殺せ！　殺せ！」という声に対して、「生きろ！　生きろ！」という形での情念の運動というのもあっていいんじゃないかと、それをサンダースの運動から学べるところがあるんじゃないかと話されたことを思い出しました。「殺させない」「殺さない」、もしくは法務官僚に任せないで、もう一度、ポピュリズム的なアプローチに近いかもしれないですけれども、「生きろ！　生きろ！」という情念の運動を展開する可能性というのはどうなのでしょうか。

鵜飼　ポピュリズムという言葉では、日本の民衆生活の底辺に潜んでいる感情を浮き上がらせるのは難しいかなという気がします。アメリカの場合は政治運動として、何より生きることが大事という主張ができるような空間が、民主党の左派などには存在するのかもしれません。いずれにしても、国家は生殺与奪権を持ち、自分はその国家に組織された主権者の一員であるという自己確認の回路が一方にあるとすれば、それとはまったく異質な、ともに生きるということの意味をたえず確認しなおすことを欲する民衆生活の回路があるでしょう。そこに届くような政治家の活動、政治運動や社会運動、あるいは地域の諸活動と、死刑廃止運動がつながれるかどうか。さっきも言ったように、新自由主義的な同じ論理で切り捨てられがちな他の諸問題との隣接性をどう発見するか。サンダースもそうなわけですよね。死刑はたしかに特殊なテーマですが、まったく孤立した問題ではなく、民衆、それも底辺の人たちがどうしたら生きていけるかという問題と切実につながっているはずです。そこにつながりがあるからこそ社会運動として生きてくるので、日本の死刑廃止運動も、他の運動との諸関係に、今までとは違う光をどう当てていけるか、その辺りかなと……。

岩井　そこは保坂さん、どうですか。

保坂　特に二〇〇〇年代の一〇年間ぐらい死刑廃止議員連盟という形で、執行に対しては抗議をしたし、また死刑の制度についての質問を重ねたりとかしてきたんですね。ある種の、特異な法務大臣ということで言うと、亡くなった鳩山邦夫法務大臣でしたね。次から次へとベルトコンベアーでやってもらったほうがいいという有名な発言もあったぐらいです。実は当初、九〇年代末ぐらいの死刑執行は秘密裏に行われていて、死刑を執行したのかどうかもはっきり認めないという扱いでしたが、執行したら執行したというふうに言うべきであると主張し、中村正三郎法務大臣時代にどこの誰が、と言うようになった。そうやって情報公開というのを一方で求めてきたわけです。やっぱり死刑の潜行性、秘密性が、特に執行に関してはあるが故に抽象的な死刑ということに終始していて、具体的に絞首刑というのがどのように行われて、どういう状況に立たされるのかというそのリアルな現状から国民というのは遠ざけられているという状態だったので、当時、刑場の視察もしました。

それが大きく変化したのは民主党政権で、千葉景子法務大臣が、非常に奇妙な理屈ですけれど、死刑を二人執行しておいて、刑場の公開を指示し、その結果、刑場は公開されたんですね。刑場の公開はニュースになったので、鮮明に覚えている人と忘れた人といるかもしれないんだけれども。タリバンの最高の娯楽が、サッカー場で死刑の執行を見せることだった。ＩＳでもやっぱり公開銃殺とか、ありますよね。世界中、まだ残っていると思うんです。死刑をショーとして提供する、要するに究極の国家や権力による殺害場面を見せる、そして見たいという人びとがいる。それがやっぱり日本にもあるのかなと、ちょっと危惧しましたね。

結局、絞首刑の行われる刑場は公開されて、首に繋がれるロープの部分、そこだけは出ていませんでしたけど、でもテレビが入って、こういうふうに下の床が開きますというのは公開されたわけです。

公開を求めていた時の予想としては、「やっぱり絞首刑なのか」ということで、その残虐性とそのリアルなありように関して、いろいろ考える人が増えるのではないかと予想していたんだけれど、これを空気のように呑み込んでしまうというか、「あ、こうなってたのね」以上の感想はないというような人たちも、残念ながら多かったと思います。

ですから相模原事件のことが今日の話の冒頭に出ましたけれど、ここ一〇年ぐらい、やっぱり国家権力、統治者を相対化する意識というのはすごく薄い。人々と権力は、意識の中で同一化してますよね。自らが国家であり、自らが死刑執行者であり、自らが法と正義のなかでこれは貫かれなければならない、というような感覚が若い世代も含めて横に広がってしまっていると思います。

そういう意味では、今、死刑廃止議員連盟があまり活発じゃないというのは、小選挙区制のせいもあるけれども、やっぱり時代の変化がより活動を困難にさせている面があると思っている。先ほど触れたとおりで、段階的に、裁判員制度で多数決ではなく、全員一致でしか死刑というのは出せないんだということで最少化するという努力。根拠としては現に冤罪が次々と出ているし、執行された冤罪の死刑囚もいるというところを論理的にきちっと示していく。法務省の官僚も死刑が大好きなわけではないんです。今の法務省幹部も、「日本も廃止されると思っています」と公言する人もいますからね。ただ、それは組織のメカニズムの中では、次々と執行へというふうになってしまうでしょうけど、やっぱりその司法官僚、法務官僚が死刑制度を支えて例外は作らせないということの強い力になっている以上は、その官僚たちを納得させて、死刑を最少化し、重無期刑も創出するということで、その段階での世論の喚起、これはできると思います。

本来は、死刑をここで止めるべきか、存置すべきかというところで、喚起したいんですけれども、僕は一時は諦めるべきだと思っていますから。ただ、今、この六年位、特に死刑廃止議連がほとんど動いていない。そうなってくると、バダンテールさんが言っていたような議会の中で議論が積み上がっていくという可能性はなかなか厳しい。段階的にやるって、議会が動かなければできないんですけれども、少なくとも政権を取るときに、裁判員制度の改正と、死刑の最少化や代替刑の創出は公約、マニフェストの中に入れるということはできると思います。そこを突破口にして考えられるのかなと思います。

岩井　本来は、議論を積み上げて政策を公約に入れるべきことですね。しかし、これをポピュリズムと言うか時代の雰囲気として言うかは別として、物事を相対化して見ることができなくて、相手を排除するか排除しないか、殺すのか殺さないのか、と非常に相対立する軸というか、わかりやすい議論しか、できない状況になっている。『ポピュリズムとは何か』におけるポピュリズムの定義は、「自分たちが、それも自分たちだけが神聖な人民を代表する」としています。自分たち「だけ」が人民を代表している。だから安倍首相が都議選街頭演説で言った「こんな人たちに負けるわけにはいかない」というあの言葉にも繋がると思います。「自分たち」と「こんな人たち」。そこには、政策の議論が噛み合う接点がなくなっちゃっている。こうした現状の中で、政治家が、議論の上で、公約の中に死刑の廃止、死刑の抑止を果たして入れることができるのでしょうか。

保坂　それは極めて属人的なことだと思いますよ。政治家というのは抽象的に存在するんじゃなくて、一人一人の人格として存在するわけで、そういう覚悟を決めて、今の死刑をめぐる大変多くの問題を考えた上で、このマニフェストで臨むべきだと、マニフェストを掲げるというからには、その選挙で、どうしてもこれでは勝てないだろうという判断が大半だったらそれは掲げられないですよね。そこは勝てるだろうと思います。私の判断ですよ。

　論理的に考えて、多数決で誤判の問題等々あるので、ここは死刑存置論者も含めてやろうと考えたところは、通過してしまって二度と戻れない地点の問題ではなくて、それ以後ずっと議論の環境としては悪化しているわけですから。そういう意味ではどうやったら死刑が制限されるのかというところから実現していかなければいけないんじゃないかと思います。

4 死刑廃止への道は？

岩井　今日はポピュリズムというキーワードで話をしてきました。このポピュリズムというのは非常に危険なキーワードなので、その内容を見なければいけないとも鵜飼さんから指摘されました。今、私が言おうとしているのは、重罰化であったり拡大化であったり、時効・親告罪の撤廃であったりと、そういう処罰を求める人びとの声が、着実に法務官僚によって制度化もされているという現在の状況、これをあえて処罰ポピュリズムと呼ぶとすると、この処罰ポピュリズムを超えて、死刑を、先ほどの保坂さんの言葉でいえば最少化していく、制限していく、なくしていくためには、何が今、求められているのでしょうか。最後に一言、お願いします。

鵜飼　死刑廃止に至る前、七〇年代半ばぐらいから、フランスでは死刑存置を求める世論攻勢が、一方で非常に激しくなっていました。バダンテールの証言を読むと、死刑判決が出る可能性のある裁判では、裁判所の周りを存置派が包囲して「殺せ！　殺せ！」の大合唱になっていたと言います。ところがその輪の中にいたある人がのちに殺人事件を起こし、その弁護をバダンテールが担当することになった。「殺せ！　殺せ！」と叫ぶ民衆は、ときに自分でも殺してしまう。そのとき初めて、自分がかつて何をしていたのかがわかったということなのです。

私は当時、日本ではこういうパターンはなかなか出てこないだろうと思っていました。被害者遺族がテレビなどで取材を受ける場合、どちらかというと俯いて、「極刑を望みます」と言うことはありました。しかし「殺せ！　殺せ！」の大合唱などということは、民衆の支配的な行動様態ではなかったと思います。ところが先ほど保坂さんが語られたように、執行に関する徹底的な秘密主義から部分的な公開への移行がどういう効果をもたらしたかというと、ネットなどでは、ある時期のヨーロッパの民衆がそうであったような、「殺せ！　殺せ！」的な言説が跋扈する事態が生まれました。しかし逆に言うと、民主主義のもとで死刑廃止を実現するためには、一回この転回点を経なければならないのかもしれないとも思うのです。執行を要求する国民はみずから殺す国民でもある。そのことが気づかれなければならない。民衆が「殺せ！殺せ！」と叫ぶ状態になることの恐ろしさが社会的に認知されてはじめて、ひとつ前に進めるのかもしれない。この道を、日本も何らかの形で通らざるを得ないところに来ているのかなという気がします。

ヘイトスピーチについては、街頭差別煽動にある時期参加していて離脱した人たちの告白がいくつか出てきていますが、ひとたび殺戮を是とする思想にはまってしまった人がそこから脱却したのちに語る言葉には、死刑問題にも通ずるものがあるのではないでしょうか。戦争に向かって日本社会が進んでいくなかで、こうした発言は大変注目に値します。これは『愛と痛み』で辺見庸さんも言われていることですが、憲法九条を守るということのなかに、死刑廃止も潜在的に含まれているはずです。そのような認識が護憲運動のなかにもっと広がっていき、むしろ九条を守るためにも死刑を廃止しなければならないというような立場表明が増えていってほしいと思います。他の問題も死刑問題と実は根でつながっている。本質的には相通ずる論点があるはずなので、そこをつなげる努力を重ねつつ活路を探るということではないでしょうか。

保坂　私自身が共謀罪で、今年一月頃からブログで書き始めて、一番多いアクセス回数があったのは四〇万、八回書いたので、一五〇万ぐらいのアクセスがありました。それは非常にビビッドな反応です。国会の議論やいろんな反応も、安保法制のように大勢の人がというわけではなかったけれども、刑事罰を三〇〇近く作るのに対して、何も理解していない法務大臣に法務官僚が代わって答弁する、その官僚答弁自体も著しく変わるという内容だった。全体の印象から見れば相当いかがわしいことが始まったなということは刻まれたんじゃないか。

実は一一年前、共謀罪が強行採決寸前だったたときよりも、報道量はずっと今回のほうが多いんですね。当時は、時に新聞が特集的に組むというぐらいで、連日のように社会面で書いたりテレビでやるとかはなかったんですね。当時から見れば、リベラル的な市民運動とか、共謀罪に反対をするような、社会運動として何かをやっている人というのは、はっきり言って減っていて高齢化している。だけど逆に裾野は広がって、多くの人が刑事罰というのはいったい何なのかということを考え始めた。逆に、それだからこそ、政権支持率が多少下がっているときには、有名事件の死刑執行することで持ち上げるということは経験則的に語られているようなんですけど、今日的にここまで下がると、それもなかなか難しいような気がします。国家の究極の刑罰権の行使ということについて、死刑は絶対で、これがなければこの社会は瓦解するというような大雑把な概念を持っている人が多いことは事実だけれども、それほど強固な、岩盤のような基盤の上に成り立っている感覚ではない。そこは揺さぶったり、別の方向にずらしたりしながらやっていく。

世界の動向を見れば今年七月に一二二カ国が賛成し採択された核兵器禁止条約に日本が参加しないというような歴史的な局面もあるわけです。テロと、ポピュリズムと、なにか絶望的な出口がないような状況ですが、普遍的な価値として、死刑の執行、死刑制度は止めていこうという動きをつくり出すことで、ＥＵや多くの国が選んできたこととまったく無縁にこのままあと一〇年、二〇年と日本はこの制度を持つ最後の国になっていくんだというところまでは悲観しなくていいと思います。でも、最後のほうになるのは、残念ながら事実かもしれないけれども、やっぱり死刑制度の見直しというのは政治のテーマとして残っているし、それを変えられるのは政治の場と、死刑をめぐる声を上げ続けている人びとだと思います。

岩井　今日は、保坂さんから、「せめぎ合い」の時代なのではないかという話もありました。現在を、私たちが「せめぎ合い」という形で問題を顕在化し、土俵をつくり、接点をつくっていく、そのチャンスがある時代と見て行動していきたいと思います。ありがとうございました。

（二〇一七年七月二五日、港合同法律事務所にて）

死体が道に投げ捨てられる

──ドゥテルテ政権の悪夢

山口薫
公益社団法人アムネスティ・インターナショナル日本　キャンペーン部門ディレクター

一部の熱狂的な人気を得て当選した、型破りの口の悪い大統領、と聞けば米国のドナルド・トランプ大統領を思い浮かべる人も多いだろう。アジア地域に限定すれば、フィリピンのロドリゴ・ドゥテルテ大統領だろうか。フィリピンの大統領の発言が、悪い意味で多くの国際ニュースに取り上げられている。二〇一六年六月三〇日に第一六代大統領に就任したドゥテルテは、大統領選挙前から過激な発言で国内外の注目を集めてきた。就任後の薬物犯罪者に対する取り締まりは厳しさを増し、何千人もの国民が法の根拠もなく殺害された。批判が高まると、薬物犯罪者に対して、「そもそもやつらは人間なんだろうか」とまで発言したという(1)。

一国のトップが冷静さを欠く言葉を使い、一部の国民の権利を軽んじる態度は、欧米で台頭するポピュリズム政治を想起させる。あまり日本で報じられることがない、ドゥテルテの考えるフィリピンの死刑制度復活の動きはどうなっているのだろうか。

強いリーダーを求める国民と独裁化

トランプ大統領は人種差別や性差別を容認する発言を繰り返し、移民を排斥する政策をとるなど、物議を醸している。米国ではエリート対非エリートの対立だけでなく、人種間の分断が深まり、ポピュリズム政治の弊害が目に見えて深刻化している。フィリピンは歴史的な背景や差別は米国と全く違うもので、ドゥテルテの政治手法がポピュリズム政治であると簡単に断定するのは難しい。

ポピュリズム政治とは、大衆迎合主義と言われる。エリートを否定し、一般大衆の願望を叶えるかのようにみせた利益主義的な考えだ。欧米では、経済の悪化につれて移民に職を脅かされると感じ、排斥するよう訴える一部国民に対し、彼らを煽る発言をして、世論を分断する政治家が増えてきた。

貧富の差が激しいフィリピンの場合は、エリート対非エリートの構造よりも、財閥が強い権力を握っている。経済格差をなくし貧困をなくす政策こそ、一般大衆には受けいれられるだろう。フィリピンの有名企業はほぼいくつかの財閥に組み込まれている。植民地時代の名残の大農園を指す、アシェンダ制の強い影響を受けている経済構造では、財閥と貧しい農家の格差は縮まることはない。常に雇用者と被雇用者、言い換えれば搾取する側とされる側に分断される。

揺れ動いてきたフィリピンの近代史の中で、貧しい人たちは常に犠牲になってきた。こうした貧しい家族を支えるのは、出稼ぎに移民として出る家族の一員である。ほとんどの貧しい家族のなかでは親戚の誰かが、シンガポールや香港、サウジアラビアでメイドとなって、リビアやアルジェリアの石油採掘現場で、パナマ船籍の船員として、世界各地へ散らばっている。海外へ職を求めざるを得ない貧困の現状が、薬物犯罪に手を染める原因にも関連している。

政治が混迷すると、強いリーダーを求める国民の姿勢は、いつの時代、どんな社会でも変わらない。貧困にあえぐ国民の不満は政治へぶつけられる。大統領選挙のキャンペーンが始まった時、世論はドゥテルテ支持一色だったわけではない。いい候補者がいないといわれた選挙だったが、結果としてドゥテルテは第二位に二倍近く票差をつけて圧倒的な勝利を得た。人権侵害の発言内容よりも、積極的な経済政策などが支持されたようだ。貧困層への現金給付とインフラ整備を強く推し進めようと経験豊富な閣僚をそろえ、手堅い政策をとっているという(2)。

日銭を稼ぐことすら困難な人が多ければ、その場凌ぎでも、経済が良くなることを人びとは求めている。貧困層への現金給付は非常に魅力的な政策だろう。前政権の路線を引き継ぐため、目新しいものではないようだが、しばらくの間食べるものを確保するには十分だ。お金が入れば、違法なことに手を出さなくて済む。それに比べれば、過激な発言は聞いておもしろがって、自分に関係なければ気にしなければいい。そう考えれば、支持者が増えるのも納得である。

ドゥテルテは、ミンダナオ島のダバオ市長に一九八八年に初めて選出されてから、多選禁止の条項を避けた時期を除いて七期目までつとめた。当時から強権的な態度が強かったが、ダバオ市では治安の改善などの政策で評価が高かったといわれている。

もともと検察官出身のため、法の執行と犯罪の撲滅に関心が高かったことは推察される。ただし、当時も法の根拠なく厳しい取り締まりを行って「処刑人」との異名があったという。そんな政治家が大統領になったのだから、独裁的な大統領になることは国民にとって想定内だったかもしれない。

しかし、ドゥテルテだけがこれまでに独裁的な大統領となったわけではない。多くの国民にとって、フィリピンの独裁者、人権弾圧を行った大統領といえば、マルコス元大統領がまず第一に挙げられるだろう。第一〇代大統領、フェルディナンド・マルコス元大統領は、一九六五年から一九八六年までの二〇年間強権的な政治によって国民を支配した。共産主義と戦うとして、反政府勢力を一掃しようと軍事力を高めていった。治安回復のため、テロ対策の戒厳令を発し、多くの国民が巻き込まれた。その当時、反政府勢力掃討作戦中に女性の被拘禁者が軍の兵士に強かんされたり、性暴力を受けた女性が多かったという。多くの場合、反政府活動を行ってきた女性たちは合法的な、暴力を用いない活動をしていたが武装共産主義集団の新人民軍支援者のレッテルを貼られて標的にされたことがアムネスティの調査で確認されている(3)。

アムネスティ・フィリピン支部の元事務局長、オーロラ・パロン氏は、一九八二年に反政府活動家を助けたとして、逮捕され一年半拘禁された。釈放後、メディカル・アクション・グループ（ＭＡＧ）に入り、人権侵害の被害者に医療サービスを提供する活動に取り組んでいた。いまでもフィリピン人権救済委員会のメンバーとして、マルコス大統領時代に拷問を受けた被害者たちの救済を実現するために活動している。被害者たちにとっては、今でも苦しい記憶であって当時の傷をいやすことは難しい。

二〇一四年、アムネスティ日本支部の招きで拷問廃止のキャンペーンの一環として彼女が来日した際に、いかに当時の拷問が悲惨であって、人格を破壊するものであるかを語ってくれた。人間性を否定する行為は、即刻廃止しなければならないという強い言葉からは、被害者としての確信が感じられた。

現政権はこのひどい拷問を容認していた、マルコス独裁政権を彷彿とさせると、アムネスティ・フィリピン支部のキャンペーン・ディレクター、ウィルノア・パパ氏は危機感を強めている。マルコス政権の戒厳令で夜間の外出が禁止されていた当時、パパ氏は子どもながらに暗い、抑圧的な雰囲気をよく覚えているという。独裁政権は、最初は治安のためといって犯罪者を標的にする。そして次は反政府活動をしている者を標的を移し、徐々に人権活動家に対しても取り締まりを拡大していく。そうなったら、誰が国民の権利を守ることができるのか。フィリピン国民はマルコス政権でどれだけ犠牲になったのか、思い出さなければならない。そうでなければ、その当時と同じ状況に陥ってしまい、巻き込まれるのは国民だ。これが独裁政権の危険だと強く語ってくれたが、やはり国民一般の理解を得ることは難しいという。

超法規的処刑と死刑

大統領選挙で当選したら、死刑制度を復活するという公約をドゥテルテが掲げたのは、犯罪者、特に麻薬密売人の取り締まりを強化し、治安を回復することが目的であった。大統領就任後の初会見では、「身代金目的誘拐や強姦の犯人は死刑にする」「大統領になったら五万人の犯罪者を殺す」と述べた(4)。

薬物犯罪者が治安の悪化の原因と言われるのは、薬物の売買が高額の取引で行われており、それに関連して窃盗、強盗が増え、誘拐のケースも生じているためだ。取り締まりの結果を出すために、ダバオ市で効果があったという、警察だけでなく自警団にも取り締まりを許可するような手法を許したためと考えられる。自警団は私的に組織されているものの、薬物犯罪者の取り締まりを行い、抵抗する場合はその場で射殺してきた。

もちろん、こうした法に基づかない処刑である超法規的処刑は許されるものではない。しかし、ドゥテルテが大統領就任後、各地で警察や自警団が次々と超法規的処刑を行い続けている。

二〇一六年八月二二日、上院で超法規的処刑疑惑に関する審理が行われた。警察官僚であるデラ・ロサ長官は、二〇一六年七月一日にドゥテルテ大統領が就任以来薬物関連の捜査で警察に七一二人が殺害され、一〇六七人が自警団に殺害されたことを明らかにした。二か月もたたないうちにそれだけ多くの人が殺されたのだ。殺された人の数はその後も増え続け、二〇一七年七月には一万人を超えたともいわれている。これだけ多いと、人間違いや巻き込まれて死亡する人もいるのは当然だろう。

アムネスティの調査によると、薬物犯罪の捜査だといって、薬物反応の検査のために連れてこられたメトロ・マニラの警察署で殺害されたケースや、自宅の外で、薬物犯罪の容疑者とされる父親を探していた息子が自警団とみられるオートバイの男に射殺されたケース、密売人を探して警察が家宅捜索したときに、その場で射殺されたケースもあった。

貧しい国民が巻き込まれている原因はまた、貧困にある。アムネスティの調査によれば、国民同士で殺し合うことが奨励されてしまう警察内部の報奨金制度があることが判明した。一人殺害した場合に八〇〇〇ペソ（一六一米ドル、約一万六〇〇〇円）から一万五〇〇〇ペソ（三〇二米ドル、約三万円）で、現金での成功報酬が支払われるという。これは秘密裏に行われており、死者が出なければ支払いはない。また、警官が殺し屋に依頼することもあり、薬物使用者の場合は一人五〇〇〇ペソ（一〇〇米ドル、約一万円）、薬物密売人の場合は一人一万五〇〇〇ペソが支払われ、殺し屋の仕事量はドゥテルテ就任後、月二回が週二〜三回に急増しているという証言もある[5]。警察のあり得ない対応については理解に苦しむが、警察のモラルの低さをなんとかすべきだと簡単に批判できないほど、目の前の現金収入に負けてしまうような貧困の深い闇があるのだろう。

超法規的処刑による犠牲者が増える一方で、死刑制度復活に向けて政府は着々と準備をすすめている。二〇一六年末、フィリピン下院の司法改革部会で法案が審議され、故意の殺人などの罪以外で、死刑を復活させる議論が行われた。

国際人権基準としては、市民的及び政治的権利に関する国際規約（以下、「自由権規約」という）第六条二項で、「死刑を廃止していない国においては、死刑は、犯罪が行われた時に効力を有しており、かつ、この規約の規定及び集団殺害犯罪の防止及び処罰に関する条約の規定に抵触しない法律により、最も重大な犯罪についてのみ科することができる。この刑罰は、権限のある裁判所が言い渡した確定判決によってのみ執行することができる」としており、故意の殺人のような犯罪が最も重大な犯罪と考えられている。

薬物関連犯罪のような生命を侵害するようなものではない犯罪は、死刑を適用すべきではない。特に、薬物関連犯罪の場合は、証拠の隠滅が容易といわれるが、所持罪だけならその分えん罪となる可能性が高い。

下院の議論は、反対の意見など審議が長期化し、二〇一七年三月七日に下院法案四七二七として採択された。この法の適用は審議を通すために、対象は薬物犯罪に限られるという、まれにみる薬物関連犯罪のみに適用される死刑制度法案が可決された。さすがに薬物所持罪だけでの死刑はなくなったが、賛成二一六票、反対五四票、棄権一票であった。下院議長が議員に対して、「法案に反対、あるいは棄権するなら、要職をはく奪する」とあからさまな脅迫を行ったという、民主主義を覆すような事態での可決になった(6)。法案はこれから上院で審議される予定である。今のところ、審議が遅れる見込みだが、今年中に可決されないとは言えず緊張が続く。

この法案は薬物犯罪に限定したという点が、法案を急いで通したかったという大統領の意思の表れなのではないだろうか。つまり、超法規的処刑という無法地帯の状況がフィリピン全土で広がりつつあり、国際社会からは強い反発を受けている。しかし、死刑制度を復活することで、超法規的処刑をせずともハイペースで執行していけば同じような行為を合法的な手続きへ変更できることになる。

特に、二〇一七年二月に発覚した、麻薬犯罪捜査部門の警察官が、韓国人ビジネスマンを誘拐しケソンのフィリピン国家警察の本部内で絞殺した事件の影響は強いだろう。麻薬対策部門を一つ残らず解散することを命じ、フィリピン麻薬取締庁(PDEA)が、軍の支援を得つつ、麻薬取締業務を引き継ぐことを大統領は決定したという(7)。

殺害事件が発生したのは二〇一六年一〇月で、麻薬密売に関与したとして警察官が男性を殺害した。遺体は火葬され、遺灰は葬儀社のトイレに流された上に、男性の妻は犯行グループから身代金を要求され、五〇〇〇万ペソ(約一二〇〇万円)を支払ったという。在フィリピンの韓国人の人口は約一二万人と多く、商業だけでなく観光客も多い。この事件でドゥテルテは韓国との関係が悪化することを恐れ、薬物犯罪撲滅対策を一時停止し、汚職警察官を一掃することにしたのだ。

二〇一六年九月には、英国人貴族の娘が殺害されたことが判明したこともあったが、ドゥテルテは方針を変更することはなかった。いかに彼が経済的な影響を気にしているのかが分かる。

こうした大統領の素早い対応を見ると、人気取りのために動いているのではなく、計算をしているように思える。経済的な損失が生じないよう、人権基準ではなく経済効率で動いている。自国の利益のため、国民の声を聞いて機嫌をとる判断をしているのではない。大胆な発言の裏には、ち密な計算を行っているのかしれない。

トランプは、二〇一七年五月にドゥテルテに対し、超法規的処刑を行って薬物犯罪を解決しようとしていることについて、驚異的な仕事だ、祝福すると述べたという。同じような政治家に見えて、経済的観点などを見るとドゥテルテの方が一歩先を行っているのだろうか。

実は、フィリピンで死刑が復活するのはこれが初めてではない。

コラソン・アキノ第九代大統領の時代、一九八七年死刑制度を廃止して、アジアで初めて、すべての犯罪に対して死刑を廃止した国となった。その当時、死刑判決は減刑された。しかし、フィデル・ラモス第一〇代大統領の時代になると、殺人など凶悪犯罪が目立ったことによって、死刑復活を望む声が見られた。そこで、一九九三年に死刑制度復活の議論が始まり、翌年施行された。

その後、ジョセフ・エストラーダ第一一代大統領の時代では、カトリック教会の主導した死刑廃止に向けた死刑執行停止措置の導入を決め、グロリア・アロヨ第一二代大統領時代の二〇〇六年に死刑が再度廃止された。同年、フィリピンは、死刑廃止を定める自由権規約第三選択議定書に調印し、翌年批准している。

自由権規約の選択議定書を批准した場合の効力は、批准した国の国内法としても効力が生じることになる。そのため、死刑を復活させることは違法になる。そもそも死刑制度は、大統領一人の意思で左右されるべき制度ではないはずだ。しかし、超法規的処刑をも正当化するような大統領がいる場合に、実行力は期待できないだろう。

こうした歴史だけでなくこの間のドゥテルテの手法をみるとリベラリズム対ポピュリズムの政治構造ではなく、経済的な計算をしながら、自己の政策を推し進めようとしている様子がうかがわれる。

フィリピンの国民にとっても、米国大統領と同様に、大統領が大口をたたいて過激なことを言い、他国と対等に発言をする姿を見ると、頼もしいと思う人もいる。また、自分が言いたくても言えなかったこと、言ってはいけないことを、大統領が口に出して言うのだから、痛快と感じる人もいるかもしれない。

しかし、国民の間の分断が進み対立構造が深まる米国とは異なり、フィリピンでは、分断が進むのは、政府と国民である。国民は、政府が国民に対して仕掛けてきた麻薬戦争に巻き込まれ命を失うよりは、自首して窮屈で不衛生な刑務所に送られた方がましだというくらい、国民の命の価値が低下している。すでに自首した人は一三〇万人を超えるという(8)。

国民の声を届けるために

超法規的処刑や死刑制度復活に反対する政治家や団体も声を上げ続けている。アムネスティ・フィリピン支部だけでなく、死刑廃止団体や市民団体もあり、運動を展開している。彼らが声を上げること自体はまだ、規制されることはない。国民の声を集めて、実際に政府に大きな影響を与えてきたカトリック教会の動きも注目される。

一九八六年、ピープルパワー革命ともいわれるエドゥサ革命によって、マルコス政権が倒された際に、教会が大きな影響を与えたことは知られている。今でも人口の八割はカトリック教徒で占められているフィリピンで、教会の政教分離の建前はあるものの社会運動へのかかわりは強い。

その教会は当初はドゥテルテに対して強く政治的判断を求めることは控えてきたように見えるが、さすがに超法規的処刑と死刑に関して、反対の動きが強まってきたようだ。

二〇一七年二月には、フィリピンのカトリック司教協議会が死刑制度復活に対し、強い反対を表明した。同年三月にも、反対する文書を発表し、下院での法案成立を批判した。五月には死刑反対に関するデモ行進を祝福するとして、ミンダナオからマニラまでの二一日間の三万人の行進を司教協議会が企画した(9)。

すでに殺害された一万人という人数は、マルコス政権の一九七二年から一九八一年当時に亡くなった人の数を超える。殺害によって、薬物犯罪の問題が解決されるわけではない。単に国民を無法地帯に追いやり、命を危険にさらしている。特に貧しい人たちが標的にされ、殺害され、棒切れのように道に投げ捨てられている。

死刑制度を廃止した国は、事実上、法律上の廃止国を合わせると約七割を超える。死刑制度の復活は、廃止に向かう世界的な流れに真っ向から反するものだ。これまで、フィリピン政府は死刑を廃止した国として移住労働者など国外で暮らすフィリピン国籍者が死刑判決を受けた場合は、減刑を要請してきた経緯がある。判決を下した国にとって、国籍国からの抗議の意味は重い。死刑を復活したら、死刑廃止国としての敬意は払われなくなるおそれがある。

国連の言うことや、他国の言うことにまったく耳をかさない大統領に対して、国民自らがやはり反対の意思を表明し続けなければならない。

教会がかつて社会を変えてきた歴史を考えると、少しでも行進のような草の根の運動が広まることが、フィリピンの場合は結果として政権へ打撃を与えることができる。それはこれまでフィリピンの国民が勝ち取ってきた歴史が証明している。

ドゥテルテ政権の暴走を止めて、人権を尊重する方向に転換することができるのか、国民の判断にかかっている。

（1）二〇一六年八月二九日ＡＦＰ通信「麻薬常習者は『人間ではない』比大統領、超法規的殺人を正当化」　http://www.afpbb.com/articles/-/3098959

（2）「大統領の暴言目立つフィリピン　経済政策は前政権踏襲で堅実路線」菊池しのぶ『エコノミスト』二〇一六年一〇月一八日、八〇―八一ページ

（3）二〇〇一年一一月「フィリピン：恐怖・恥・免責―拘禁中の女性に対する強かんと性虐待―1」ジェンダー情報不定期便『のら』二九号、Philippines : Fear, shame and impunity: Rape and sexual abuse of women in custody. [AI Index : ASA35/001/2001]（March 2001）発行日：二〇〇一年一一月一五日、アムネスティ・インターナショナル日本

（4）二〇一六年五月一七日「東京新聞」朝刊

（5）アムネスティ国際事務局発表ニュース、二〇一七年二月二日、フィリピン：貧困層を殺害し続ける警察 http://www.amnesty.or.jp/news/2017/0202_6636.html

（6）二〇一七年三月一五日「アムネスティ国際事務局発表ニュース　フィリピン：死刑再開は薬物問題の解決にはならない」　http://www.amnesty.or.jp/news/2017/0315_6703.html

（7）二〇一七年二月一七日、ロイター「焦点：フィリピン麻薬戦争、韓国人殺害で「急ブレーキ」の理由」　https://jp.reuters.com/article/philippines-drugs-southkorea-idJPKBN15V054?sp=true

（8）「東京新聞」二〇一七年七月二五日朝刊

（9）Manila Times 二〇一七年五月二二日　CBCP, groups block death penalty bill　http://www.manilatimes.net/cbcp-groups-block-death-penalty-bill/328524/

死刑・
超法規殺人・
ポピュリズム

デイビッド・T・ジョンソン

（David Ted Johnson　ハワイ大学マノア校教授、
著書に『孤立する日本の死刑』田鎖麻衣子共著、現代人文社など）

トランプ政権と死刑

――アメリカは全体として死刑廃止へ向かっていましたね？

ジョンソン　二〇一〇年から五年間で死刑執行数も死刑判決も半減しています。また死刑制度を存置しようという世論も弱くなっています。死刑廃止州も徐々に増えてはいますが、いろんな意味でまだまだという感じもあります。

――二〇一六年一一月八日、大統領選挙と同時に、カリフォルニア、ネブラスカ、オクラホマで死刑制度をめぐる州民投票がありました。すべて死刑制度存置の形になりましたね。

ジョンソン　死刑に対する世論はアンヴィヴァレンツです。つまり良く思う面もあれば悪く思う面もある。こういう両方の思いが多くのアメリカ人にある。そういう意味で三州の州民投票の結果がアンヴィヴァレンツの現れだと思います。

――カリフォルニアでは州法改正案62号「死刑の廃止と死刑に代わる仮釈放のない終身刑の導入を求める」投票をしましたが、否決されました。もうひとつの検察側が提起した州法改正案66号は「死刑判決から執行までの時間の短縮を求める」もので、こちらは採択されたそうです。結局、死刑を求める形でしか世論は動かなかったわけですね。

ジョンソン　改正案62号は五三・八％対四六・二％で否決されました。ですから非常に僅差です。死刑廃止になる可能性が十分にあったと言えると思います。しかし結局存置の方にいってしまいました。もう一つの66号ですが、これこそぎりぎりのところで採択されてしまいました。ですから両方とも非常にぎりぎりのところで決まってしまったわけで、圧倒的な世論なんてない。ぎりぎりのところですからアンヴィヴァレンツという言葉が相応しいと思います。

――二〇一二年にもカリフォルニアで州民投票が行われ、廃止に賛成が四七・三％、廃止に反対が五二・七％でしたね。

ジョンソン　あの時、僕たち廃止論者は自信があるというのはちょっと言いすぎですが希望があったんです。でも結局負けましたね。

――ネブラスカが二〇一五年に州議会が死刑廃止を決議し、

州知事の拒否権を覆しました。しかしこの問題を住民投票にかけようという運動により、死刑廃止は保留になっていました。州民投票で六一％対三九％で死刑存続を選びました。

ジョンソン ネブラスカ州知事は、死刑廃止にならぬよう私財を投じ、自分のリーダーシップを利用しました。

――オクラホマの州議案776号は、国の憲法が禁止していない方法であればどんな執行方法をも認め、州の裁判所が死刑を「残虐」「普通ではない」という判決を出すことを阻止するために州の憲法を改正するというもので、可決されました。

ジョンソン 万が一、アメリカの最高裁が薬物注射の方法が憲法違反であるという判決を出してもほかの方法があるということにしたわけです。いろんな州で似たような運動がありましたが、今までに州憲法にしたのはオクラホマ州だけです。これからも増えるかもしれない。

――州民投票は大統領選と同時にやるのですね。大統領選にトランプ陣営が勝っていく流れと、死刑廃止が否定されていくような流れが連動しているのでしょうか?

ジョンソン アメリカは連邦制度ですから、連邦レベルで死刑のことを決めることができないので、死刑というのはほとんど各州の政策です。トランプの影響があったのは間違いないですね。

――この三つの州というのはトランプに投票した州ですか。

ジョンソン 違います。カリフォルニアは圧倒的に民主党です。オクラホマは確かに共和党です。ネブラスカはふだんは共和党ですが年によって利害もあるような気がするんです。でも一般的には共和党です。カリフォルニアは圧倒的に民主党のところです。

――じゃああまりトランプとは関係ない。

ジョンソン カリフォルニアの住民投票については何も言ってないと思いますが、トランプはこういうやつは死刑にするべきだというような発言をしますので、その発言の影響も間接的にあったと思います。

――ポピュリストの政治家トランプと死刑との関係についてどういうふうに?

ジョンソン トランプは死刑については無責任な発言の多い人ですね。一九八九年に、ニューヨークのセントラルパークという公園で強姦事件がありました。逮捕されたのは五人の少年で、社会問題になりましたが、トランプが自分の金を八万五千ドルだと思いますが、出して、ニューヨークの新聞四つに「死刑を復活せよ」という一ページ広告を出しました。その時にニューヨークに死刑制度はありませんでした。これがトランプのわりと早い段階での死刑に対する発言だったと思います。そのあと、トランプが警察官を殺した人を死刑にするべきだとか、子どもに対する性犯罪者も死刑にするべきだとか、このような発言をたくさんした人で、ある意味ではポピュリストのアピールでもあります。多くの人がそれを聞いて、はいはいと頷くわけですので。凶悪犯罪者は人気者ではありません。ですからその人を批判するのはわりと簡単なアピールで成功するわけです。

　今後のアメリカですが、トランプが四月にニール・ゴーサッチという人を新しい最高裁の判事に任命したので将来の死刑に対してかなり影響があると思うんです。保守的な人で死刑存置は明らかです。彼が任命されるまでは死刑に関しては四対四でした。しかし彼が任命されたことによって存置が多数になりますのでこれから死刑存置の判決が出るはずです。

超法規的国家殺人を支えるポピュリズム

ジョンソン　いまフィリピンでは、ロドリゴ・ドゥテルテ大統領によって超法規的国家殺人によって殺された人が三〇〇〇人くらいいると言われています。死刑ではないのですが、明らかなポピュリスト的な国家殺人です。

　国家が人を殺すことには二つの種類があります。一つは死刑、もう一つは非合法に国家が人を殺すことです。死刑がなくなってもこのような国家殺人が必ずしもなくならない。死刑と国家殺人について四つのタイプがあると思います。一つは死刑はあまりない、そして死刑じゃない国家殺人もない。例えばドイツ、フランス、ノルウェーなどがこれです。

　二番目のタイプは死刑をよく利用する国で、死刑じゃない国家殺人があまりない。例えばシンガポールです。

　三番目は死刑がたくさんあって、法輪功などの信者を超法規的に殺す中国です。

　四番目は一番面白いカテゴリーかもしれません。死刑の執行は停止されている、あるいは廃止されているのですが、国家殺人がたくさんあるカテゴリー。これはフィリピン、インドネシア、タイなどです。このように死刑と死刑ではない国家殺人を両方同時に考えてみると、死刑廃止の影響はある程度分かってくると思います。つまり死刑が廃止になっても国家殺人がたくさんある可能性があるのが、いろんな国に出ている現象です。それを可能にすることは一つにポピュリスト的なアピールだと思います。

死刑制度

超法規国家殺人	廃止	存置
少ない	ドイツ フランス ノルウェーなど	シンガポール など
多い	フィリピン インドネシア タイなど	中国など

——死刑が廃止された国で、テロリストがいるという国民的恐怖感を煽ってテロリストといわれる人の現場処刑がありますが、それはどう考えればいいのですか。

ジョンソン　事件の当事者が殺されているのですね。確かにフランスにもベルギーにもヨーロッパの国にも多少はあると思います。しかし他の国フィリピン、インドネシア、タイと比べればそんなに多くはない。別のカテゴリーかどうか。

　この図を見て僕が実感するのは、死刑がなくなっても国家殺人はなくならないという可能性です。正直言って、死刑よりは違法な人殺しが圧倒的に多くて、この問題は重要なことです。しかしほとんどの死刑を研究する学者はこのことを書かないのが残念です。

（談。二〇一七年六月二一日）

特集◎ポピュリズムと死刑

中東イスラーム世界における「死刑」

岡 真理

京都大学大学院人間・環境学研究科教授 現代アラブ文学

中東イスラーム世界における「死刑」ということで真っ先に思い浮かぶのは、「目には目を、歯には歯を」の同害報復を旨とするイスラームが、当然「命には命を」でありながら、同時に「赦免」をも認めていることだ。遺族が殺人者を赦すなら、殺人者は「命をもって償う」ことを免れるのだが、これについてはすでに別のところで書いたので（京都にんじんの会編『銀幕のなかの死刑』、二〇一三年、インパクト出版会）、今回はイスラエルによるパレスチナ占領という文脈で、より広義の観点から「死刑」について考えたい。

イスラエルは死刑制度そのものを廃してはいないが、実際に処刑が行なわれたのは一九四八年の建国以来二回のみで、一九六二年にアイヒマンが絞首刑に処せられて以降、死刑は実施されていない。韓国同様、実質的な死刑廃止状態と言えるが、それは、国内の司法制度の対象となる者たちの場合であって、一九六七年の第三次中東戦争で占領され、依然、占領下にあるヨルダン川西岸地区やガザ地区など、軍法が適用される地域の住民たち（パレスチナ人）に関しては当てはまらない。むしろ、「死刑」は、これら占領下に生きるパレスチナ人住民の日常である。

「占領」とは本来、一時的な非常事態のはずだ。しかも第三次中東戦争終結直後、国連安保理はイスラエル軍に対して新たに占領した西岸とガザからの撤退を命じる決議を採択している（安保理決議二四二号）。にもかかわらず、安保理決議を踏みにじって継続するこの違法な占領は、今年で五〇年を迎えた。「占領」という非常事態、違法な「暫定状態」がパレスチナでは五〇年もの長きにわたり継続し、既成事実化し常態化してしまっている。「死刑」と「戦争」は、国家権力による合法化された殺人の両輪だが、五〇年続く日常化した占領のもとでなされる殺人は、戦時における殺人というよりも、むしろ平時の社会における死刑により近いのではないか。占領下住民に対して行われている「殺人」を、従来の「戦争」という文脈ではなく、広義の「死刑」として考えてみたい。

一九六七年の占領地のひとつ、ガザ地区は、二〇〇七年にイスラエルによって完全封鎖された。封鎖は今年、一一年目に入った。現在、二〇〇万近い住民たちが移動の自由のみならず、人間らしく生きる自由を奪われ、この「世界最大の野外監獄」に一〇年以上にわたり閉じ込められている。それだけではない。数年おきに大規模軍事作戦に見舞われて――イスラエルは軍のジャーゴンでこれを「芝刈り」と呼ぶ――、そのたびに一〇〇〇人単位、一〇〇〇〇人単位で殺される。数年前、こうしたガザの状況について大学で話をしたとき、学生の感想のなかに「無期懲役、ときどき死刑、罪はパレスチナ人であること」という一文があった。ガザのパレスチナ人が置かれている状況の本質を射抜いた表現だ。「世界最大の野外監獄」は同時に、世界最大の処刑場でもあるのだ。

ガザに対するイスラエルの大規模軍事攻撃は「ガザ戦争」とも呼ばれる。たしかに、それは軍事的にも、また法的定義に照らしても「戦争」であるのだが、しかし、ガザで起きていること──封鎖という無期懲役、定期的な軍事攻撃という死刑──の内実は、占領者という全能の主権者が、その支配を肯わない者たちに対して繰り出す「懲罰」にほかならず、イスラエルの攻撃で殺されている者たちは戦争による犠牲者というよりも、懲罰のために国家権力から死刑に処せられていると言うべきだ。では、それは何に対する懲罰なのか。

二〇〇六年のパレスチナ評議会選挙で、ハマースが勝利を収めたことが、ガザの完全封鎖の引き金となった。EU(欧州連合)の選挙監視団やカーター元アメリカ大統領もきわめて民主主義的な選挙だったとお墨付きを与えたこの選挙で、ハマースは民主的な手続きによってパレスチナ人の代表に選出されたわけだが、ハマースを「テロ組織」と見なすイスラエルとアメリカはその結果を受け入れず、ハマース政権を認めなかった。結果、パレスチナはガザのハマース政権と西岸のファタハ政権に分裂し、二〇〇七年、イスラエルはガザの完全封鎖を開始した。難民のパレスチナへの帰還、そして、主権をもったパレスチナ国家の独立という、国際的にも認められたパレスチナ人の権利を手放さないハマースを自分たちの代表に選んだパレスチナ人に対する集団懲罰である。

「完全封鎖」もまた、見方を変えれば「死刑」である。ガザを出ることができれば、外の病院で適切な治療を受けられる癌や心臓病の患者たちが、イスラエルが彼らのガザ出域を認めないために、ガザの病院で出域許可を待ちわびながら亡くなっている。カルテに書かれた死因は「癌」や「心臓病」かもしれないが、ガザを出ることができれば生きながらえることができたのだとすれば、彼、彼女の命を奪ったのは封鎖であり、イスラエルであり、そしてこの事態を看過している国際社会でもある。

封鎖のもとで命を奪われているのは、このような重病患者だけではない。封鎖は構造的暴力だ。戦争のような物理的暴力とは違って、さまざまな要因が複合的にからまりあって生じる暴力である。そのため、因果関係は複雑であり、爆撃のように人間が瞬殺されたり建物が破壊されたりして、その暴力性や破壊性が即、目に見えて現れるわけではない。しかし、真綿で首を絞められるように、封鎖はガザの人々の生を内側から蝕み続ける。それは物理的暴力に勝るとも劣らぬ、人間の生を致命的に破壊する暴力だ。

封鎖により経済基盤は破壊され、ガザの失業率は四〇パーセント以上、世界最高水準にある。意図的かつ人為的に作りだされたこの貧困のなかで、住民たちの七割が国連や国際NGOなどの援助機関の配給に依存して、かろうじてその生を支えている（子どもたちの過半数が栄養不良による貧血を患っている）。配給される栄養価の低い小麦や油を大量に摂取することで必要カロリーを満たしているために、糖尿病などの生活習慣病がガザの「風土病」になっている。また、建築資材の搬入が禁じられているために、攻撃で破壊された下水処理施設が再建できず、数十万の人口集住地域の家庭排水が川に流され、地下水を汚染し、ガザの飲料水の九〇パーセントが飲料に適さない。だが、高価なミネラルウォーターや浄水フィルターを買うことのできない圧倒的多数の貧しい住民たちは、健康に有害と知りつつもその水を飲まざるを得ない。生きるために飲む水が彼らの健康を内側から蝕むことになる。さらに、それまで日に八時間だった電力供給が、今年の四月以降はわずか四時間足らずとなった。二〇〇万の人口が暮らす近代都市社会で、一日に四時間しか電力が供給されない事態が何をもたらすか。とりわけ近代医療は電気に依存している。保育器のなかの赤ん坊は、何時間も人工透析が必要な患者はどうなるのか……。完全封鎖は二〇〇万の住民に対する「緩慢な死刑」にほかならない。

そうした緩慢な死刑にさらされながら、かろうじて生をつないでいる者たちに追い打ちをかけるように、数年おきに大規模軍事攻撃が彼らを見舞う。三年前、二〇一四年の夏、ガザは五一日間にわたり、イスラエルによる、まさにジェノサイドと呼ぶべき凄まじい攻撃に見舞われて、二二〇〇人以上が殺された（うち五〇〇人以上が子どもだった）。このとき、封鎖の解除を停戦条件に掲げるハマースは、イスラエルの無条件停戦案を蹴り、世界じゅうから非難された。無差別に非戦闘員を殺戮しているのはイスラエルであるにもかかわらず、あたかもハマースが自分たちの要求に固執しているがために攻撃が続き、住民が殺されているかのように、その責任は無条件降伏を受け入れないハマースにあるかのように。その一週間後、ガザの市民社会の代表たちが世界に向けて英語の声明を発信した。「正義なき停戦など要らない」と題されたその声明は、「単に（開戦前の）既成事実（＝完全封鎖）に戻るだけの停戦など受け入れられない、そんなものを受け入れろというのは、私たちに生きながら死ねというのに等しい」と訴えたのだった（強調筆者）。

完全封鎖は、ガザの二〇〇万の人間たちから、「人間が生きる」ということの意味をすべて奪い去り、人間をただ、最低限のカロリーによって生命活動を維持するだけの存在に還元してしまう。人間が真に生きるとは何を意味するのか、ということを考えたならば、これもまたひとつの「人間の死」であるにちがいない（このことはまた、「終身刑」という刑罰が、「生命を奪わない」という一点をもって、果たして「死刑」よりも残酷ではない、より「人間的な」刑罰であると言えるのか、という問いを喚起するだろう）。

完全封鎖という「生きながらの死」と「緩慢な死刑」、そして大規模な軍事攻撃による文字どおりの処刑。これらは、イスラエルの占領に対しあくまでも抵抗する権利を放棄しない者たちに対する「懲罰」としての「死刑」だ。

一方、ガザと同じく一九六七年にイスラエルに占領されたヨルダン川西岸地区では、依然としてパレスチナ人の土地が簒奪され、イスラエルの入植地の建設が進行している。入植地の建設も入植者が占領地に居住することも国際法違反だが、現在、四〇万以上の入植者が西岸で暮らしている（その中にはイスラエルの閣僚もいる）。占領地では、イスラエルのユダヤ人と、パレスチナ人が混住しているというのが現実だ。入植者の多くは武装しており、占領下のパレスチナ人は日常的に彼らの暴力やハラスメントにさらされている。他方、イスラエルは、パレスチナ人による投石を「テロ行為」と見なしており、兵士は、テロリストであれば即、射殺してよいことになっている。

テロリストと見なされれば、パレスチナ人が即、銃弾を浴び射殺される一方で、パレスチナ人を殺傷する占領軍の兵士や彼らに護られながら暴力行為を働くユダヤ人入植者が処罰されることはない。彼らがイスラエルの国内法で手厚くその諸権利を守られているのに対し、パレスチナ人はイスラエルの軍法に支配されている。同じ土地に暮らしていながら、そのエスニシティによって――「ユダヤ人」か「パレスチナ人」か、ユダヤ教徒かムスリムか――、まったく別の法が両者を支配している。これはレイシズムだ。

西岸だけではない。歴史的パレスチナの全土が今やイスラエルの占領下にある。巨視的に見れば、客観的事実として、歴史的パレスチナの全域に、ユダヤ人とパレスチナ人が混在しているのだが、エスニシティの違いによって、服す法が異なるのだ。たとえば、この日本で、日本人と非・日本人で服すべき法が異なるとしたら？　たとえば、アメリカで、白人と有色人種では服すべき法が異なるとしたら？　それはレイシズム以外のなにものでもないが、パレスチナではそれが、「占領地だから」ということでまかりとっているのである。

いずれの社会においても、殺人はもっとも忌むべき犯罪とされている。ノルウェーのように殺人者に対して「刑罰」

ではなく修復的アプローチを実践する国もあるが、多くの国々が、死刑にするか否かはべつとして、殺人を犯した者が処罰されることを当然と考えている。言い換えれば、人間ひとりの命を奪うことは、相応の贖いが必要だということであり、それは、人間の命の尊厳、ひいては人間存在そのものの尊厳に至高の価値を置いているからだ。そこから死刑に対する異議が生まれる。国際社会は、中国やサウジアラビアなど「死刑大国」を厳しく非難する。しかし、国家が国内の国民を合法的に処刑することは大きな関心と非難を呼ぶ一方で、占領地で、占領に抵抗する人々を——占領に対して闘うことは、武装闘争も含めて、国際法的に認められた正当な抵抗権の行使だ——、占領者の主権の行使として合法に「死刑」に処しているイスラエルが、同様の厳しさで国際社会、とりわけ先進諸国から非難されないのはなぜなのか（大規模軍事攻撃における戦争犯罪が指摘されることはあるが、それすらも結局はうやむやにされ、イスラエルの犯罪が罰せられることはない）。これは「戦時」の暴力ではなく、「平時の」国家による懲罰としての殺人なのだ。

イスラエルが国民と占領下の住民に対して二つの法を使い分けているように、「死刑」に反対し、「死刑大国」を非難しながら、イスラエル支配下におけるこの人権のダブルスタンダード、レイシズムによるパレスチナ人の「死刑」をお咎めなしで可能にしている国際社会、とりわけ先進諸国もダブルスタンダードだ。二〇〇万もの人間を一〇年以上にわたり「ゲットー」に閉じ込めて、「生きながらの死」「緩慢な死刑」「大量処刑」を行なうことが、なぜ、国際的な非難も受けずに継続しているのか。「占領」を広義の「戦争」と見なすことで「戦争では人が殺されて当たり前」と考えるからか、それとも、イスラエルのプロパガンダに洗脳されて、「テロリストのアラブ人が殺されるのは仕方がない」と考えるからか。

占領下では、イスラエルと内通した協力者のパレスチナ人が、同胞によって処刑される「超法規的死刑」がたびたび起きている。密告は、パレスチナ社会を内側から蝕んで自壊させるために占領者が被占領者の社会に注入した毒素であり、超法規的死刑はその症状だ。超法規的処刑が非難されるべきものであることはもちろんだが、自爆テロにせよ超法規的処刑にせよ、いったい何がそのような忌むべき暴力を被占領者の社会に生みだしているのか、その根源——占領——こそ問われねばならない。責任は、その根源の暴力を五〇年間、放置している国際社会にこそ、ある。

【追悼】大道寺将司

大道寺将司

1948年6月5日、釧路に生まれる。
1971年〜75年、
三菱重工等、侵略企業への連続爆破、
未完に終わった天皇ヒロヒト爆破＝虹作戦を
東アジア反日武装戦線狼部隊として闘う。
75年5月19日逮捕、
75年11月12日東京地裁で死刑判決、
87年3月24日、最高裁にて益永利明くんとともに死刑確定。
確定まで日本死刑囚会議・麦の会の運営委員を担う。
著書に、1984年『明けの星を見上げて』れんが書房新社、
1997年『死刑確定中』太田出版、
2001年『友へ　大道寺将司句集』ぱる出版、
2007年『鴉の目　大道寺将司句集II』海曜社、
2012年『棺一基　大道寺将司全句集』太田出版、
2015年『残の月　大道寺将司句集』太田出版。

間近で見た確定死刑囚の三〇年

一九八七年三月二四日に上告棄却判決、
四月二七日から死刑確定処遇になり、
その後三〇年のあいだ確定死刑囚として
東京拘置所に拘禁されていた大道寺将司くんは、
二〇一七年五月二四日、
多発性骨髄腫のため息を引きとった。
六八歳であった。

小特集⊃【追悼】大道寺将司

大道寺ちはる
DAIDOJI Chiharu

死刑確定処遇

私は一九八六年一月に将司くんの母・幸子さんの養子となり、将司くんの妹として三一年のあいだ面会・文通を続け、将司くんを応援したり関心を寄せたりしている人たちに動静を知らせるため、「大道寺将司くんと社会をつなぐ交流誌　キタコブシ」という冊子を発行してきた。養子縁組で妹になったのは、死刑が確定すると家族以外は文通も面会もできなくなるという死刑確定処遇に抗うためと、将司くんの行く末を最後まで見届けようと決めたからだ。死刑確定処遇により家族以外の人との一切の交流を断たれるのは、社会から完全に抹殺されるということだ。直接の交流ができなくなれば、どんなに親密だった関係も徐々に希薄になる。それが明らかであるからこそ、法務省は基本的人権など無視して死刑確定処遇を強行する。家族や弁護人も含めて直接の関係者が少なければ少ないほど、法務省は死刑執行しやすいからだ。

将司くんを死刑執行させないために私たちはできるだけのことをしてきたつもりだけれど（現在も第五次再審請求中である）、病死をその成果だということはできない。死刑執行は多くの仲間たちに無力感や絶望感を与えるから、処刑ではない死だったことはよかったとしても、これまで多くの仲間が処刑されてきたこと、いまだに死刑制度を廃止できないことに将司くんは忸怩たる思いを抱えていたに違いない。将司くんは仲間たちが自らの死を悼んでくれると知りながら、「派手な葬儀はしないでほしい」と言い残した。多くの人を殺めた加害者であるという理由からだけでなく、死刑廃止運動のシンボルのようになってはいけないと感じていたからだろうか。

遺品から

奇しくも、永山則夫さんが処刑されて二〇年になる。永山さんが処刑された一九九七年八月一日の朝、刑場への連行に抵抗するような絶叫を聞いた、と将司くんは記している。

「八月一日（金）の朝、九時前ごろだったか、隣の舎棟から絶叫が聞こえました。抗議の声のようだったとしかわかりませんが、外国語ではありませんでした。そして、その声はすぐにくぐもったものになって聞こえなくなったので、まさか処刑場に引き立てられた人が上げた声ではないだろうなと案じていました。……」

「八月一日の朝のことを、改めて想い起こしてみました。ぼくが耳にしたのは、隣の棟で、何かに怒り、あるいは抗議して上げられた大声でした。ちょっと声の調子が高かったというようなものではなく、短い時間でしたが、振り絞った声に聞こえました。ですから〝絶叫〟という表現が間違いだとは思いません。……」（以上、『死刑確定中』）

将司くんを見送ったのち、七月八日に再度上京して整理した遺品の中に、一冊の本を見つけた。

「大道寺将司。昭和二十三（一九四八）年、釧路市生まれ。

永山則夫。昭和二十四（一九四九）年、網走市呼人《よびと》番外地生まれ。

両者は、年齢と出生地が近いが、およそそれ以外はあらかた、半生の大部分を距てる。もちろんその犯罪もまるで別個のものである。（略）……大道寺と、永山と。いまここで両者をそれと繋ぐ黒い糸について子細にはしない。だがしかしつらつらおもうに大道寺が永山に強い関心を示さないではおかなかったろう。大反響を呼んだ永山の最初の著作『無知の涙』、二作目『人民をわすれたカナリアたち』（両著とも、昭四六）。そこで剔抉《てっけつ》された繁栄の裏面に忘却された悲惨。大道寺は、どうしたってその現実を身近にしているはずである。はっきりと永山の主張するところを理解していたと。そしてそれが、どこかで以後の行動の機縁になった、とみられよう。……」（正津勉『「はみ出し者」たちへの鎮魂歌』平凡社新書）

翌日、開催中の「～ながやまのりお　のこしたもの～」の会場に立ち寄ることができ、自伝小説『木橋』（河出文庫）を手に取った。幼いころ厳寒の網走に遺棄された永山さんは、その後も親身になってくれる家族や理解者を得られないまま、自力で行き抜くしかなかった。将司くんは生んでくれた母とは別れても、丸ごと自分を受け止めてくれる両親に育てられた。永山さんとの交流について詳しく聞いたことはないが、繋がりはあったはずだ。

死刑確定へ

死刑事件の場合、最高裁判所は判決の前に口頭弁論の開廷をする。口頭弁論が行われると、その後一か月ほどで上告棄却の判決があり、死刑が確定するという流れになっている。いつから続いているのか、三審制といわれる日本の裁判の、形骸化した儀式のようなものだ。将司くんたちの最高裁の口頭弁論の期日が打診され、二回は延期させることができたが、さらに延ばそうとしたとき、「潔くない」と身近な人からも非難の声が上がった。

そのころは、永山さんの無期懲役の東京高裁判決が最高裁で破棄・差し戻しされ、再度の高裁での死刑判決が予想されるなか、最高裁の口頭弁論はしばらく行われていなかった。将司くんたちの口頭弁論を突破口にして、上告中の死刑事件を次々に確定させる目論みだ、と言われていた。人を殺めた身で死刑廃止を訴えるのは潔くないと積極的でなかった将司くんも、他の死刑囚と交流するなかで、十分に弁護されないまま短期間のうちに死刑判決を受けた人も少なくないこと、死刑制度は選民・差別思想に貫かれていることを知り、日本死刑囚会議・麦の会の運営委員を引き受ける。同じように逡巡していた木村修治さんを麦の会に誘い、多くの弁護士や友人に協力を要請して死刑廃止を訴える活動に全精力を傾けていた。自分の口頭弁論を少しでも先に延ばすことができれば、麦の会の仲間の死刑確定を確実に遅らせることができる、と将司くんは考えたのだろう。一審からの弁護人全員を解任して、口頭弁論をさらに延期させようと一か八かの賭けに出た。しかし解任された弁護士たちから繰り返し説得され、抗しきれずに新たにひとりの弁護人を選任。三回目の期日延期は叶わず、口頭弁論が開かれてしまった。

要塞のような最高裁の小法廷で、弁論を聞きながら私は泣きつづけた。ただの儀式のために神妙な顔をして大人しく傍聴することを拒否したかったのだ。たしなめられても従わず、正義面する役人に泣く人間もいることを見せつけたかった。閉廷後も、磨き込まれた廊下に倒れ込んで泣いたが、後から出てきた友人に「行こう」と声をかけられて泣きやみ、最高裁を後にした。

死刑が確定するという最後の審判の場に、本人は出廷することもできない。憲法判断しかしない最高裁と、控訴や上訴を取り下げて確定した死刑囚を早々と処刑してしまう法務省。三審制とは名ばかりで、最高裁は都合のいいお飾りにすぎないのではないか。将司くんたちの後、木村修治さん、秋山芳光さん、平田直人さんと、麦の会正会員の死刑が次々と確定した。今も死刑確定を押しとどめることはできない。

死刑確定中

死刑が確定すると、ぐっと世界が狭まってしまう。死刑確定処遇に変わる直前は、できるうちにやっておこうと面会や文通に忙しく、変更後に備える準備も種々あるが、処遇が変わるとできないことだらけになり、一挙に緊張感が高まる。本人も家族も拘置所の職員も同じだ。いつ死刑執行されるかわからない立場となる死刑囚は、精神的にも肉体的にも閉塞感が強まり、顔つきまで変わる。そんな日々を重ねるうちに、徐々に心も萎縮して、世間や世界が狭くなり、疎外感や孤立感が深まっていくのだろう。同時代を生き、同じ感覚で世界に向き合い、多様な人々と交わってきた将司くんも、死刑確定から数年たつと時代が戻ってしまったような古さを感じさせるときがあった。将司くんには面会に通いつづける母・幸子さんがいて、そのまわりには支援してくれる人たちが連なっていた。九州の仲間たちは、死刑が確定した将司くん、益永利明くんとともに原告となり、弁護人なしの本人訴訟である国家賠償請求「Tシャツ訴訟」を提起した。多彩な法廷闘争を展開して一部勝訴判決を勝ちとり、誰でも確定死刑囚に現金や切手の差し入れができるように処遇を変更させた画期的な裁判だったが、そんな動きをつくりだす仲間とつながっていても、現実の社会や時間から隔てられ、置き去りにされる感覚を持ったのだろうか。

将司くんへの追悼文に「三菱重工業攻撃の戦術的敗北の責任を大道寺君ひとりに終生負わせてしまい、当事者でなかったことを免罪符にして、その重大さを共に考えてこなかったことを許してほしい。……」（支援連ニュース四〇三号）と中山幸雄さんは書いたが、私も三菱重工爆破の結果を将司くんひとりに背負わせてきたと、遺体を前にして改めて感じた。処遇だけが確定死刑囚を孤立させたのではない。

母・幸子さんは、三菱で亡くなった方々への心の痛みは決して消えるものではないけれど、彼らのやろうとしたことをわかってやらなければと死刑廃止運動に参加していたが、けがや体調を崩して外出が間遠になると、将司くんとのあいだに新たな絆が芽生えたように見えた。社会から疎外された者どうしの連帯感のようなものが存在したのではないか。幸子さんは最後まで息子を信頼して寄り添いつづけ、将司くんも母を失望させることがなかった。将司くんの友人たちは、幸子さんが拘置所での面会を続けられるようにアッシー役を買って出て、最後まで幸子さんを、そして将司くんをも支えてくれた。

俳句

将司くんを最後まで支えたのは俳句である。遺品の俳句ノートは、一九九八年六月以降のものが五冊。差し入れてもらった俳句月刊誌や書籍、新聞の俳壇などから句を抜き書きし、「感情表現は避けるべき」「季語を信頼せよ」「常識は敵」などの注意書きや、旧仮名遣いの活用などをびっしり記したもので、多くの作家の句を通して鍛錬を重ねたことが見て取れる。将司くんは獄中の生活を「受験生のような毎日」と表現したけれど、読書量は半端でなく読書ノートもあったはずだが見当たらない。俳句ノートを残して廃棄したのか。もともと文語調で無駄のない文を書いたが、俳句では季語と古語、旧仮名遣いで古風な趣きのある独自の表現をめざしていた。風貌も、抑制的な生き方も、受験生というより江戸時代の浪人のようだった。

海曜社の企画で『友へ　大道寺将司句集』、『鴉の目　大道寺将司句集Ⅱ』を刊行。その後、俳句誌「六曜」の同人となり、間接的にではあるが、句を介した交流の機会も得ていた。

二〇〇七年以降、確定死刑囚も数人の友人との文通・面会ができるようになる。将司くんは家族以外に女性一名、男性四名との交流が許可され、そのうちのひとりでもある作家の辺見庸さんのすすめで二〇一二年に『棺一基　大道寺将司全句集』を刊行。一三年に第六回日本一行詩大賞を受賞（その授賞式で選考委員の福島泰樹さんは、永山さんが文藝家協会への入会を拒否されたことに触れ、死刑囚への授賞に敬意を表すると発言した）。将司くんの最後の句集『残の月』のあとがきには、加害の記憶と悔悟、震災、原発、きな臭い状況が作句を喚起する、と記している。息を引きとる二か月前まで俳句をつくりつづけた。

闘病生活

将司くんが多発性骨髄腫であるとわかったのは二〇一〇年四月。それ以前に、数か月に一度は高熱を発し、ひと月以上かけて回復することを繰り返した時期があり、湿疹にも悩まされた。感染症で命を落とすのではないかと案じたが、免疫機能に変調を来していたのだろう。ひどい腰痛だと聞いて最新の腰痛防止体操の本を差し入れたが、悪化したと怒られたりもした。狭い房内を時間をかけて這わなければ移動できなくなり、精密検査で骨髄腫と診断された。本人が医師から説明を受け、迷わず抗がん剤治療の開始を決める。獄外でできることはないかと尋ねたが、逆に、東拘の医務部への問い合わせや申し入れはしないようにと釘を刺された。家族として病気に重大な関心を持っていることを知らせる必要性を感じたが、本人が納得しているから不要だと言われた。拘禁施設で十分な治療が受けられないため適切な処置を求めて裁判を提起するしかない場合もあるだろうが、将司くんは病舎に移り日常的に治療を受けられているので妨げにならないように、ということだった。制約はあるものの親身に対応してくれる刑務官への気づかいもあったのだろう、検閲されるので詳しく書かないため、行間を読むしかなかった。

骨髄腫だと判明したころ、二人の知人女性が京都の同じ病院で血液がんの治療を受けていた。二人の経過と将司くんを比べても、病気の辛さと治療の困難さは変わらない。獄中ではできないことがたくさんあるが、本人は不満を感じていなかった。獄外の私たちは、日本骨髄腫患者の会などが提供する資料を入手・差し入れしたり、面会できるメンバーで病気の知識を共有し、経過がわかるように検査の数値をグラフ化したり、手紙で励ましたりした。東拘医務部は慶應大学病院と繋がりがあるので、慶應病院のセカンドオピニオン外来の受診を検討したが、紹介状もカルテも持参できないので諦め、京都で二人の知人女性の主治医に意見を求めることにした。血液内科の専門医として慶應の医師とも面識があるはずなので、東拘医務部にも繋がる可能性ありと考えたのだ。実際に役立ったかどうか不明だが、セカンドオピニオンを本人に伝えることで、家族が病状や治療に関心を持っていることは示した。

最初の抗がん剤治療は功を奏して、いったんは寛解になり、休薬することができた。抗がん剤の副作用が強く本人は辛かっただろうが、効果が現れると医師・看護師・刑務官にも喜んでもらい、ひと息つける時間を得た。確定死刑囚として拘禁されていることに変わりはなかったが、獄中だから不十分な治療しか受けられなかったとも言えない。休薬後、徐々に数値が悪化し、新たな強い痛みを感じるようになる。これまでの背中側だけでなく、おなか側の胸骨にも骨折が見つかった。別の抗がん剤の治療を再開するが、白血球の減少や貧血により中断。副作用に苦しむことがわかっていても痛みが軽減するので抗がん剤治療の継続を望んでいたが、体調が整わず、白血球を増やす投薬や輸血などが優先されるようになっていた。

最後の面会へ

これまで将司くんは、死刑囚は自分の死後のことを話題にすべきではないと言ってきた。当局から死刑執行を受け入れる精神状態になったと判断されるから、というのが理由だ。昨年一一月に面会したとき、持論を覆すように、「派手な葬儀はしないでほしい」と言った。遺灰を沖縄に撒くよう希望する友人を引き合いに出し、「東京湾にでも撒いてくれればいいよ」とも。私はとっさに、「釧路は寒くて嫌と言うならやめるけど、北海道に撒いてもいいよ、協力してくれる人もいるし、行ってくれる人もいると思う」と冗談まじりに応じた。暗い会話ではなく、病と闘う気力も十分に感じられたが、苦労して面会室のパイプ椅子に座り直した将司くんを、私は初めて見下ろしていた。新たな骨折で座高が低くなり、別人のような雰囲気に変わっていた。その年末に肺炎になり、年が明けた一月五日、東拘から太田昌国さんに、将司くんの意識が混濁したとの連絡があった。午後から太田さんがICUで面会したときは意識も戻り、大きい声は出せないものの将司くんが話し、太田さんは聞き役に回ったようだ。その後は回復して一般の病舎に戻り、体調について短い手紙やハガキで知らせてくれたが、面会する体力は戻らず、本や新聞の差し入れも見合わせるようにした。

死刑映画週間に合わせて上京した二月二〇日が、将司くんと話すことができた最後の面会になった。

一月五日の太田さんとの会話も記憶が曖昧だというので、記憶を補いながら二人で年末からの病状を確認した。医務では「二回も死にかけた（回復できた）のだから、しっかり食べるように」と言われていたようで、食べ物の差し入れを頼まれた。全身の痛みがひどく、くしゃみでも骨折しそうで力が入れられないこと、医師や刑務官が正月休みを返上して看護してくれたことなどを聞いた。温かいが結露がひどく湿気を吸った布団が重くて体が痛んで使えないこと（差入店から新しい布団を入れてもらった）、無理に入浴したが自分では洗えず看護師に手伝ってもらうようになったこと、車いすでの移動でも息切れがひどいことなども。それ以降、面会を打診することさえ避けてほしいと書いてくるまで悪化したが、五月に私が上京することを知らせると、また面会を了解した。

将司くんは太田さんと私が一緒の面会を望んでいたようだが、こちらにうまく伝わらず、ひとりで五月一五日の午前中に面会を申し込んだ。長く待ったあと初めて準ＩＣＵに通されて、管につながれて横たわる将司くんに会った。部長の説明によると、一一日に四〇度の発熱があり、一四日に意識が朦朧とし、熱は下がったものの意識は戻らない、という状態だった。午後に太田さんも面会できたが、やはり意識はなかったようだ。

意識は戻らないものの小康状態を保ったまま、将司くんは五月二四日午前一一時三九分、力尽きたそうだ。

二六日に遺体と遺品を引きとり、逮捕前に住んでいた南千住にある山谷労働者福祉会館に安置させてもらい、宗教的な儀式が一切ないお別れをした。花や縁の品に囲まれて、長年の重荷を下ろした将司くんは青白く痩せていた。斎場でお骨を拾うとき、意外にも骨がしっかりしていると言われた。腕立て伏せや腹筋で鍛えていたからなあと、元気だったころの将司くんの姿が思い浮かんだ。北海道に遺灰を撒くことを話したとき、網走に散骨された永山さんのことが念頭にあった。故郷に戻りたかっただろう、釧路の海に帰してあげたい、と思った。だが、最後まで寒さと骨の痛みに耐えていたから、冷たい北の海はかわいそうな気もして、まだ決めかねている。

大道寺将司同志追悼

こんな時代にするつもりじゃあなかった!!

浴田由紀子
EKITA Yukiko

一九七四年一〇月末だった。

「夕方六時半に、新宿駅西口、思い出横丁にあるペットショップの前で、手に最新の『週刊ポスト』を持って待つように」

それが、東アジア反日武装戦線大地の牙連絡員としての私に与えられた最初の仕事だった。「相手は、狼グループ連絡員、背の高い若い男で『週刊ポスト』を持っている」。

思い出横丁は今もある。そこは、ごく普通の大学職員だった私なぞ聞いたことも行ったこともない飲み屋街だった。待ち合わせ場所の下見に行った私は、不思議でならなかった。

「地下ゲリラは、普通のサラリーマンや善良な市民のように、外見も整えて生活しなければならない」。狼グループが発行した『地下ゲリラ教本　腹々時計』にはそう書いてあった。

目立たないように社会に溶けこむこと、それが鉄則のはずなのに、思い出横丁を行き交う人々は、〝普通の市民〟とは少し違う人のように見える。仕事帰りの顔の赤らんだ男たちが行き交うペットショップ前に、通勤服姿で一人立つ若い女は、明らかに目立つ存在だったはずだ。

「あのパンフとは違うじゃあないか、どんな人が来るのだろうか」。私は不安でならなかった。

彼は、ガードをくぐってやってきた。『週刊ポスト』を左手にかざすように持った中小企業労働者風の背の高い、やせた、色白の好青年がうなずいた。私は、あの三菱爆破闘争をやった地下組織の連絡員を目の前にして、緊張していた。

東口の、二人がけの椅子とテーブルだけが並ぶ喫茶店で彼は、「恋人同士のように振るまって」と言った。この日の話で覚えているのは、「三菱闘争は誤っていた。失敗したのだ。計画がズサンだった。予想外の取り返しのつかない結果を生んでしまった。君たちは、二度と同じ誤りをくり返さないでほしい」「あの闘争の責任をとることが、これからの私たちの義務だと思っている」という趣旨のことだけだ。

大地の牙は、三菱の闘争を批判的に見ていた。彼らの誤りを克服しないといけないとも考えていた。しかし、不十分で、失敗した闘争をこれほど率直に自己批判する左翼に私は、初めて出合ったと思った。以来彼は「共にある人」になった。

一九七四年八月三〇日以降の東アジア反日武装戦線の闘争は、三菱の誤りの克服、自己批判の実践として取り組まれた。絶対に人的被害を出さないこと、闘争の趣旨を明確に伝えうるものであること。

しかし、私たちは何度も何度も同じ失敗をくり返した。どう闘えば克服できるのか、どう生きれば責任をとれるのか？　闘争によってそれをなしえない以上、人を殺害した我々が生きのびる資格はない。私たちは（青酸カリの）カプセルを用意して、その〝責任〟を果たそうとした。

翌年五月一九日、カプセルを使うことさえも、我々の多くが失敗した。死んで責任をとる。「それさえも許されないのだ。そして、死んでしまっては、その責任を果たすことはできないことを私たちは知らされた。

彼はこの四三年近い年月、責任をとる在りようを模索し続けたのだ。どんなにむつかしくても苦しくても、まず生き続けることが、その第一要件になった。

大道寺将司は、それを闘い抜いた。

武装闘争への参加を決意した時、カプセルを用意した時、死刑判決を受けた時、死ぬことをよしとした彼が、自分を含む全ての死刑囚を国によっては殺させないために死刑制度に抗する闘いに立ち上がり、死刑囚として実社会とのつながりを断ち切られる中でなおその先頭に立って自らの役割を担おうとした。多発性骨髄腫という痛みの激しい病をえてなお、生き抜くこと、を自らの責務と課して、死刑制度に、たび重なる抗癌剤治療に立ち向かって、この年月を力の限り生き抜いたのだ。最後の最後まで全身全霊を尽くして、「八・三〇　三菱重工爆破闘争」の責任に立ち向かった。

五月二六日、幼い子供のように細く縮んだ体と、骨格標本のように骨のつき出た顔立ちをした遺体となって、彼はシャバに戻ってきた。

こうして、あの時代の一人の活動家がその生を終えた。

隔てられた塀の中から彼が俳句を送り始めたと知った時、私は「ああ将司君はようやく、その思いを吐露する仕方を見つけたのだ」と心からうれしかった。重く、苦しいその葛藤を彼はささやかにでも私たちに共有させてくれた。

私たちは六八年世代と呼ばれ、安保、沖縄、ベトナム、三里塚、学園・労働運動、戦争と侵略責任……を目の前にして、この国を変えようとした。その初志はまだ果たしえていない。あの日の仲間たちは今も、同じ思いを抱いて生き続けている。獄中だけが、活動現場だけが初志を貫く、あの日々の敗北の責任を担う場ではないことを今私たちは知っている。

こんな時代にするつもりじゃあなかった!!　あの時代を共にした仲間たちの多くは、生活者として、この国の、在りように抗し、生き闘ってきた。生活に、仕事に、次の世代の育成に、身を尽くしながら、日々後退していくこの国の流れに抗って生き抜いてきた。半世紀。持ち場は違っても、捨てきれない初志は一緒だった。

二〇一七年、この国の危機の時代を、それぞれの持ち場から共に！

（元・東アジア反日武装戦線大地の牙）

（初出「図書新聞」二〇一七年七月八日号）

2016 — 2017年

死刑をめぐる状況

死刑執行と抗議行動

二〇一六年一一月一一日の執行

死刑を慎重に適用させるという制度的保障の確立を

安田好弘（弁護士・フォーラム90）

問題だらけの田尻賢一さんの執行

今回、執行された田尻賢一さんと私たちは接触がありませんでした。ですから田尻さんがどういう方だったのか、事件後、どういう考えをお持ちだったか、どういうふうに生きてこられたのか、どういう理由で上告が取り下げられたのかという情報がまったくありません。地元熊本の新聞記事を見ると、いくらか田尻さんの人となりがうかがえると思います。例えば一審の意見陳述の時の記事ですが、「三〇秒ほど沈黙した後、肩を震わせながら、『なんの罪もない中津さんの命を奪って、逃げ回ってすみませんでした。七年前、右田さんの命を奪ってすみませんでした』と声を上げ、検察側や傍聴席の遺族に向かって、深々と頭を下げて謝罪した」と書いてあるわけです。こういう記事を見ると、確かに二人の人を殺め、一人の人に重傷を負わせ、強盗殺人という二つの事件を起こしたわけですけれども、その人となりが見えるような気がします。今日は一審の弁護人の方にメッセージをお願いしたのですが、残念ながらいただくことができませんでした。

今年は今回で二回目、合計三名の方が執行されたことになります。一回目は三月二五日に前の岩城光英法務大臣が吉田純子さん、鎌田安利さんを執行したわけですが、この時も私たちにはあまり情報がありませんでした。ところが最近になって、少し情報が伝わってきました。吉田さんは、毎日毎日、「死にたい、死にたい」と言っておられた。鎌田さんは本当に心静かに刑を待つという心持ちだった。吉田さんの処刑は、吉田さんが自殺するのを防止するための処刑だったとのことです。そして、その延長として、今回の執行があったのではないかと思うんです。

田尻さんは上告を取り下げて、刑に服する心境だったと思います。田尻さんは二つの事件を起こしています。ひとつは、二〇〇四年三月に熊本県宇土市で起こした強盗殺人事件です。借金に困って押し入ったのですが、発覚して殺してしまった。奪ったお金は一八万円です。それから七年後、二〇一一年二月二三日に熊本市で女性を殺害し、男性に重傷を負わせた。この時に彼が奪ったのは一〇万円の現金でした。なんともいたたまれないという感じです。

彼は熊本市の事件の二日後に家族に連れられて、自ら警察に出向いています。ですから自首ということで裁判では扱われました。そして起訴後の取り調べのなかで七年前の宇土市の強盗殺人事件が発覚して追起訴されています。裁判では、宇土市の事件についても自首が成立するかどうかが争点になりました。刑法では自首の場合は裁量的減刑といって、裁判所の判断で減刑できるとなっています。第一審では弁護人は二つの事件ともに自首であるから減刑されるべきで死刑を回避するよう主張しています。しかし、裁判所は、宇土市の事件については追及されて自白したものであるから自首ではない。熊本市の事件については自首だけれども、罪の意識から自首したのではなくて、追いつめられて自首したにすぎないから過大に評価できないということで、死刑を宣告したわけです。裁判員裁判における九件目の死刑判決で、死刑執行は二番目でした。弁護人が控訴し、控訴審の初公判が二〇一二年三月七日、判決が四月一一日ですので、ほとんど審理されないまま、死刑が維持されたんだろうと思います。

ここで注目すべきことですが、控訴審の判決を見てみますと、一審と同じく、熊本事件についてしか自首を認めなかったのですが、「自首については死刑を回避する事由にあたらない」と言っているんです。これは永山基準に則りながら、永山基準とまったく違うことを言っているわけです。永山基準は「総合判断死刑適用限定説」と言い

2016年11月11日に死刑を執行された方

名前（年齢） 拘置先	事件名 （事件発生日）	経緯
田尻賢一さん （45歳） 福岡拘置所	宇土院長夫人強盗殺人事件 （2004年3月13日） 熊本夫婦殺傷事件 （2011年2月23日）	2011年2月25日 午後自首、26日逮捕 2011年10月25日 熊本地裁（鈴木浩美）死刑判決 2012年4月11日 福岡高裁（陶山博生）控訴棄却 2012年9月10日 本人上告取り下げ

まして、被害者の数や犯情などあらゆる要素を総合的に判断して、死刑がやむを得ないと認められる場合には、死刑の選択も許される、つまり、どうしても死刑を適用せざるを得ない時だけ、死刑を適用するというのが永山基準の内容でした。ところが、それから二三年後、光市事件の最高裁判決では「総合判断死刑回避限定説」と言いまして、いろんな要素を総合判断して死刑を回避する事由がない場合には死刑を適用するほかないと、逆転させたんですね。公的には、この判決は例外だと言われています。しかし、先ほど申し上げましたとおり、「自首したところで、これが死刑回避の事由にはならない」ということですから、光市事件の基準が適用されたんですね。光市の基準は、裁判員裁判を前にして、裁判員にむやみに死刑を回避させないための基準だと言われています。ですから、この裁判に適用された死刑の適用基準自体からして問題があるわけです。

また、取下げによって死刑が確定したわけですから、裁判を受ける権利が確保されていなかったという問題があります。国連の規約人権委員会や拷問禁止委員会は、日本政府に対して必要的上訴、つまり、すべての事件について最高裁まで審理をするようにと勧告しているのですが、それにも反しています。裁判員裁判での一審死刑判決が高裁で逆転して無期になったケースが三件ありますし、過去、日建土木事件では、一審、二審が死刑で最高裁で無期懲役になっています。山中事件では一審、二審が死刑で、最高裁で破棄差戻しになり、無罪になっているわけです。このように、最高裁で死刑が無期になったり、あるいは死刑が無罪になったケースが現実にあるわけですから、この三段階の審理を確保しないまま死刑を執行するということには正当性がないわけです。死刑は国家の刑罰であって慎重の上にも慎重であるべきですから、いくら個人の自由だと言っても、控訴審や上告審の裁判を受ける権利を放棄するということに乗っかるわけにいきません。被告人が控訴審や上告審を放棄するのは、裁判に絶望している、あるいは裁判が苦痛であるからですので、むしろ裁判のあり方を問い直す必要があるわけです。

さらに、死刑を適用する裁判員が死刑について知らされていないという問題があります。死刑に関する情報がほとんど公開されていないんですね。死刑がどれほど残虐なものか、あるいは死刑が犯罪抑止に効果があるものなのか知らされていないのですね。誤判があることもです。そして犯罪を犯した人に死刑を適用することが、本当に民主主義の理念や思想に合致するのかどうか、死刑が本当に事件に対する最良の解決なのかなどが議論されていないのですね。そういう知識と議論のないところで死刑かどうかを判断すること自体、審理不十分だと思います。

金田勝年法務大臣は、執行後の記者会見で、「裁判所が慎重に審理して出した結論は、尊重しなければいけない」という趣旨のことを述べています。これは、自分が命令した死刑執行が正当であることの根拠を述べているのでしょうが、まったく、事実に反しているわけです。彼はいったいどういう記録を見たのでしょうか。田尻さんが上告審の審理を受けていないことは、一目瞭然で分かったはずです。ですから、今回の田尻さんに対する死刑執行は、職務怠慢であり、職責の放棄というほかありませんし、自ら弁明する正当性すらないわけです。死刑の執行は法務大臣しか命令することができません。これは、法務大臣に、裁判以上に慎重に判断させること、司法よりももう一歩高みに立って死刑の執行について判断させることを求めているわけです。彼は、そのことさえ知らないわけです。

　それから今回の死刑執行ですが、先ほどから出ている一〇月七日の日弁連の決議に対して完全な拒否というか、逆の世論を形成しようという意図が見てとれます。アメリカでは一一月八日に大統領選があって、同時にカリフォルニア州では州民投票が行われました。死刑廃止の決議と死刑推進の決議の両方が提案され、残念なことに死刑廃止は否決され、死刑推進が可決される結果になりました。しかも死刑廃止の得票数は、前回の州民投票の時よりもより少ないという状態でした。事前の予測では、死刑廃止が可決されるだろうと言われていましたし、それに見合う運動も展開されていました。また、ネブラスカ州では死刑を復活させるという決議が採択されています。さらに、オクラホマ州では死刑をそのまま存置するという決議が採択されました。オクラホマ州では二〇一四年四月に薬物注射による死刑執行で、注射された人が約四〇分間も苦しんだということでたいへん問題になって、それ以来、薬物注射で執行していいのかという議論が全米的に広がって、薬物注射による執行が差し止められたりすることもあったのですが、州民投票で死刑を執行してよいということが採択されてしまいました。死刑廃止にとってはとてもきつい状態になってきました。アメリカの世論が死刑存置に変わったと思われます。こういうことと軌を一にするような形で、日本では一一日に死刑執行をしているわけですから、そこには政治的な思惑があったのではないかと言わざるを得ないんですね。

　そしてちょうど死刑執行があった日に『犯罪白書』が公表されました。これを見ると、日本の犯罪傾向は平成七年からずっと減り続けているわけです。一般刑法犯にあっては、平成二五年に比べて約八％近くも減っているわけです。発生率などを見ても殺人の場合、日本は一〇万人あたり〇・八件。フランスは三・一件、ドイツは二・六件、英国は〇・九件、アメリカは四・九件です。こういうデータを『犯罪白書』で発表しながら、一方では同じ日に執行するということをやっているわけです。まるで、死刑のために犯罪が減っているかのようです。

信頼できる人から伝えられた情報ですが、金田法務大臣は就任早々から、「早く案件を持って来い。死刑を執行する」と言っていたそうです。それに対して法務省の職員は、日弁連の動きがあるので、今そういうことをやるべきではないと、控えていたというんですね。ところがあまりにもうるさいものだから一件だけ持って行ったというのです。もしこの話が本当だとすると、一二月にも再び執行があるかもしれないし、来年の二月、三月にもあるかもしれないわけです。鳩山邦夫法務大臣のように、あるいは長勢甚遠法務大臣のように死刑の濫発をしかねないと思うんです。

死刑執行は閣議報告事項だと言われています。ということは当然、安倍晋三総理も知っているわけです。つまり安倍氏の意向、感覚がこの死刑執行に反映しているわけです。その結果、安倍内閣では二七人というまれに見る大量の死刑執行がされてきているのだろうと思います。韓国では死刑については日本と同じ制度を取っていて、法務大臣にだけ命令権限があります。大統領には何の権限もありません。しかし、法務大臣は大統領の意向を忖度して死刑を執行してこなかったと言われています。金大中大統領の時から法務大臣は死刑執行をしてこなかった。それは、その後の三人の大統領にも引き継がれている。日本は韓国以上に官僚国家ですから、為政者のトップがどういう意向を持っているかが死刑執行を行うかどうかに大きな影響を与えていると思います。ですから安倍内閣の二七件という死刑執行の濫用もそういう意味を持っていると思います。

今後、運動をどう展開するか

私は、死刑廃止にとって、たいへん厳しい状況がこれから進行していくだろうと思っています。今回の死刑執行の時、日弁連からも抗議声明が出ましたし、アムネスティ、宗教者ネットや監獄人権センター、EU代表部、社民党、日本カトリック正義と平和協議会など、多数の抗議が行われました。これから弁護士会の各単位会からも抗議声明が出てくると思います。しかし今回初めてのこととして、犯罪被害者支援弁護士フォーラムという人たちが、死刑執行を支持するという記者会見を行っています。これはまったく新しい流れです。さらに一一月二日の衆議院法務委員会では、維新の会の議員が、日弁連の死刑廃止決議を前提として、弁護士法を見直す必要があるという事前の質問をやっているんです。そのあとの質問はまだ法務委員会が開かれていないのでやっていませんが、いずれ全面的に読売や産経が展開している論理を展開し始めるだろうと思います。つまり、強制加入団体が、死刑廃止というような政治的な決議を上げて良いのか、しかも反対者が存在しているのに、という議論です。弁護士法は議員立法として成立したものですし、弁護士や弁護士会には監督官庁がありません。これを見直そうというのでしょう。全世界が右傾化しています。ヨーロッパでも右翼政党が強くなってきています。アメリカでも先ほど三つの州で死刑廃止が惨敗したと言ってもいいぐらい、たいへん厳しい状況になっています。人権が当たり前ではなくなりつつあります。廃止と存置の対立が今までになく先鋭化しつつあります。日本でもそうです。

こうなってくると、私たちの軸足をどこに置くのかということがたいへん重要になってくると思うんです。私の考えは、死刑廃止に軸足を置くのか、それとも死刑の減少、少なくさせること、慎重にさせることに軸足を置くのか、二者択一じゃないですけれども、どちらに力を置くかということになるんだろうと思うんです。死刑を減らしていくという施策を具体的にそして現実的に考え、打ち出していく必要が出て来たんじゃないかと思うんです。死刑を減らすということは誤判を防止することでもあるし、あるいは死刑を濫発させないということでもあります。死刑を減らしていく、誤判を防止するということで一致できる人たちと一致して、それを実現していく具体的な運動を展開していかなければならない。誤判を防止し、あるいは死刑を慎重に適用させるという制度的保障の確立を私たちは具体的に考えて実現する運動を行う必要があると思うんです。そうだとすると終身刑を導入して、死刑ではない選択肢を確実に一つ用意するということが不可欠だと思うんです。さらに全員一致制を導入して、慎重であることの制度的な保障を実現すべきだと思います。さらに必要的上訴制度を設けて、裁判員裁判だけではなくて職業的裁判官にも審査させることを保障しようじゃないかということ、そういう具体的な施策。死刑を廃止するのではなくて、死刑を少なくする、そこに軸足を置いた具体的な施策の提言とその実現を目指した新しい動きを起こしていかなければいけないと思っているわけです。昨年の死刑廃止合宿でも提案しましたが、死刑廃止を言わない死刑廃止運動の展開、つまり、存置か廃止かという対立を先鋭化させたり、あるいは先鋭化した対立に巻き込まれることなく、死刑廃止に向けて着実に前進することが必要だと思います。いずれにしても、死刑廃止は少数派です。年齢を重ねるにつれて、廃止の人が存置に変わっていくことが世論調査の結果から分かります。死刑廃止に熱心な国会議員の多くの人が議席を失ってきました。選挙では死刑廃止を口にすることができません。死刑存置の人たちの理解を得なければ、死刑を廃止できないのですから、ぜひ皆さんにも考えていただければと思います。

（二〇一六年一一月二九日、参議院議員会館で行われた
執行抗議集会での発言。

初出『フォーラム90』一五一号）

二〇一七年七月一三日の執行

死刑が緩和される方向に向けて

安田好弘（弁護士・フォーラム90）

内閣改造直前の執行

七月一三日に、大阪拘置所で西川正勝さんが、広島拘置所で住田紘一さんが処刑されました。西川さんは六一歳、住田さんは三四歳。お二人に対する死刑執行は、どちらもたいへん大きな問題を抱えていて、それについて少しお話をしたいと思います。

今回の死刑執行ですが、僕たちはあの法務大臣だったらやるだろう、時期としてもこの国会が終わった後、内閣改造前にやるだろうと危機感を持っていました。しかし、私たちの予測をさらに超えたのは再審請求中の人を執行したことです。そこまではやらないだろうと思っていたのですが、この大臣はやってのけました。その問題点についてもお話していきたいと思います。いずれにしても安倍内閣はこれで二九人を執行したことになります。過去最大の数です。現在、死刑確定者は一二五人ですから、その四分の一に近い人を彼の内閣で執行したわけです。確かに、刑法では、法務大臣が死刑執行を命令するとなっていますけれども、死刑執行は閣議報告事項として報告されると言われています。また、事前報告もされているという説もあります。ですから、内閣総理大臣たる安倍晋三総理がこの死刑執行についてまったく知らされていないとは言えないと思いますし、それなりに指導性を発揮できる場面もあったのだろうと思います。この大量の死刑執行は、安倍総理の意向に反しないものであると言えるだろうと思います。ですから、安倍内閣が続く限り、容赦なく死刑が執行されると考えなければなりません。

特に、今回は休会中の死刑執行です。しかも金田勝年法務大臣の退任が目の前に迫っている中で行われた執行です。ですから、彼は、国会での質問に応じる必要もありませんし、法務大臣としての政治的責任も負わなくてもいいということですから、無責任というそしりを免れませんし、法務大臣のみに死刑執行命令の権限を付与した法の趣旨に反する執行だと思います。

法を無視した再審請求中の執行

再審請求中の執行について少しお話をしなければならないと思います。かつて一九九九年に福岡拘置所の小野照男さんに対して再審請求中の執行がありました。

私たちが知る限りでは、再審請求中の執行はこの一件だけですが、小野さん以前に四件ほど再審請求中の執行があったと言う人もいますが、確認がとれていません。

どうして、このような異例のことを金田法務大臣がやったか。今日の資料の三ページに「法務大臣臨時記者会見の概要」が掲載されていますが、そこを見ていただきながら、敢えて読んでみたいと思います。

「もし再審請求の手続き中はすべて執行命令を発しない取り扱いをするものということであるならば、死刑確定者が再審請求を繰り返す限り、永久に刑の執行をなしえないということになりまして、刑事裁判の実現を期するということは不可能になるものと言わなければならないところでございます。従いまして、死刑確定者が再審請求中であったと致しましても、当然、棄却されることを予想せざるをえないような場合におきましては、執行を命ずることもやむを得ないと考えております」。

皆さんに見ていただいている文章（註）と比べて、言葉の語尾は違うものの、その内容は、全く同じです。私が読み上げたものは、一九九九年に小野照男さんに死刑が執行されたときに、当時の臼井日出男法務大臣が、二〇〇〇年三月一四日の参議院の法務委員会で福島みずほさんの質問に対して答えたものです。皆さんに見ていただいているのは、今回の執行で金田法務大臣が七月一三日に記者会見で述べた言葉です。全く同じと言っても過言ではありません。これはどういうことでしょうか。一つは今から一八年前に再審請求中の人を死刑執行したことが、今ゾンビのように甦ったということであろうと思います。もう一つは法務官僚が作文をしており、しかも一七年前の法務官僚の作文が、未だに生きているということです。つまり死刑執行は政治家が決断しているのではなく、法務官僚が行っ

2017年7月13日に死刑を執行された方

名前（年齢） 拘置先	事件名 （事件発生日）	経緯
西川正勝さん （61歳） 大阪拘置所	警察庁指定119号事件 （1991.11.13～92.1.5）	1995年9月12日 大阪地裁（松本芳希）死刑判決 2001年6月20日 大阪高裁（河上元康）控訴棄却 2005年6月7日 最高裁（浜田邦夫）上告棄却 2017年5月11日 再審特別抗告棄却後、自力で再審請求申立て。裁判所から7月18日までに意見を出すようにという「求意見」が届いていた。
住田紘一さん （34歳） 広島拘置所	岡山元同僚女性殺人事件 （2011.9.30）	2013年2月14日 岡山地裁（森岡孝介）死刑判決 2013年3月28日 本人控訴取り下げ

ており、執行の説明さえも彼らが考え、大臣が記者会見で話す言葉さえも用意している。しかもそれが一七年の間、廃棄されずに生き続けているということだろうと思います。これが日本の死刑執行の実態です。そうすると今回、金田法務大臣が再審請求中の死刑執行をしたのは、彼の政治的な考え方やパーソナリティーの問題ではなく、いよいよ法務省が再審請求中の人の執行に乗り出してきたということではないか。一八年間控えてきた再審請求中の執行をいよいよ復活させたと考えていいだろうと思うんです。

ところで、金田法務大臣は、現在の法律では再審請求中であっても死刑の執行はできる、法律はそういう規定だと言っています。過去の法務大臣も同じように言っていますし、法務省の官僚も同じように言っているんですけれども、しかしもう一度、本当に法律はそうなっているかということを考えてほしいと思います。私は、法務省や法務大臣の考え方は間違いだと思います。憲法三二条は、「何人も、裁判所において裁判を受ける権利を奪われない」と規定しています。再審もまさにこれに該当します。再審請求中に死刑が執行されると、再審はどうなるかというと、それで棄却、つまり打ち切りになってしまいます。もっとも、執行された人の相続人は再審請求ができますけれども、新たな再審請求を起こさなければならない。ですから死刑執行は、その人の裁判を受ける権利を根本的に奪うことになるわけです。つまり憲法三二条違反であるわけです。

それから刑訴法四七五条には法務大臣が命令する、六カ月以内に死刑執行命令を発しなければならないとありますが、これには但し書きがあって、再審請求をしている場合は、この六カ月間の中に算入しないと書かれています。しかし六カ月経過後の再審請求については何ら規定をしていません。この条文の作成者は、死刑は六カ月以内に執行してしまう建前であるから、六カ月後のことについては規定する必要がないと考えたのだと思います。しかし、この六カ月以内に執行するとの規定が法的強制力がないとされている現行制度の下では、六カ月以降については、六カ月前と同じく再審請求中の人は死刑を執行しないと解釈すべきであると思います。誤って死刑を執行してしまう危険を回避しようとするこの条文の趣旨は、六カ月経過しようとしまいと同じです。条文上は、六カ月経過すれば再審請求中であっても死刑執行できるとは何処にも書かれていないのです。しかし、法務省及び法務大臣は、先に述べましたとおり、六カ月経過後は、再審請求中であっても死刑執行をすることができると解釈しています。しかし、それは条文解釈の一方的な解釈にすぎませんし、六カ月以内に執行しなければならないという建前の下にはじめて成り立つ解釈だと思います。再審請求中の死刑執行については、憲法で保障されている裁判を受ける権利、あるいは人権尊重の考え方から、また誤った死刑執行を防止する趣旨から、今一度、議論しなおし、法律上、死刑執行禁止を明示すべきであると思います。

　先ほど読み上げましたように、法務大臣は再審請求中の死刑執行の正当性について、「もし再審請求中なら死刑執行できないということであれば、いつまでも死刑執行できなくて法の実現が不可能になる」と言っています。しかしそれは大きな間違いだと思うんです。再審請求は開かずの門であると言われているように、再審請求には、証拠の新規性及び明白性というたいへん厳しい要件が課せられています。確定審で取り調べられたことのない新たな証拠で、しかも、その証拠から無罪または軽い罪に当たることが明白でなければならないとされています。ですから、再審請求すること自体がそもそも困難なわけです。簡単に再審請求を申し立てすることはできません。私どもはよく再審請求をするためには新しい証拠、そして明白な証拠、つまり明白性と新規性がないといけないと話し合っています。新しい証拠で、その証拠によって無実であることが分かるものでなければならないという条文があるんです。つまり、そう簡単に誰も再審請求できないんです。しかも、刑訴法四四七条二項には、「何人も、同一の理由によっては、更に再審の請求をすることはできない」とあり、連続して再審請求をすることも禁止しています。ですから、「再審請求中に執行できないならば永久にできない」というのは前提として誤りです。もし、このような規定があっても、乱訴的な再審請求がなされ、結果として死刑が執行できないという事態が生じるならば、それはそれとして、立法問題として議論し、法律を変えるか、あるいは法律にさらに付け加えるかすべきだと思います。法務大臣や法務官僚がご都合論で法律の解釈をし、再審請求中に死刑執行をするというのは、およそ許されるべきではないと思います。

　さらに先ほども読み上げましたけれども、彼らは再審が棄却されることが明らかな場合は執行できるのだと最後に付け加えています。しかし、これは法律の規定を完全に無視しています。三権分立のもと、再審は唯一裁判所だけが判断することになっています。行政が判断することは許されていません。しかし今回、再審が認められるかどうか、再審の理由があるかどうかを法務大臣あるいは法務官僚が判断して執行するというわけですから、これは明らかに越権行為です。ですから今回の執行は、法律の解釈を、死刑執行ができるように歪め、越権行為をした上で、死刑を執行したわけですから、大きな問題である以前に、犯罪的な行為ではないかと私は思うわけです。

　さらに申し上げなければいけないのは、この法務大臣、法務官僚の認識は完全に間違っていまして、死刑事件の再審の実態を全然理解していないと思います。ちょっと調べてみましたところ、免田栄さんの再審は第六次再審でようやく認められています。島田事件の赤堀政夫さんは第四次再審です。名張事件の奥西勝さんのケースですと、第九次再審中に病気で亡くなっています。しかも名張事件については第七次再審で、一旦再審開始決定が出ているんです。徳島ラジオ商事件ですと第六次再審です。こういうことが再審の実態なわけです。つまり、再審請求を繰り返さないと再審は実現しないというのが今の日本の実情なのです。法務省はこのことを十分に知っているにもかかわらず、「理由もなく繰り返す」と非難しています。とんでもない実態無視だと思います。

さらにもう一つ実態として申し上げなければならないのですが、私どもが死刑事件を担当していて分かるのですが、死刑事件には、冤罪が非常に多いんですね。統計的にみても免田さんと同じ時期に再審無罪になった死刑事件が四件あったわけです。戦後の死刑事件が約四五〇件ぐらいしかなかった中での四件の冤罪ですから、たいへん高い冤罪率です。そこだけみてもお分かりになると思うのですが、死刑が問われる事件というのは、多くは殺人事件が伴い、現場は悲惨で凄惨で見るに堪えない状況です。その現場を見た捜査員はどう思うでしょうか。「こんなことをやる人間はたいへん悪い奴だ。強い犯意でやったに相違ない。用意周到な計画の下にやったのだろう。このようなことをやる人間は、もともと反社会的で危険な存在だったはずだ」。こういうふうに見てしまうわけです。現場の凄惨さに見合った犯行態様と犯人像を作り上げてしまうのです。そして、その認識に合わせて被疑者・被告人の供述は作られていくわけです。

しかし実際に逮捕された被疑者・被告人はどうかというと、本当に消え入りたいほどの思い、反省・悔悟の思いの中にあって、自分はその時、どういうつもりであったと言って、取調官に対し抗弁したり弁明したりするなんてことは、およそそのような力はありませんし、仮にあったとしても、自分自身に抗弁したり弁明したりすることを認めないわけです。その結果、非難されるままにその非難を受け入れる、あるいは捜査官が作り上げた解釈をそのまま受け入れる。せめて、そうすることが、せめてもの反省の証しだと思うわけです。ですから事実と違うことが証拠としてどんどん作られていってしまいます。私もよく経験するんですけれども、強固な犯意があったかどうか、計画的であったかどうかという点については、ほとんどの場合、現実と違う事実になっているわけです。そして本当はどうであったのかということをようやく言えるのが、死刑が確定し、自分がやったことを客観的に見ることができて、そして事実を検証することができてはじめて、「あ、この判決は間違っている。自分のやったことと違うことが書いてある」と気づくわけです。それでようやく再審請求が始まるんです。ですから、再審請求をするには相当な時間が必要です。しかも、それを手助けしてくれる弁護士はおらず、自分でたどたどしくやり始める以外にありません。とらわれの身であって、自由に証拠を探すことができるわけではありませんので、同じ証拠で再審を訴え続けるしか方途がありません。法務省は、こういう実態を知っているはずなんですね。しかし、彼らは、「ためにする再審」と言って、死刑確定者の人たちのする再審を「延命の手段だ」と言うわけです。死刑事件の実態をあえて捨象して、今回の法務大臣のような弁明をしているわけです。これが、今回の西川さんに対する再審請求中の死刑執行の問題だと思います。

（註）「一般論として、仮に再審請求の手続中はすべて執行命令を発しない取扱いとした場合には、死刑確定者が再審請求を繰り返す限り、永久に死刑執行をなしえないということになり、刑事裁判の実現を期することは不可能となるものといわなければなりません。したがって死刑確定者が再審請求中であったとしても、当然に棄却されることを予想せざるをえないような場合は、死刑の執行を命ずることもやむを得ないと考えています。」七月一三日一三時からの法相記者会見。「法務大臣臨時記者会見の概要」から。

審理は尽くされてはいない

それから住田さんについてです。住田さんは裁判員裁判で死刑が宣告され、弁護人が即日控訴したんですね。弁護人は被告人とは独立して控訴権を持っていますから、本人の意思に反しても控訴できるわけです。過去には本人に控訴する意思がないため控訴しなかった弁護人もいましたけれども、今は本人の意思に反してでも控訴をするというのが弁護人の共通認識になっています。このケースでも本人の意思を無視して弁護人が控訴をしたわけです。

住田さんの事件は前科がなく、被害者の方が一人という事案でした。被害者一人のケースですと、よほどのことがないと死刑にはなりません。死刑が議論されるのは、だいたい被害者が二人からのケース。単純殺人ですと、被害者が二人でも死刑にならないケースが多いと言われているのですが、住田さんの場合は被害者が一人で死刑判決だったわけですから、弁護人とすれば当然、上級審でもう一度判断してほしい、従来の死刑基準からすると重すぎると考えるのがあたりまえです。しかし住田さんは自分から控訴を取り下げるということをしました。

私も同じようなケースを体験して思ったことですけれども、それは裁判員裁判が持っている欠陥に原因しているのだろうと思います。裁判員裁判の法廷では、裁判官・裁判員がひな壇に九人ずらっと並んでいます。被告人からすれば、それだけでも圧倒的な雰囲気です。そして検察官が複数人並び、そのすぐ後ろに被害者遺族の人と補佐人。被告人を厳しい目で見つめる目があります。反対側に弁護人が一人か二人、そして被告人。被告人は本当に法廷の中で存在自体が小さくそして孤立している状態です。しかも五〜七日で審理が終わり、判決が出るという状態です。被告人の話を十分に時間をかけて聞いてくれることもありません。そして、あっという間に死刑判決が出る。そういう中にあって、被告人は、裁判に期待を抱くことができるでしょうか。法廷に出ることでさえ、たいへんな苦痛であろうと思います。裁判員裁判は、控訴あるいは上告して争ってまでして公正な裁判を得ようという意識、意欲そのものを潰してしまっているのではないかと思うわけです。

裁判員裁判では連続的に一週間あるいは一〇日間ぐらいのスケジュールで判決が出てしまうのですが、その間被告人には当時のことを思い出し、見直して、誰かに話をする機会もないわけです。このような短い期間では、被告人は、傍聴人と接触したり交流する機会がないということです。今までは公判は一カ月に一〜二回のペースでしたので、その間に傍聴人が被告人に手紙を出し、あるいは拘置所に出かけて行って面会をして、交流が始まることが多くありました。そういうなかで死刑事件の被告人は、ようやく自分を取り戻すと言うんでしょうか、自分を見直し、自分のやったことに正面から向き合う。もちろん被害者にも向き合う勇気が出てきて、はじめて反省・悔悟の気持ちが生まれ、そしてもう一度やり直してみよう、あるいは謝罪して一生生きていこうという気持ちが生まれてくるわけです。しかし、そういう機会を裁判員裁判は完全に奪い取っているわけです。ですから裁判員裁判の悪い面が、控訴の取下げという今回の結果を生んだと言えると思います。

法務大臣は記者会見で、「記録を精査し、刑の執行停止、再審事由の有無等について慎重に検討し、そして死刑執行の命令を出した」と言っていますが、記録を精査したと言うのならば、住田さんのケースは、一審しか審理されていないことがすぐ分かるはずです。まったく審理不十分で、住田さんには審理を受ける権利が保障されていなかったということが分かるはずです。法務大臣が説明している中身を見ますと、重要な部分が欠けているんです。「個々の事案について関係記録を十分に精査し、刑の執行停止」これは心神喪失の場合など刑の執行停止が法律に規定があることです。「再審事由の有無等について慎重に検討し、これらの事由等がないと認めた場合に初めて死刑執行命令を発すること」ができ、自分はそうしたと言うわけです。しかし、そこには、欠けているものがあります。過去の法務大臣は、「再審事由」の次に、「恩赦の事由」という言葉を入れていました。死刑確定者は恩赦を受ける権利を有しています。日本が批准している国際人権規約のB規約第六条には、死刑確定者には恩赦を求める権利があると書かれています。しかし、彼は、それすらも理解しておらず、恩赦という言葉を言い忘れてしまっているわけです。今回、住田さんのケースですと、上告審まで審理されていないということ、過去の死刑適用基準からすると死刑判決は重すぎることからすれば、それを是正するには恩赦しかなかったはずなんですけれども、それを彼は完全に忘れてしまっていたわけです。

私どもはこういう不幸をなくすために、自動上訴制度を設けるよう訴えています。本人が望むと望まざるにかかわらず、死刑という極限的な刑罰を科すためには、十分に三審まで審理を尽くすということを制度として保障するようにと要求しているわけですが、こうした要求について彼らはまったく耳を貸そうとしていないわけです。

今後の課題

今回の執行については、日弁連や駐日EU代表部からも抗議声明が出されており、さらに全国の弁護士会やドイツ、フランスの大使などからも、これから抗議声明が出てくるだろうと思います。しかし法務省、法務大臣はそれらを一顧だにすることなくさらに死刑を行ってくるだろうと思います。

そういう中にあって、私たちは何をやっていくかということです。死刑廃止にとって、現在もたいへん厳しい状況にあります。圧倒的多数の人が死刑存置を支持していますし、死刑廃止は、政治課題になろうともしていません。とりわけ、強固な排斥主義が台頭し始めていますし、安保法制、共謀罪等々、治安法制がますます強化されています。このような状況の中で、どのようにして突き進んでいくか、本当に、真剣に考える必要があると思います。私たちの運動を常に客観視して、多面的な視点で捉えることが必要だと思います。私は、私たち少数派が少しでも前進することができるとするなら、一歩一歩、死刑が廃止される方向に、つまり具体的には死刑が少なくなる方向に、言葉としては、死刑制度が緩和される方向に、そして多面的に物事を動かしていくしかないだろうと思うんです。死刑廃止か存置かという対立軸ではない、そして死刑廃止とは違う考えに基づく、もう一つの選択肢、終身刑の創設と死刑全員一致制を考えなければならないと思います。先に申し上げた必要的上訴の創設を求めていくことも大切ですし、恩赦の権利化や死刑確定者に対する必要的弁護制度の創設も求めていく必要があると思います。こういう個別具体的な要求実現の運動を、死刑廃止・存置という対立軸の運動とは別の視野と問題意識でやっていく必要があると思います。そして少しでも死刑の判決を少なくし、執行を少なくし、そして死刑の是非について冷静に考えられる、判断できる土壌、環境を作っていく必要があると私は思っています。皆さんも同じ思いだと思います。手を取り合ってやっていきたいと思います。どうぞよろしくお願いいたします。

MCT118型DNA鑑定が問題で再審請求中に執行された西川正勝さん

小田幸児（弁護士）

西川さんはＤＮＡ鑑定の問題を強く訴えていた

僕は大阪高裁の控訴審で後藤貞人弁護士、永嶋靖久弁護士とともに西川正勝さんの弁護人を務めました。その後、上告して以降は弁護人ではなかったんですが、西川さんとはたまに接見したり、年賀状、暑中見舞いのやり取りをするような関係でした。西川さんからは今年の一月にも年賀状をいただきました。「新年あけましておめでとうございます。今年もまた全力で負けないで頑張っていきます。あと何年、生きられるかまったく分かりませんが、一日一日、感謝しながら送ります。今年もよろしくお願いします」という内容でした。

今日のパンフの二ページ目に、西川さんが今一番訴えたいことが縷々書いてあります。ＤＮＡ鑑定のことについて強く訴えているところです。西川さんの事件は、姫路、松江、島根、京都で連続的にスナックのママさんが強盗殺人にあったスナックママ連続強盗殺人事件と言われた事件です。その中の一件でＤＮＡ型鑑定が問題になりました。事件自体一九九一年ということで足利事件とほとんど一緒の時期であり、この西川さんの事件の中の一件でも足利事件でも問題になったＭＣＴ１１８型ＤＮＡ鑑定の信用性が問題になりました。当時の公判では、科警研のＤＮＡ鑑定に対して、弁護側から反証という形で、科警研のＤＮＡ鑑定を争うということまではできませんでした。ＭＣＴ１１８型ＤＮＡ鑑定が信用できない、間違っているという観点からの反対尋問、弁論での主張にとどまり、今考えると非常に不十分な弁護活動で終わってしまいました。ＭＣＴ１１８型ＤＮＡ鑑定が信憑性に欠けるということ、これは足利事件で明白になり、間違ったＤＮＡ鑑定なんだということは、もう確認されていると思います。そして、そのことを西川さんはおそらく再審請求でも訴えていたのではないかと思います。先ほど安田さんも鑑定請求、再審請求しているときに執行したことについて、非常に許せないとおっしゃっておられましたが、それにプラスして、ＭＣＴ１１８型ＤＮＡ鑑定を問題にしていたという意味でいうと、その部分に関しては再審が認められる可能性も相当あったと思われるにもかかわらず、執行されたのはとうてい許されないことです。そのようにＤＮＡ鑑定が誤っている可能性が強いような事件の当事者である西川さんを処刑した。これは安田さんも言いましたけれども、殺人だと言っていいと思います。

西川さんは貧しく生育環境は恵まれていなかったか

一七、八年前に控訴審で西川さんの弁護人になった時に、僕たちは西川さんの故郷である鳥取に行って、事件現場を見分したり、お姉さんお二人にお会いして、どういう生活状況だったのかとか、どういう生活をして、どういうふうに成長したのかというようなことも聞いてきました。西川さんは僕より一歳上なんですけれども、非常に貧しい環境で育ちまして、お父さんは冬には山陰から出稼ぎに行く。その間はお母さんとお姉さん三人と生活しているんだけれども、貧しくて食事もなかなかとれないという生活だったようです。お姉さんは学校にも行けなくて、公民館の識字学級で読み書きを覚えたとおっしゃっていました。西川さん自身も、中学校にも行ってない、小学校にも行けないという状況でした。だからずっと字が書けなかったのです。そして救護院、施設に預けられる。そういうふうに過ごしてきたから字も覚えられませんでした。西川さんが字をどこで覚えたかというと刑務所です。刑務所で覚えて、やっと字を書けるようになりました。西川さんの字は、とても特徴のある字です。救護院や施設で彼を教えていた先生がいまして、この方は後に住職になり控訴審でも証言していただきました。西川さんがその先生に昔手紙を送ったのに対して、この先生は、まさか、あの西川が字を書けるはずがないと言っていたようなのです。そのように、西川さんは字を覚えることができないほど、社会で疎外されていたといえます。

必死こいて刑務所で字を覚える、そういうことはしたんですけれども、社会生活の中で、やっていいこと、やってはいけないことを、きちんと教えてもらう、教え合うという環境を得ることができませんでした。家の中でもお父さんはお母さんに対してドメスティックバイオレンスを行うことがあったようです。お母さんも非常にしつけに厳しく、お姉さんたちを叩くことがよくあったようです。そういうなかで西川さんはおそらく、暴力のなかで自分を表現するというか、そういう形でしかできなかった部分があったんじゃなかろうかという気がします。

西川さんは後々、字を覚えたということで詩や短歌を作り始め、本を自費出版しました。僕も送ってもらったんですけど、今回その本を探したのですが、僕の整理能力が悪くて発見できませんでした。

西川さんは、時間をかけて自分がやったことを見つめていった

僕は西川さんの控訴審の期間しか基本

的な付き合いはなかったのですが、安田さんがおっしゃっていた、時間をかけて自分がやったことについて見つめていく作業を控訴審の間もやっていたんじゃないかと思います。というのは、西川さんは一審当時は四つの事件をすべて否認していました。ところが控訴審になり、姫路事件については殺したことを認めるに至りました。なぜ認めるに至ったかというと、一審で被害者のお母さんが証人として出られたことがあったようです。その被害者のお母さんの話を聞いて、自分がやったことについて非常に申しわけないと考えて控訴審では認めるに至りました。

　スナックのママさん四人を殺したとされているのですが、被害者のママさんは全員同じような四〇代五〇代ぐらいの方です。実は、西川さんのお母さんは彼が九歳の時に亡くなっています。当時、糖尿病でずっと入退院を繰り返していた方でした。そしてお父さんはいない。お母さんが亡くなった時、西川さんとお母さんは一緒の布団で寝ていたそうです。お母さんが苦しんでいるのが分かっていたのにもかかわらず、自分は何もしてあげられなかったというのがずっと残っていたようです。ですから西川さんにとって、お母さんはすごく大きな存在としてあったのだと思います。先ほど鳥取に行って、お姉さんお二人に話を聞いたと申しましたが、お姉さんたちはテレビで被害者を見て、「あ、これは」と思いあたったことがあったそうです。お母さんに似ていたそうです。非常に頑張り屋だけど気が強い、そんなお母さんだったらしいです。そういうお母さんをずっと西川さんは追い求めていた、ひょっとしたらそういう部分があったのかもしれません。

　姫路事件では、そのママさんを殺してしまったのも、自分と親しくしてくれているという感じがあり、自分も気を許していたところ、逆に罵られるような、そういう状況があったので、ついつい手を掛けたというようなことを確か言っていたと思います。姫路の事件では、かなり刺したりもしていたんです。それについて、自分がなんでここまでやったのか分からないと証言されていました。

ＭＣＴ１１８型ＤＮＡ鑑定を問題にしていたから執行されたのでは？

　先ほども申し上げましたけれども、そういう西川さんと僕は控訴審が終わってからは手紙、年賀状、暑中見舞いを送りあうという形でのお付き合いをさせていただいていたんですけれども、まさか西川さんがこの時期にと非常に驚きました。というのは、先ほども言いましたように、ＭＣＴ１１８型ＤＮＡ鑑定の問題になっているので、まさかこの時期に執行されるのは西川さんではないだろうと。僕は他にも確定した方を担当していますけれども、西川さんは証拠関係が弱いと思われるからです。MCT118型DNA鑑定が問題になっているということ、逆にそれが問題になっているからということが、ひょっとしたら考えられるのかもしれないなという感じがしないではないです。

西川さんのご冥福をお祈りします

先ほど、西川さんが詩を書いているということを申しましたが、ある本にその詩の一節が出ているので、それを読み上げさせていただいて、僕の話を終わりたいと思います。「私を捨てたお母さん」というタイトルです。

知っていますか、おかあさん……
あなたが逝ってからもう三十数年の月日が流れました。私が小学校三年生の春でしたね。
仲良く笑った一家の記念写真も、あなたの着物も、一枚も残されず、持っていってしまいましたね。

住田紘一さんの死刑執行にあたっての声明

弁護士・杉山雄一

平成二九年七月一三日に私が第一審で主任弁護人を務めた住田紘一さんの死刑が執行されました。私は執行当日の朝、地元新聞記者からの電話で執行の事実を知りました。執行の事実を知り、言葉もありませんでした。非常に残念です。住田さんのご冥福をお祈りするとともに、改めて被害者の方のご冥福をお祈りしたいと思います。

住田紘一さんの事件は、前科がなく、被害者の方が一名という事案でした。弁護人として死刑回避を主張しましたが、平成二五年二月一四日に下された一審判決では容れられず、即日弁護人として控訴しました。一審では供述内容が大きく変容し、被害者やご遺族への謝罪の意思を十分に伝えることができませんでした。一審判決後は控訴審に向け、彼なりに深まりつつある被害者・ご遺族への謝罪の意思を伝えるように勧めていましたが、三月二八日に彼自身が控訴を取り下げ、死刑判決が確定することになってしまいました。

住田さんの一審判決については、過去の最高裁判例に照らしても、上級審で改めて厳密に審査されるべきであったと思います。同じような事例が生じないよう、少なくとも自動上訴制度は必要的であると感じています。

それなのに一番大切だったはずの私をおいていきましたね。

その日から幼い私がどんなに辛い思いをしたか、あなたは知っていますか。

（略）

私を捨てた　お母さん。


やっぱり今でも、西川さんが亡くなったということが信じられない気持ちを私自身、持っています。

心からご冥福を祈っています。


（二〇一七年七月二七日、衆議院第二議員会館で行われた執行抗議集会での発言とメッセージ。

初出『フォーラム90』一五四号）

1-4 **今、いちばん訴えたいことをお書きください。**

弁護士が面会にきて足利事件でDNA鑑定したものが私の事件と同じ
様なやり方でのDNA鑑定だったと言っておりました。すでに私のDNA
鑑定した物は廃棄しているのでま鑑定する力が無く難しい為に廃棄
処分したのです。本来なら保存しなければならないのに廃棄した
という事は鑑定が出来ない証しです。鑑定が出来無いのにいいか
減な鑑定をしたという事です。足利事件でDNA鑑定をしたがで
たらめという事が証明された以上
[redacted] していくと言っておりました。私の件で厳しく追求 [redacted]
昔の事件で死刑無期と受けた多くの人達も冤罪の可能性が
あると言っております。死刑囚で既に執行された方もおり弁護士
が遺族と相談して再審請求をすると言っておりました
本人はすでに執行されて残念ですが無実が晴れれば本当に嬉し
い事です。私も少しですが希望が出て来ましたので今まで以上に
頑張っていきたいと思っております

西川正勝さんの2015年のフォーラム90からのアンケートの回答

◉好評発売中

逆うらみの人生　死刑囚・孫斗八の生涯

丸山友岐子著　解説・辛淑玉　定価 1800 円＋税　978-4-7554-0273-9

孫斗八　1961 年 8 月
旧大阪拘置所にて

1963 年 6 月 17 日、旧大阪拘置所で死刑を執行された孫斗八。強盗殺人で死刑判決を受けた彼は、獄中で法律を学び、人権無視の拘置所の現状を告発、本人訴訟で 1 審勝訴を勝ち取る。また死刑受執行義務不存在確認訴訟では刑場の検証を自ら立ち会って行っている。彼は、死刑囚として日本の監獄行政、死刑制度とまさに命がけで闘ったパイオニアであったのだ。

本書は孫と交流のあった故丸山友岐子の優れた歴史的なルポルタージュ作品で、1968 年以降、4 つの出版社から刊行された。絶版であった本書を 23 年ぶりに復刊する。

初版刊行後半世紀近く経つが、孫の闘った監獄行政の本質は変わらず、死刑制度も厳然として生き残っているからである。

いま孫斗八の闘いから私たちは学ばなければならない。

ママは殺人犯ではない

冤罪・東住吉事件
青木惠子著
定価 1800 円＋税　978-4-7554-0279-1

火災事故を殺人事件に作り上げられ、無期懲役で和歌山女子刑務所に下獄。悔しさをバネに、娘殺しの汚名をそそぐまでの 21 年の闘いを、獄中日記と支援者への手紙で構成した闘いの記録。

死刑映画・乱反射

京都にんじんの会編　定価 1000 円＋税　978-4-7554-0267-8

死刑について考えることは、命について、社会について、国家について考えること。映画「A」（1998 森達也）、「軍旗はためく下に」（1972 深作欣二）、「執行者」（韓国 2009 チェジンホ）、「休暇」（2008 門井肇）、「再生の朝に」（中国 2009 リウジエ）をめぐって交わされた京都シネマ〈死刑映画週間Ⅱ〉アフタートーク集。
第 1 集『**銀幕のなかの死刑**』（1200 円＋税）も好評発売中。

インパクト出版会　東京都文京区本郷 2-5-11 服部ビル 2F

死刑をめぐる状況

二〇二〇年廃止へ向けて 日弁連死刑廃止宣言への道のり

2016—2017

小川原優之（弁護士）

1 死刑問題調査研究委員会からの出発

――日本弁護士連合会として、死刑執行停止あるいは廃止に向けて、いつ頃からどのような形で活動が始まり、動いてきたか、これまでの流れをお話しください。二〇〇四年の宮崎で行われた人権擁護大会前くらいからの動きになるでしょうか？

小川原　日本で事実上死刑の執行が停止されていた一九九一年、日弁連は、人権擁護委員会内に死刑問題調査研究委員会を設置して、調査研究をはじめました。そして一九九三年に死刑の執行が再開され、日弁連は、「死刑問題に関する連絡協議会」を設置して死刑制度の存廃問題について検討を開始し、一九九四年には、提言の策定を目的とする「死刑制度問題対策連絡協議会」を設置しました。

　このように日弁連としては検討を重ねていたのですが、死刑廃止を推進する議員連盟の亀井静香会長の方から、日弁連に意見交換を求めてきたということがありました。それを一つのきっかけとして、前述した協議会で、二〇〇二年、死刑執行停止法の制定などを内容とする「死刑制度問題に関する提言」を出しました。

――日弁連は、二〇〇二年一一月二二日に提言を出していますね。

小川原　この頃は、「死刑廃止」とは言えなかったんです。死刑の存置・廃止に関する国民的議論をやりましょうという言い方でした。つまり、死刑存置派の人でも今の死刑制度には問題があることは認めざるを得ないでしょうと、誤って死刑判決を言い渡されたりしているような状態で執行されなかったのは本当によかったと、だけど、今の日本の刑事司法手続きにはたくさんの弊害がある、だから死刑の執行を停止させて、それでどういう問題点があるか検討しましょうというようなことだったと思います。それで、この提言に基づき、日弁連は、「死刑制度問題に関する提言実行委員会」を設置したんです。

この延長に、二〇〇四年一〇月の宮崎での人権擁護大会での決議があるんです。「死刑執行停止法の制定、死刑制度に関する情報の公開及び死刑問題調査会の設置を求める決議」です。この決議を受けて、提言実行委員会は「日弁連死刑執行停止法制定等提言・決議実現委員会」に改組されました。

小川原優之（おがわらゆうじ）
日本弁護士連合会「死刑廃止及び関連する刑罰制度改革実現本部」事務局長

この頃、「日弁連は死刑存廃について、どういう立場なんだ」と外からはいろいろ聞かれるわけです。しかし、死刑に反対の人もいれば、賛成の人もいて、簡単明瞭に言えないわけです。それで、日本の刑事手続きにはこんなに問題がある、だから存置の人でも廃止の人でも、現在の制度に問題があるから執行停止を求めるというのは共通して言えることだと思いますよ、というような言い方になっていた。その時には、やはり存置と廃止の出会いなんだということがずいぶん言われていました。そういう中で、存置の立場の人でも歩み寄れる方法としての死刑執行停止だったんです。賛成派の人も反対派の人も、共通の立脚点として死刑執行停止法案というような提案をしたんですけれども、それは、外にいる人たちの間では動きにならなかったのです。マスコミの人でも政治家の人でも、そんな話は誰も聞かないわけです。あなたたちでさえ立場を決められないんでしょうというように。それで、日弁連の中でも、じゃあどういう立場なんだということについて、ずいぶん議論をせざるを得なくなっていきました。

――宮崎大会の前には全国各地でプレシンポジウムを開いたり、大会後の翌二〇〇五年五月には死刑事件弁護経験交流会やイギリスへの海外視察が始まったりしています。一二月に人権と死刑を考える国際リーダーシップ会議を開催され、二〇〇六年には死刑執行停止法案の公聴会も行われていますね。

小川原　いろいろな取り組みはずっとやってきているんです。だけど、私がずっと関わってきて感じるのが、日弁連を外の人がどう見るかということです。外の人に対して話をする時に、例えば法務省の人でも国会議員でも、「じゃあ、日弁連はどういう立場なんですか?」と聞かれた時に、回りくどい説明をしなくちゃいけないというか、なかなか言えない。これまでいろいろな積み重ねはずっとやっていて、その積み重ねの延長に今があるとはもちろん思いますけれど、簡単な言葉で言えないと、なかなかマスコミも取り上げない。現に昨年の人権擁護大会については、マスコミもずいぶん取り上げたわけです。わかりやすい言葉じゃないと、マスコミも政治家もなかなか聞いてくれない。

ずっといろいろ積み重ねてきたんですけれども、二〇〇八年の段階で日弁連がひとつ変わるきっかけになっていくのが、二〇〇八年一〇月に国連の国際人権（自由権）規約委員会からの勧告がありました。日本の人権状況に関する審査の総括所見として、死刑制度については、「締約国は、世論調査の結果にかかわらず、死刑の廃止を前向きに検討し、必要に応じて、国民に対し死刑廃止が望ましいことを知らせるべきである」と。この勧告を、日弁連はどう受け止めるのかということです。人に対して、死刑廃止について議論しましょうとか、死刑存廃についてさまざまな立場はあるけれども死刑執行停止が望ましいんじゃないかとか言っているのとは別に、この総括所見として示された考え方を、日弁連としてどう捉えるのかということが議論される。存置・廃止、どういう立場なんだということが、二〇〇八年以降日弁連の中で議論されるようになっていくんです。

それで、二〇一一年の高松の人権擁護大会の時に、ひとつ意思決定というか態度決定をすることになるんです。

2　二〇一一年一〇月高松大会「全社会的議論を呼びかける」

——「罪を犯した人の社会復帰のための施策の確立を求め、死刑廃止について全社会的議論を呼びかける宣言」が決議されましたね。

小川原　「死刑がない社会が望ましいことを見据えて、死刑廃止についての全社会的議論を直ちに開始することを呼びかける必要がある」と。でも、これを決めるだけでも大騒ぎでした。死刑があることが望ましいんだという人が、その時点でもいたわけです。組織として「死刑がない社会が望ましいんだ」ということについて、大分議論があって、それが日弁連の理事会の場で何回も何回も議論された。

その時の結論というのが、理念としては望ましいことだけれども、すぐに制度として廃止と言えるかというと、代替刑の検討が済んでないじゃないかとか、刑罰制度としてどうなんだとか、いろいろな議論があって、すぐには言えなかったんです。それが、端的に現れたのが、この時の決議の中で、「死刑廃止についての全社会的議論を呼びかける宣言」となっているんですけれど、元は「死刑廃止に向けての全社会的議論を呼びかける」という、「向けて」という表現だったんです。しかし、議論の中で採用にならなかった。それは、まだそこまでは無理なんだということでした。それでも「高松宣言」という形で一応通った。全社会的議論を呼びかける、死刑のない社会が望ましいんだと。

私がその時に思ったことは、例えばいろいろな新聞社にしても理念として死刑がない社会が望ましいという確認さえできていないところばかりで、戦争が終わった後には、死刑がない社会が望ましいのはあたりまえのことというか、最高裁判決を見たってそういう傾向が出ているんだけれど、そういうことさえ今は議論がされなくなってしまったということです。それで、とにかく一歩を進めてということで、死刑のない社会が望ましいことを理念として見据えると、それは確認できるでしょうとして、その上でまた活動をする。

――高松宣言が出されて、「死刑廃止検討委員会」が設置されたわけですね。

小川原　そうですね。日常的にわれわれがやっていることというのは、死刑事件の弁護人との交流だとか、いろいろなところでシンポジウムをやるとか、海外視察をやるとか、そういう活動はずっと重ねてきているわけです。それは宮崎宣言の時もそうだし、高松宣言後もそうなんです。けれども、日弁連としては、理念として死刑のない社会が望ましいんだという呼びかけを外に対してしたのですが、でも誰も聞かない。ぜんぜん響いてこない。それで、どうやっていくんだという議論がいろいろなされていきました。

そのような中で、死刑廃止だったら組織として死刑廃止宣言をしなさいという問題提起が、死刑廃止検討委員会の中でなされました。死刑に反対の弁護士がたくさんいることはわかっているわけですが、組織として死刑廃止宣言をしなければ駄目なんだという問題提起があった。死刑廃止検討委員会の顧問をお願いしている元法務大臣から、本当に死刑制度を廃止しようと思ったら、法制度の改革なんでしょうと。そこにつながらなければ、何にもならないんですよと。当たり前の話ですが、してくるわけです。それで、どうやって法改正するんだ、自民党の国会議員と話しに行かなければいけないでしょう、法務省とだって話しにいかなければいけないでしょう、一体あなたたちはどういう立場でそれを言うんですかと。死刑のない社会が望ましいと思いませんかなんて言ったって、聞いてもらえないわけですよ。それには、まず日弁連がちゃんと死刑廃止宣言をしないとお話になりませんという議論が、二〇一四年頃にありました。それから準備し始めたんです。

そして、二〇一六年の福井大会になるまでに二年くらいはかかっている。その間、特に議論されなければならない問題が二つあって、一つは、死刑の代替刑をどう考えるのかということです。死刑の代替刑については、仮釈放のない終身刑の議論があったわけですけれど、日弁連の中にもすごく異論があった。大きく言えば、三つくらいの立場がありました。一方の側には、死刑廃止に取り組んできた人たちの立場があり、死刑を残したままでいいんだ、とにかく仮釈放のない終身刑を先行導入しよう、それによって死刑判決の言い渡しが減るんだ、それが死刑廃止への一里塚になっていくんだと。死刑廃止議連が言っていることと同じでした。もう一方の側には、どういう理由があろうとも、死刑が廃止になろうが執行停止になろうが、仮釈放のない終身刑には絶対に反対なんだという立場がありました。そしてもう一つ、本来は仮釈放のない終身刑には反対だけれども、死刑廃止か死刑執行停止と同時であれば、仮釈放のない終身刑を認めてもいいという立場です。この三つの立場があって、この議論が一歩も前に進めなかったんです。

また二〇〇八年頃ですが、量刑議連というのが、法案の提案をするという場面がありました。その量刑議連の法案というのが、さっき言った死刑廃止議連などの立場と似たようなところがありました。死刑は存置したままで、死刑と無期刑の中間刑としての仮釈放のない終身刑を導入するというような法案でした。しかし、日弁連は、それには反対なんだと意見表明をしたんです。だから、日弁連としては、その意見表明を、前提にせざるを得なかった。

そういうこともあって、どうするんだと、もし日弁連が死刑廃止宣言をするという時に、代替刑について何も言わないわけにはいかないだろうと。法律専門家の集団だと自分たちで言っていて、単純な死刑廃止ではどうにもならないだろうと。その間に、無期刑の実態としては、仮釈放のない終身刑化してしまっていたわけです。一七〇〇人くらい、今は一八〇〇人くらいいる無期刑の人たちが、法制度上は一〇年たてば仮釈放が可能なはずであるにもかかわらず、ほとんど仮釈放が認められない。高齢で亡くなる人の方が、仮釈放になる人の数よりも多いんです。無期刑が事実上、仮釈放のない終身刑化していたんです。その法制度のままでいいのかとか、そういう議論がたくさんなされました。

また死刑廃止検討委員会は、諸外国の例の調査を重ねていたのですが、まず二〇一二年に韓国の調査をしました。韓国では、死刑の執行停止が長く続いている、そこでどういう刑罰になっているのか見に行きたいということで、韓国に行きました。その次に、死刑存置国で、やはり同じように悩んでいるであろうアメリカを見たいということになりました。いくつかのパターンがあることがわかり、二〇一三年には、死刑があり、現実に執行しているテキサス州に行き、次に二〇一四年には、死刑が残っているけれども執行はしていないカリフォルニア州を見ようと、そして二〇一五年には、死刑廃止にまで踏み込んだイリノイ州を見ようということで、視察しました。アメリカの州には、いずれも終身刑がありましたから、終身刑の実態も見てきました。さらに二〇一六年は、イギリスとスペインに行きました。イギリスもスペインも死刑はないのですが、イギリスにはたくさんの終身刑受刑者がおり、しかもヨーロッパ人権裁判所から問題点の指摘を受けていました。他方、スペインは、死刑だけでなく終身刑もない国でした。

いろいろ視察したわけですが、日弁連内でまた山のように議論がありました。議論を重ねた結果、今回の福井での日弁連宣言の表現でいいというところまで歩み寄ってくれました。そこが歩み寄れなければ、とても日弁連としてまとまり切れなかったと思います。そこの中で出てきたのが、宣言にも書いてありますが、死刑を廃止する、代替刑として言い渡しの時においては仮釈放のない終身刑を置く、その人がそのまま反省がないままの状態であれば仕方ないであろうけれども、その人が長い時間の中で改まっていけば、司法機関が関わるような形で刑の減刑をするなど、いろいろな制度設計をなされるべきだという、そういうところで歩み寄って、それで一つの案としてまとめることができました。

3. 被害者支援者との議論

——もう一つは、被害者支援についてですか？

小川原　そうです。被害者を支援しているグループとの議論があったわけですが、そこからはまったく駄目だという意見が出てきました。理事会で相当議論がなされて、犯罪被害者の置かれている立場に配慮するということになっていくのですが、昨年の福井宣言の中に被害者について多くのことが書かれるようになっていったわけです。

しかしここへ至るまでには、この間ずっと議論がありました。二〇〇四年の宮崎大会の頃には、死刑の廃止と被害者支援というのは車の両輪なんだというような表現を使おうとしたことがありました。これは被害者側からものすごい批判を浴びました。なんで両輪なんだ、関係ないじゃないか、被害者支援を死刑廃止のための道具に使おうとしていると、そういう批判がたくさんあって、両輪というような表現は一切やめることになりました。

そういう中で議論がまた続いていって、二〇一一年の高松宣言の頃だと思いますが、別なテーマであると。別なテーマなんだけれども、われわれの社会全体のテーマであることは共通なんであって、人権を尊重する民主主義社会であろうとするわれわれの社会の、犯罪を契機にして考えなければならない重大な二つのテーマなんだ、だから被害者の支援にも取り組むし、死刑のない刑罰の実現にも取り組むんだというような姿勢になっていくんです。そういう前提で、死刑廃止も被害者支援も、人権を尊重する民主主義社会の課題であると、弁護士会というのは人権擁護団体であり、そういう団体として取り組むべき二つの課題なんだという前提で福井宣言はできています。

日本弁護士連合会第 59 回人権擁護大会シンポジウム第 3 分科会会場（福井市）

福井宣言では「人権を尊重する民主主義社会であろうとする我々の社会においては、犯罪被害者・遺族に対する十分な支援を行うとともに、死刑制度を含む刑罰制度全体を見直す必要があるのです」と述べています。

　ヨーロッパの諸国は、犯罪被害者を手厚く支援して、かつ死刑を廃止しているのですが、日本は基本的人権の尊重という価値観を共通にしているのだから、日本でも、同じような取り組みができるのではないかと思います。真似をするというのではなく、価値観を共通にしているんだから、われわれの選択として同じようなことができるのではないかと。

　しかし、これに対しても、個々の弁護士の思想・信条の自由を害しているじゃないかというような批判がたくさんきました。実はこの点については、既に判例があるのです。日弁連がある法案に反対した時に、日弁連が組織として意思決定をすることができる、そして組織として意思決定したからといって、個々の弁護士の思想・信条の自由を害することにはならないというものです。反対の意見を持つ弁護士は、いつまでも反対を表明していたっていいし、反対していることに対して、日弁連は懲戒したりすることはないわけです。

　そういう中で関連する委員会で議論し、日弁連の理事会でも繰り返し議論をした上で、二〇一六年一〇月に福井の人権大会で、反対意見も十分に聞いたうえで、死刑廃止宣言をしたわけです。日弁連は、組織として二〇二〇年までに死刑制度の廃止を目指すというふうに死刑廃止宣言を出しました。

　もちろん日弁連は、犯罪被害者の支援にも取り組んでいます。今年、二〇一七年には滋賀で人権大会が開かれますが、被害者支援を「被害者の権利」という側面から改めて捉え直し、その在り方について検討を加えることになっています。

4 死刑廃止への国民会議を

――福井宣言後の活動について

小川原　昨年一二月の「死刑廃止の実現を考える日」シンポジウムでは、国会議員もパネルディスカッションに参加し、EUからもゲストスピーチがありました。今年に入ってからも、袴田事件の講演会や、死刑制度に関する政府世論調査に関する勉強会を行っています。世論調査の勉強会は、二〇一九年の世論調査に備えて、それに向けて今からどういう準備をしていかなければいけないかという問題意識から行っているものです。世論調査の中身が改まるまでにも大変な時間がかかりました。けれど、時間をかけてやっていけば変わるわけです。だから、次のターゲットである二〇一九年の世論調査をちゃんと見据えていかなければならないと考えています。

また、五月には「死刑廃止後の最高刑・代替刑を考える」シンポジウムを行いました。これはとても重要だったのは、法務省の現役の幹部が出席したことです。日弁連の福井宣言についてどう思うのかという問いに、頭から否定するようなことは言いませんでした。法務省は、絶対的な仮釈放のない終身刑については反対なんだと言っていました。けれども、日弁連の提案というのは、言い渡しの時においては仮釈放のない終身刑だけれども、後になって一定の手続きの中で見直しをする制度になっているから、それは受け入れる余地があるというような議論の仕方でした。

福井宣言を受けて、死刑廃止検討委員会は、「死刑廃止及び関連する刑罰制度改革実現本部」へと組織変更されたのですが、実現本部内では、日弁連が宣言をあげたくらいで死刑は廃止になんかならない、死刑廃止国民会議のようなものを立ち上げられるくらい大きい運動にしなければ、日本から死刑がなくなることはないと問題提起がなされています。

では、どうやって国民会議なんて作ることができるのか。その大きな柱になるであろうものが、宗教団体ではないかと議論されており、実際に働きかけを重ねています。

また市民運動や、EUとの連携が重要であると考えており、そのためのチームを実現本部内に作っています。

日弁連内での議論も益々活発になっており、今年、五月に開催された日弁連総会においては、死刑廃止実現本部の予算について反対意見が出たのですが、議論を重ねた結果、可決・承認されました。

――国民運動を作っていこうということで、市民団体との意見交換をしたわけですね。

小川原　そうです。どうやって国民運動をつくっていくのか。これまで死刑廃止の運動を担ってきた死刑廃止フォーラムや、アムネスティ、宗教者ネットワークや、国民救援会、カトリック正義と平和協議会や、東京1351の皆さんから意見をお聞きしたいということで、さる八月二一日、死刑廃止実現本部の合宿の際、意見交換の場を設けたわけです。そこには全日本仏教会の方もみえていました。私は、とても有益な意見交換会だったと思っています。

――二〇二〇年には、日本で国連犯罪防止刑事司法会議（コングレス）が開催されますね。その事前の会議にも日弁連は参加されているようですが。

小川原　はい。コングレスは、世界各国の数千人の政府関係者と専門家、NGOが集い、世界の刑事司法の向かうべき方向を議論する大規模な国際会議なんですが、二〇二〇年に京都で開催されることになっています。法務省は、「コングレスにおいては、この五〇年の我が国のたゆまぬ努力の結実としての国家の成熟や法の支配の浸透を是非世界中の方々に体感していただきたいと考えております。また、国民の皆様にも、再犯防止や安全・安心な社会の実現、そしてこれらを支える法遵守の文化について考えていただく機会となると考えております。」と述べています。

　ところが実際には日本では、絞首刑が行われており、さる七月一三日の執行についても、別紙の死刑執行報告書や死刑執行始末書は、黒塗りばかりで、執行にどれほど時間がかかったのかも執行の経過も全く分かりません。日本国憲法三六条は、残虐な刑罰を禁止しているのですが、これでは、市民には現在の絞首刑が憲法の禁止する残虐な刑罰に当たるかどうか全く判断できません。

　このコングレスまでに、日本における死刑制度について、市民が判断するに十分な情報を公開し、国会や法制審議会で死刑の存廃を論ずるべきです。日弁連は、このコングレスまでに、死刑制度の廃止を目指しています。

　またコングレスの準備のため、今年五月にウィーンで会議が行われましたが、

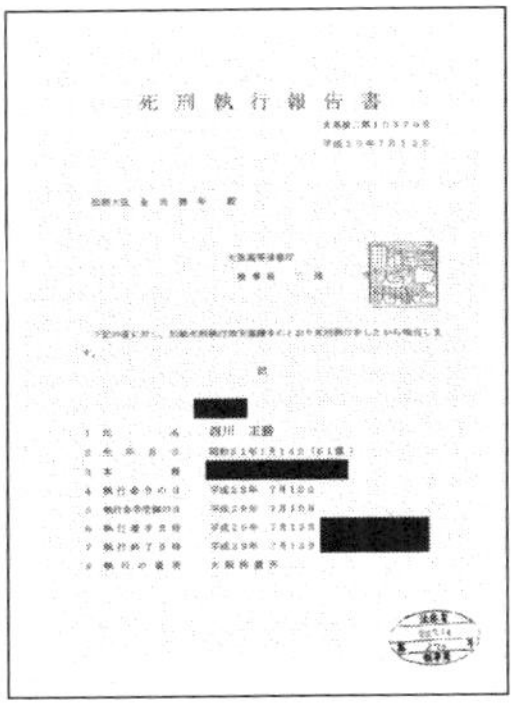
死刑執行報告書

記

[redacted]

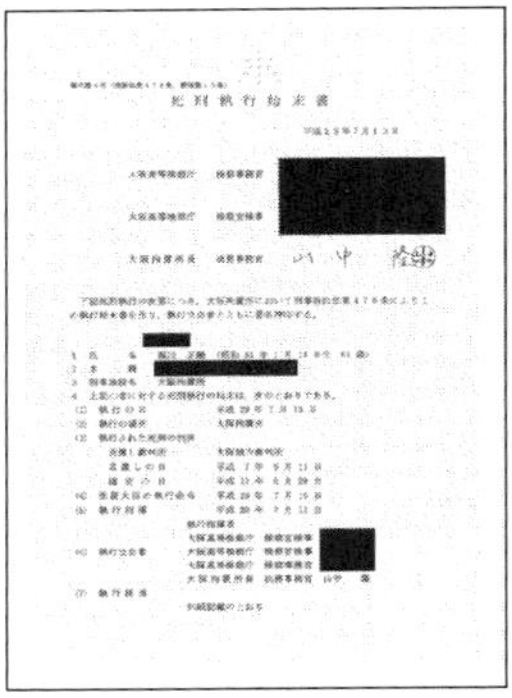
死刑執行始末書

[redacted]

別紙

[redacted]

死刑執行報告書
2017年7月13日、大阪高等検察庁検事長三浦守名で金田勝年法相に提出されたもの。この日、大阪拘置所で西川正勝さんが執行された。その具体的な執行報告部分である3枚目の「別紙」は全文が墨塗りである。本籍、執行着手日時、立会の高検検察官検事や検察事務官名も墨塗りである。

日弁連からもウィーンへ行っています。——二〇二〇年に日本で開催する時に、死刑がきちんと議題になるようにと。

小川原　簡単にはいきませんが、そういう方向に持っていけるよう、常にアピールしていきます。イギリス大使にも話すし、フランス大使にも話すし、ＥＵの代表部の人にも話すし。いろいろなところから二〇二〇年のコングレスで、日本の死刑を取り上げてもらえるようにという形で言っていますけれども、日本だけのことを議題で取り上げることにはならない場のようです。日本がどうだという形ではなくて、世界における死刑存置国の刑罰のあり方とか、死刑が議論になるとしても世界規模での議論になるようです。でも、そのくらい大きい土俵の中で議論した方がいいと思います。

　また最近は、日本とヨーロッパ経済連携協定（ＥＰＡ）と戦略的パートナーシップ協定（ＳＰＡ）の大枠合意のような流れがあります。ＳＰＡは、「民主主義、法の支配、人権等の基本的価値を共有する日本とＥＵが、幅広い分野における協力の方向性を規定することにより、円滑な連携・協力を促進し、日ＥＵ関係全体の強化を図ることを目的として」おり、「民主主義、法の支配、人権、基本的自由等の共有する基本的価値の堅持と促進」を図ろうとするものです。ＳＰＡを締結するから、すぐ死刑廃止とはいきませんが、日本とＥＵが基本的な価値観を共有することの確認にはなると思いますし、死刑廃止に向けて、ＥＵと連携していくことも考えられると思います。

　私は、日弁連のなかでもいつも言っていますが、どうやって死刑廃止に向けた大き運動を連携させて作っていけるかが重要だと思っています。日弁連は内向きになりがちなのですが、日弁連が宣言を出したからといって、それだけで死刑廃止になるなんてあり得ないわけです。

　一緒に、どうやって本当に日本から死刑をなくしていけるのか。私は、宗教団体も市民運動もＥＵも、日弁連も、みんな結びつけて、それでどんどん広げていきたいと思っています。皆さんにも、連携の場として、日弁連を活用していただければと思っています。

（談・二〇一七年九月九日）

◉資料 死刑制度の廃止を含む刑罰制度全体の改革を求める宣言

日本弁護士連合会

犯罪が起こったとき、我々は、これにどう向き合うべきなのか。そして、どうすれば、人は罪を悔いて、再び罪を犯さないことができるのだろうか。

悲惨な犯罪被害者・遺族のための施策は、犯罪被害者・遺族が、被害を受けたときから、必要な支援を途切れることなく受けることができるようなものでなければならず、その支援は、社会全体の責務である。また、犯罪により命が奪われた場合、失われた命は二度と戻ってこない。このような犯罪は決して許されるものではなく、遺族が厳罰を望むことは、ごく自然なことである。

一方で、生まれながらの犯罪者はおらず、犯罪者となってしまった人の多くは、家庭、経済、教育、地域等における様々な環境や差別が一因となって犯罪に至っている。そして、人は、時に人間性を失い残酷な罪を犯すことがあっても、適切な働き掛けと本人の気付きにより、罪を悔い、変わり得る存在であることも、私たちの刑事弁護の実践において、日々痛感するところである。

このように考えたとき、刑罰制度は、犯罪への応報であることにとどまらず、罪を犯した人を人間として尊重することを基本とし、その人間性の回復と、自由な社会への社会復帰と社会的包摂（ソーシャル・インクルージョン）の達成に資するものでなければならない。このような考え方は、再犯の防止に役立ち、社会全体の安全に資するものであって、２００３年に行刑改革会議が打ち立て、政府の犯罪対策閣僚会議においても確認されている考え方である。

私たちは、２０１１年10月7日に第54回人権擁護大会で死刑のない社会が望ましいことを見据えて採択した「罪を犯した人の社会復帰のための施策の確立を求め、死刑制度についての全社会的議論を呼びかける宣言」（以下「高松宣言」という。）も踏まえ、その後の当連合会の活動の成果と国内外の状況を考慮して、本宣言をするものである。

2015年に国際連合（以下「国連」という。）総会で改定された被拘禁者の処遇のための最低基準規則（以下「マンデラ・ルール」という。）は、文字どおり被拘禁者を人間として尊重し、真の改善更生を達成するために求められる最低基準であって、これに基づいて刑事拘禁制度を抜本的に改革することが求められている。また、国際人権（社会権）規約委員会（以下「社会権規約委員会」という。）は、2013年には、強制労働を科す懲役刑制度は国際人権（社会権）規約第6条に照らして見直すべきことも勧告している。

そして、刑罰制度全体の改革を考えるに当たっては、とりわけ、死刑制度が、基本的人権の核をなす生命に対する権利（国際人権（自由権）規約第6条）を国が剥奪する制度であり、国際人権（自由権）規約委員会（以下「自由権規約委員会」という。）や国連人権理事会から廃止を十分考慮するよう求められていることに留意しなければならない。

この間、死刑制度を廃止する国は増加の一途をたどっており、2014年12月18日、第69回国連総会において、「死刑の廃止を視野に入れた死刑執行の停止」を求める決議が、117か国の賛成により採択されているところである（日本を含む38か国が反対し、34か国が棄権したものの、過去4回行われた同決議の採択で最も多くの国が賛成した。）。このように国際社会の大勢が死刑の廃止を志向しているのは、死刑判決にも誤判のおそれがあり、刑罰としての死刑にその目的である重大犯罪を抑止する効果が乏しく、死刑制度を維持すべき理由のないことが次第に認識されるようになったためである。また、2020年に世界の刑事司法改革について議論される国連犯罪防止刑事司法会議が、日本において開催されることとなった。

しかも、日本では過去に4件の死刑確定事件について再審無罪が確定し、2014年3月には袴田事件の再審開始決定がなされ、袴田氏は約48年ぶりに釈放された。死刑制度を存続させれば、死刑判決を下すか否かを人が判断する以上、えん罪による処刑を避けることができない。さらに、我が国の刑事司法制度は、長期の身体拘束・取調べや証拠開示等に致命的欠陥を抱え、えん罪の危険性は重大である。えん罪で死刑となり、執行されてしまえば、二度と取り返しがつかない。

よって、当連合会は、以下のとおり、国に対し、刑罰制度全体を、罪を犯した人の真の改善更生と社会復帰を志向するものへと改革するよう求めるとともに、その実現のために全力を尽くすことを宣言する。

1　刑罰制度の改革について

(1) 刑法を改正して、懲役刑と禁錮刑を拘禁刑として一元化し、刑務所における強制労働を廃止して賃金制を採用し、拘禁刑の目的が罪を犯した人の人間性の回復と自由な社会への再統合・社会的包摂の達成にあることを明記すること。

(2) 拘禁刑は社会内処遇が不可能な場合の例外的なものと位置付け、社会内処遇を拡大し、社会奉仕活動命令や薬物依存者に対する薬物治療義務付け等の刑の代替措置を導入すること。

(3) 犯罪の実情に応じた柔軟な刑罰の選択を妨げている再度の執行猶予の要件を緩和し、保護観察中の再犯についても、再度の執行猶予の言渡しを可能にするため刑法第25条第2項を改正すること。累犯加重制度（刑法第57条）についても、犯罪の程度に応じた柔軟な刑罰の選択を可能にするよう刑法を改正すること。

2　死刑制度とその代替刑について

(1) 日本において国連犯罪防止刑事司法会議が開催される2020年までに死刑制度の廃止を目指すべきであること。

(2) 死刑を廃止するに際して、死刑が科されてきたような凶悪犯罪に対する代替刑を検討すること。代替刑としては、刑の言渡し時には「仮釈放の可能性がない終身刑制度」、あるいは、現行の無期刑が仮釈放の開始時期を10年としている要件を加重し、仮釈放の開始期間を20年、25年等に延ばす「重無期刑制度」の導入を検討すること。ただし、終身刑を導入する場合も、時間の経過によって本人の更生が進んだときには、裁判所等の新たな判断による「無期刑への減刑」や恩赦等の適用による「刑の変更」を可能とする制度設計が検討されるべきであること。

3　受刑者の再犯防止・社会復帰のための法制度について

(1) 受刑者に対する仮釈放要件を客観化し、その判断を適正かつ公平に行うものとするため、地方更生保護委員会の独立性を強化して構成を見直すこと。また、規則ではなく刑法において具体的な仮釈放基準を明らかにするよう、刑法第28条を改正すること。併せて、無期刑受刑者に対する仮釈放審理が極めて困難となっている現状を改革するために、仮釈放の審理が定期的に必ずなされる仕組みを作るなど、必要な措置を講ずること。

(2) 罪を犯した人の円滑な社会復帰を支援するため、政府の矯正・保護部門と福祉部門との連携を拡大強化し、かつ、罪を犯した人の再就職、定住と生活保障等につながる福祉的措置の内容の充実を求めるとともに、当連合会も、出口支援（刑務所出所後の支援）・入口支援（刑務所に入れずに直接福祉につなぐ支援）に積極的に取り組むこと。

(3) 施設内生活が更生の妨げとならないよう、刑事施設内の規律秩序の維持のための規則及び刑事施設内における被拘禁者の生活全般を一般社会に近付け、医療を独立させ、可能な限り独居拘禁を回避し、また、拘禁開始から釈放まで、罪を犯した人と家族・社会との連携を図るなど、新たに改正されたマンデラ・ルールに基づいて刑事収容施設及び被収容者等の処遇に関する法律（以下「刑事被収容者処遇法」という。）を全面的に再改正すること。

(4) 刑の言渡しを受けた人に対する資格制限その他刑を終えた者の社会復帰を阻害する刑法第34条の2「刑の消滅制度」と諸法に定められた資格制限規定について、その必要性を一つずつ検討し、不必要な資格制限を撤廃すること。

2016年（平成28年）10月7日

日本弁護士連合会

死刑執行に強く抗議し、改めて死刑執行を停止し、２０２０年までに死刑制度の廃止を目指すべきであることを求める会長声明

本日、大阪拘置所と広島拘置所において各１名に対して死刑が執行された。金田勝年法務大臣による２回目の執行であり、第２次安倍内閣以降、死刑が執行されたのは、11回目で、合わせて19名になる。

犯罪により命が奪われた場合、失われた命は二度と戻ってこない。このような犯罪は決して許されるものではなく、犯罪により身内の方を亡くされた遺族の方が厳罰を望むことは、ごく自然なことであり、その心情は十分に理解できる。一方で、生まれながらの犯罪者はおらず、犯罪者となってしまった人の多くは、家庭、経済、教育、地域等における様々な環境や差別が一因となって犯罪に至っている。刑罰制度は、犯罪への応報であることにとどまらず、社会復帰の達成に資するものでなければならず、このような考え方は、再犯の防止に役立ち、社会全体の安全に資するものである。

人権を尊重する民主主義社会であろうとする我々の社会においては、犯罪被害者・遺族に対する十分な支援を行うとともに、死刑制度を含む刑罰制度全体を見直す必要がある。

死刑は、生命を剥奪する残虐な刑罰である。

刑事司法制度は人の作ったものであり、その運用も人が行う以上、誤判・えん罪の可能性そのものを否定することはできない。そして、他の刑罰が奪う利益と異なり、死刑は、生命という全ての利益の帰属主体そのものの存在を滅却するのであるから、取り返しがつかず、他の刑罰とは本質的に異なる。我が国における刑事司法制度の下では、いわゆる死刑再審無罪４事件や袴田事件に見られるように、誤判・えん罪の危険性が具体的・現実的なものとなっている。

2016年12月、国際連合総会本会議は、死刑存置国に対し死刑執行停止を求める決議を国連加盟国193か国のうち117か国の賛成により採択している。また、2016年12月末日現在、法律上死刑を廃止している国と事実上死刑を廃止している国（10年以上死刑が執行されていない国を含む。）の合計は141か国であり、世界の中で３分の２以上を占めている。

このように国際社会においては死刑廃止に向かう潮流が主流であり、死刑制度を残し、現実的に死刑を執行している国は、世界の中では少数に留まっている。

死刑制度を存続させれば、死刑判決を下すか否かを人が判断する以上、えん罪による処刑を避けることができないこと等を理由に、当連合会は、昨年10月７日に開催された第59回人権擁護大会において、「死刑制度の廃止を含む刑罰制度全体の改革を求める宣言」を採択し、その中で、日本において国連犯罪防止刑事司法会議が開催される2020年までに死刑制度の廃止を目指すべきであることを宣言した。そして、「死刑廃止及び関連する刑罰制度改革実現本部」を設置し、死刑廃止を目指す活動を行っているところである。当連合会は、今回の死刑執行に対し強く抗議するとともに、改めて死刑執行を停止し、２０２０年までに死刑制度の廃止を目指すべきであることを求めるものである。

2017年（平成29年）７月13日

日本弁護士連合会　会長　中本和洋

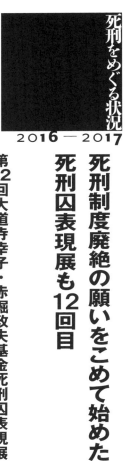

死刑制度廃絶の願いをこめて始めた死刑囚表現展も12回目

第12回大道寺幸子・赤堀政夫基金死刑囚表現展

太田昌国

刊行されたばかりの『年報・死刑廃止2016』(インパクト出版会)の「編集後記」の末尾には「本誌も通巻20号、死刑が廃止にできずに続刊することが悔しい。」とある。これに倣えば、「死刑制度廃絶の願いをこめて始めた死刑囚表現展も第12回目。世界に存在する国家社会のおよそ三分の二に当たる一四〇カ国近くでは死刑が廃止されているのに、私たちはいつまでこれを続けることになるのだろうかと慨嘆する」とでもいうことになるだろうか。同時に、次のことも思い出す。二〇一四年秋、東京・渋谷で開いた「死刑囚絵画展」を観に来てくれた友人が言った。ここまでの作品が寄せられているのだから、もう、辞められないね」。そう、死刑制度は無くしたい。同時に、実際に存在している死刑囚の人びとがここまで「表現」に懸けている現実がつくり出されている以上、少なくとも制度が続いている間は、表現展を辞めるわけにもいかない。私たちの多くもずいぶんと高齢になってしまい、どう継続できるかが大きな問題なのだが――そんな思いを抱きながら、去る九月中旬に開かれた選考会議に臨んだ。

加賀乙彦、池田浩士、北川フラム、川村湊、香山リカ、坂上香、そして私、の七人の選考委員全員が出席した。運営会のスタッフも一〇人ほどが傍聴している。

現実をずばり表現

すでに私の頭に沁み込んでいた句があった。作品としてとりわけよいとは言えないが、死刑囚が外部に向かってさまざまな形で表現している現実を、ずばり(少しユーモラスな形で)言い当てていると思えたのである。

〇番区まるで作家の養成所

拘置所で収用者番号の末尾にゼロがつくのは重罪被告で、死刑囚が多い。そこから、それらの人びとが収容されている番区を「〇番区」と呼ぶことになったようだ。思えば、選考委員の加賀さんには

『ゼロ番区の囚人』と題した作品がある。加賀さんは東京拘置所の医官を勤めていた時期があるから、その時の経験を作品化したのである。確かに、死刑囚表現展がなされる以前から、ゼロ番区からは、多くの表現者が生まれ出た。正田昭、島秋人、平沢貞通、永山則夫……。この句の作者は、そのことの「意味」を、あらためて確かめているように思える。

作者とは、兼岩幸男さんである。常連の応募者だが、昨年時事川柳というジャンルを開拓して以来、その表現に新しい風が吹き込んできた感じがする。掲句同様、ユーモアを交えて、死刑囚である自分自身をも対象化している句が印象に残る。

死刑囚それでも続けるこのやる気
就活と婚活してる死刑囚
拘置所へ拉致に来るのをじっと待つ

もちろん、昨年同様、社会の現実に向き合った作品にもみるべきものはある。

マスメディア不倫で騒ぐ下世話ぶり
選挙前基地の和解で厚化粧

日々の情報源は、半日遅れの新聞とラジオ・ニュースのみ。それでも、見える人には、事態の本質が見える。溢れかえる情報に呑み込まれて、情報の軽重を見失いがちな一般社会に生きる私たちに内省を迫る。ただし、他の選者の評にもあったが、直裁的な社会句には、俗情に阿る雰囲気の句もあって、それは私も採らない。この人独自の世界を、さらに未知の領域に向けて切り拓いていくことを、切に望みたい。

高井空さんの「三つの選択し」は、ショートショートの創作。確定死刑囚が突然理由も知らされることもなく、航空機でどこかへ移送される。着いたところは、海外の戦場だった。自衛隊も含めて憲法9条の縛りで戦争には参加できない。その点「働きもせず、税金も納めず、ただで飯を食って、どうせ殺す死刑囚であれば」戦力になり得る、しかも「奴らは、既に、人を殺した経験がある」。国内的には、死刑囚・某の死刑が執行された、ということにしておけばよい――動員した側の言い分はこうだ。そんな世界に抛り込まれた死刑囚の心象がクールに描かれてゆく。確定死刑囚ならではの、迫りくる「戦争の時代への危機感」が吐露されていて、緊張した。後述する響野湾子さんの短歌にも、こんなものがあった。

裁判員制度のやふに　赤紙がいつか
来るはず確定囚にも

獄にある確定死刑囚は、独特の嗅覚をもって、獄外で――つまり自らの手が及ばぬ世界で――進行する政治。社会状況を読み取っているのかもしれぬ。時代に対するこの危機意識には、獄壁を超えて連帯したいと、心から思った。高井さんが、別な名で応募された従来の作品については（とりわけ、自らがなした行為を振り返った作品については、読む者の胸に響くものが少ないがゆえに）ずいぶんと酷評した記憶があるが、この作品からは、今までになかった地点に踏み出そうとしている心意気を感じ取った。書き続けてほしい。

贖罪の歌（句）

さて、常連の響野湾子さんである。短歌「蒼きオブジェ」五七五首、俳句「花リンゴ」二五〇句、書き散ら詩「透明な一部」から成っていて、今年も多作である（「透明な一部」は、本名の庄子幸一名も連記した応募である）。短歌の冒頭に曰く「執行の歌が八割を占めています　意識的に詠んでいます　死刑囚徒だから死刑囚の歌を詠わねば　誰れが？」。選者である私たちが、死刑執行をテーマにした作品が多く、重いとか息苦しいとかいう感想を漏らしたことへの応答だろうか。そう、言われる通りです、というしかない。この作品を読む前に、私は拘置所で或る死刑囚と面会した。彼はぽつりといった。「他人を殺めた者でなければ分からないことがある」。ふたりは、死刑囚としての同じ心境を、別々のことばで語っているように思える。そこで生まれるのは、贖罪の歌（句）である。

眠剤に頼りて寝るを自笑せり我が贖
罪の怪しかりけり

痛みなくばひと日たりとも生きられ
ぬ壁に頭を打ちて耐えをり

生活と言へぬ暗さの中に生き贖罪《つみ》て
ふ見へぬものと闘ふ

贖罪記書けず閉ず日や有時雨

短歌集の表題「蒼きオブジェ」に見られるように、「蒼」をモチーフとした作品に佳作が目立った。

溜息は一夜で満ちる独房は　海より
蒼し　私は海月

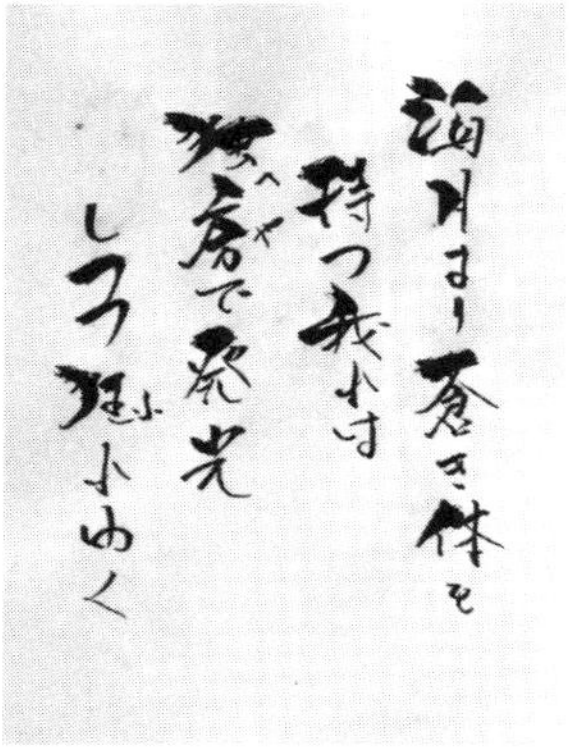
響野湾子 短歌 575 首「蒼きオブジェ」より

海月より蒼き体を持つ我れは　独房《へや》
で発光しつつ狂《ふ》れゆく

絵心の無き性なれど　この部屋を歌
で染めあぐ　蒼瑞々しく

主題を絞り込んだ時の、表現の凝縮度・密度の高さを感じた。他に、私には以下の歌が強く印象に残った。

いつからか夜に知らぬ人現われて
一刷毛闇を我に塗りゆく

責任を被る狂気の無き人の　筆名の
文学に色見えてこず

井上孝紘、北村孝、北村真美さんの作品は、もちろん、個別に独立したものとして読まなければならないのだが、関わりを問われた共通の事件が表現の背後に色濃く漂っていて、関連づけて読むよう誘われる。弟（孝紘さん）は兄（孝さん）と母親（真美さん）の無実を主張する文章を寄せており、孝さんは無実を訴える。真美さんはその点には触れることなく、一〇年の歳月、同じ拘置所の「同じ空間に居た」女性死刑囚が処刑された日のことを書く。「死刑囚が、空気に消える時、そこに涙は無い。死刑囚が、消える時、何も変わらない一日となる」。弟は、捜査員の誘導で、罪なき兄と母を「共犯」に仕立て上げる調書を取られたことを悔やむ。その心境を、こう詠む。

西仰ぎ　見えろと雲に　兄の笑顔《かお》

各人の「表現」が今後いかにして事件の「闇」に肉迫してゆけるか。刮目して、待ちたい。

昨年、初の応募で「期待賞」を受賞した高田和三郎さんが、詩・詞篇とエッセイ「若き日の回想」を寄せられた。詩篇もまた、利根川の支流に近い故郷を思う慕情に溢れている。エッセイの末尾には「この拙文は自分が少年であった当時に経験した非生産的な生活状況について、恥を忍びながら書かせていただいた」とある。身体的な障がいをもつことによって「非生産的」と見なした世間の目のことを言っているのだろうが、それは、今回の相模原事件と二重写しになって見える。その意味で、社会の変わらなさに心が塞ぐ。ただ、もっと書き込んでいただきたい。今回で言えば、郷里が近い石川三四郎に触れた一節があるが、思想史上に独自で重要な位置を占めるこのアナキスト思想家に、名前だけ触れて済ませるのは惜しい。なぜ、名前が心に残っているのか。郷里の大人たちがどんな言葉遣いで石川三四郎のことを語っていたから、高田少年の頭にその名が刻み込まれたのか。掘り下げるべき点は、多々あるように思われる。

６５０枚の大長編『凸凹三人組』

さて、数年前、もやしや大根の姿を、黒地を背景に絶妙に描いた絵が忘れられない高橋和利さんは、今回は大長編『凸凹三人組』を応募された。自らの少年時代の思い出の記である。几帳面な方なのだろう、幼い頃からつけていた膨大な日記を、いったん差し入れてもらい、それを基にしながらこの回想記を記したもののようだ。だから、戦時中の焼夷弾の作り方など、記述は詳細を極めて、面白い。戦後も、子どもたちの要求によって男女共学が実現する過程など、今は何かと分が悪い「戦後民主主義」が生き生きと機能していた時代の息吹を伝えて、貴重だ。いささか冗漫にすぎる箇所はあり、唐突に幼い少女の腐乱死体が出てきて終わるエンディングにも不満は残る。推敲を重ねれば、戦中・戦後の一時代の貴重な証言文学足り得よう。添えられた挿絵がよい。あのもやしや大根を描いた才は、高橋さんの中に根づいている。

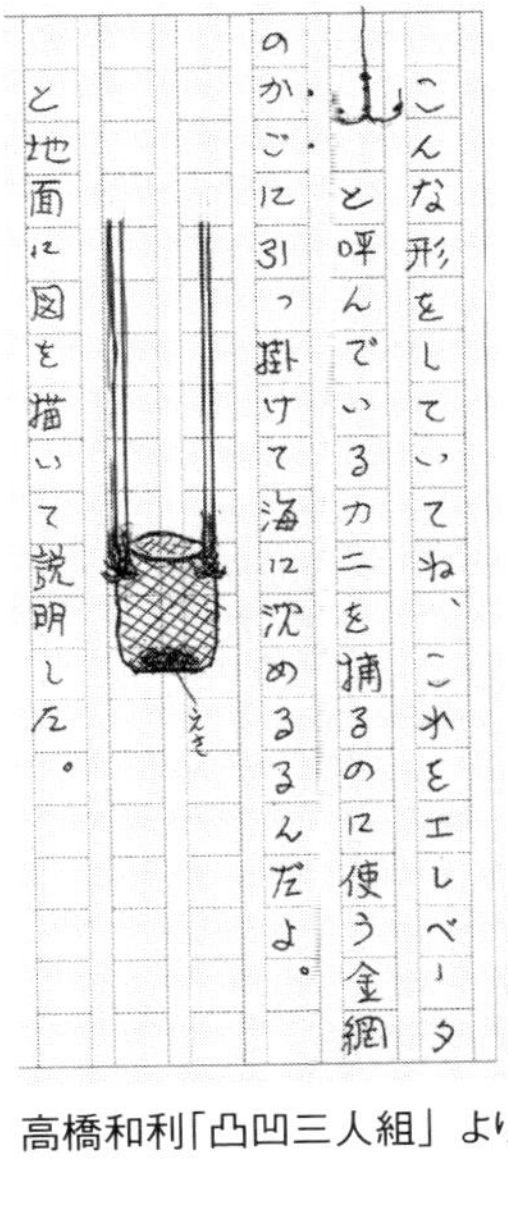

高橋和利「凸凹三人組」より

若い千葉祐太郎さんは、無題の作品を寄せた。四行か五行を一区切りとする詩文のような文章が続く。難解な言葉を使い、メタファーも一筋縄ではいかない。自らが裁かれた裁判の様子と処刑のシーンを描いているらしいことはわかる。供述調書の作られ方に納得できないものを感じ、自らがなしたことへの悔悟の気持ちも綴られている。本人も難解すぎると思ったのか、後日かみ砕いた解説文が送られてきた。こんなにわかりやすい文章も書ける人が、あえて選んだ「詩的難解さ」は、若さゆえの不敵な挑戦か。悪くはない。

いつも味わい深い作品を寄せる西山省三さんは、「天敵の死」という詩と川柳一〇首。「人の死を笑ったり喜んだりしてはいけませんよ」と幼い作者を諭した母に謝りながら歓喜するのは鳩山邦夫が死んだから。法相時代一三人の死刑囚の執行を命じた人。母の教えを大事に思いつつも、ベルトコンベアー方式での死刑執行を口走った、「一生使いきれないお金を持った」人の早逝をめぐる詩を、作者は「天敵鳩山邦夫が死んだとさ」という、突き放したような語句で締め括る。論理も倫理も超えて溢れ出る心情。半世紀以上も前のこと、戦争をするケネディが死んだのはめでたいといって赤飯を炊いて近所に配ったら隣人に怪訝な顔をされたといって戸惑っていた故・深沢七郎を、ゆくりなくも、思い起こした。この種の表現は面白い、という心を抑えることはできない。だが、これは、やはり、おもしろうて、やがて、哀しき……か。

ルポ「眞須美」

林眞須美さんは、その名もずばり「眞須美」と題したルポを応募。粗削りな文章だが、大阪拘置所で彼女がいかにひどい処遇を受けているかという実情は伝わる。日本の監獄がどんなところであるかを暴露するに、気の毒にも彼女はもっとも「適した」場所に——苛め抜かれているという意味で。しかも彼女はそれに負けないで、さまざまな方法を駆使して闘い続けているという意味も込めて——置かれているのかもしれない。

俳句・短歌・川柳を寄せる何力さんの表現に変化が見られる。「短歌《うた》不評俳句の方が無難かな」には、選者として苦笑する。広辞苑と大辞泉を「良友」として日本語を懸命に勉強している感じが伝わってくる。「死刑支持・中国嫌い同率だ我の運命二重奏かな」は、日本社会に浸透している不穏な

「空気」を、自己批評を込めて詠んでいて、忘れ難い。

音音《ねおん》さんからは、一〇一までの番号を付した歌が送られてきた。言葉の使い方は、相変わらず軽妙だし、獄の外で進む新たな現象への関心も旺盛だが、例年ほどの「冴え」が見られないのはなぜだろうか。末尾に置かれた歌

被害者らの未来のすべて黒く塗り
何が表現ズルいと思う

にうたわれた思いが、作者の心に重い影を落としているのだろうか。これは、二〇一四年の死刑囚絵画展（渋谷）の際のアンケートに一来場者が残した言葉からの一部引用歌だ。私がこの年の表現展の講評で、この批評に触れた。この問いかけから逃げることはできない。だが、向き合って、さらに「表現」を深めてほしいと望むばかりだ。

なお、河村啓三さんの長編「ほたるいか」は第七章まで届きながら未完に終わったので、選考対象外とした。ただし、娘の視点から父親である「自分」を語らせるという方法は、興味深いながらも、娘の感情を自分に都合よく処理している箇所があって、綻びが目立つ。もっと深く書けるはずの人だという声があがったことを、来期には完成させて応募されるであろう作者のために書き留めておきたい。

絵画作品から

絵画作品に移ろう。

伊藤和史さんの昨年の応募作品には、驚かされた。白い色紙に、凹凸の彫りが施されているだけだ。裸眼には、よく見えない。今年も同じ趣向だ。表現展運営会スタッフが、工夫してダンボール箱に作品を掛け、対面には紙製暖簾を掛けた。

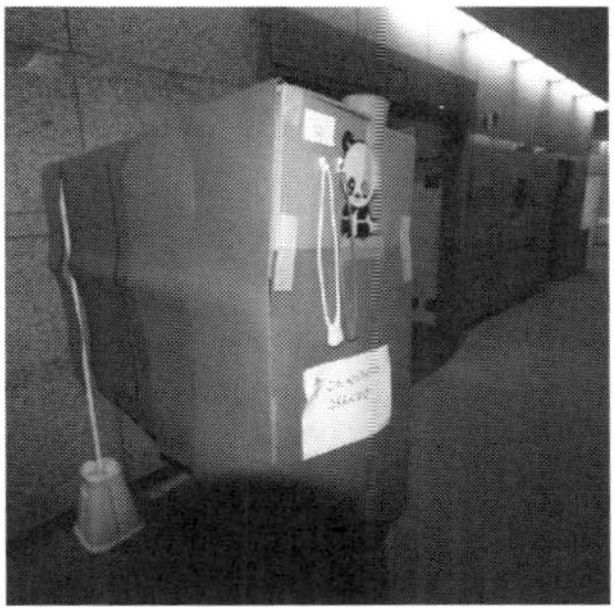

伊藤和史作品展示ボックスr

井上孝紘「こいつが……ニクイ！」

加藤智大「艦これ—イラストロジック六五問▼パズル二〇一問」

金川一「なにはイバラの花」

観る者は、用意されたライトを点灯して、暖簾をかき分けて暗い内部に入る。色紙に斜めからライトを当てると、凹凸が浮き彫りになって見える。この工夫と丁寧な作業ぶりに、あらためて驚く。

井上孝紘さんは、いつもの入れ墨用の彫りもの作品に加え、「独裁暴権」現首相の顔に「こいつが……ニクイ！」と書き込んだ。何を描いても、基本があるので、巧みだ。

加藤智大さんの「艦これ――イラストロジック六五問▼パズル二〇一問」は、昨年同様、私にはお手上げだ。だが、この集中力は何なのだろう。コミュニケーションの可能性や方法について、あれこれ考えさせられる、独自の密度をもった「表現」なのだ。

北村孝「ハッピー」

金川一さんの作品には、表現展のごく初期から惹かれてきた。「点描の美しさ」と題して、しゃくやくの花などを描いた今回の三点の作品にも、うまい、と思わず唸る。

奥本章寛さんは、初めての応募だ。「お地蔵さま」など五作品が、観る者のこころに安らぎを与えてくれるようなたたずまいで並んでいる。「せんこうはなび」の描き方には、とりわけ、感心した。

北村孝さんの「ハッピー」は、作者がおかれている状況を知っていると、胸に迫る。絵の中にある「再審」「証人」「支援」「新証拠」などの文字は、冤罪を訴える作者の切なる叫びだ。それぞれ星形に入れられてはいるが「希」と「望」の文字の間には大きな隔たりがある。この

西口宗宏「月見（懺悔）」

高尾康司「最新鋭10式戦車」

ように表現した時の作者の思いを、及ばずながら、想像したい。

西口宗宏さんは、二〇点もの作品を応募。何らかのモデルがあって、それを真似しているのだろうが、「月見（懺悔）」のように、自らの内面の描写か、と思われる作品もちらほら。北川フラム氏が言うように、本来「グジャグジャな、本人の生理」が前面に出てくれれば、化けるのだろうと思わせるうまさを感じとった。

風間博子さんは昨年、作家・蜷川泰司氏の『迷宮の飛翔』（河出書房新社）に挿絵を提供した。物語だけを読んで、想像力を「飛翔」させて描いた一六枚の作品の豊かさに私は注目した。表現展への従来の応募作品に見られた「定型化」を打ち破るエネルギーが溢れる「命——２０１６の弐」の行方を注視したい。

紙幅が尽きてきた。高尾康司さん、豊田義己さん、原正志さん、北村真美さんからも、それぞれに個性的で、心のこもった作品が寄せられた。年数を積み重ねている人の作品には、素人目にも明らかな「変化」（「進歩」とは言いたくない）が見られて、うれしい。

自らへの戒めを込めて言う、日々書く（描く）、これが肝心なのだ、と。

最後に、受賞者は以下の方たちに決まった。文字作品部門では、響野湾子さんに「表現賞」、兼岩幸男さんに「努力賞」、高橋和利さんに「敢闘賞」。絵画部門では、西口宗宏さんに「新人賞」、金川一さんに「新境地賞」、風間博子さんに「光と闇の賞」。

そして、さらに記しておかなければならないことがある。東京拘置所在監の宮前一明さんは、絵画作品を応募しようとしたが、拘置所側から内容にクレームが

豊田義己「母の日」

原正志「くあぱPoseを付けるEcup美少女・KIWPUEとFcup中出し少女、太陽を背にして笑顔のGcup少女、瑞ぐ黒髪Lcup卒業生美少女Fcupゾンビ少女、あなたの心を蜂の巣にするIcup少女捜査官、HcupcosplayerとMytell・笑顔の魔法ちゃん・初音ミクと森の仲間—愛と平和・絆」

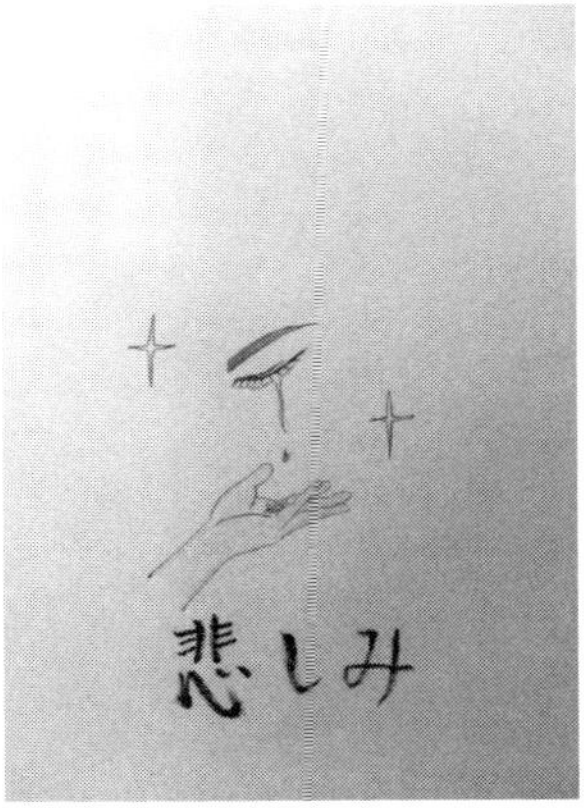

北村真美「悲しみ」

つけられ、とうとう出品できなかった。

また、名古屋拘置所在監の堀慶末さんは、応募しようとした長編作品が、拘置所側に三ヵ月間も留め置かれ、九月二日になってようやく発信されたが、選考会の日までには届かなかった。拘置所が採った措置については、何らかの方法によって、その責任を追及していきたい。

以前にも触れたことのある人物だが、ウルグアイの元大統領、ホセ・ムヒカ氏が今春来日した。一九六〇年代～七〇年代に活動していた同国の都市ゲリラ組織トゥパマロスに属していた人物だ。長期にわたって投獄され、二度脱獄もしている。民主化の過程で釈放され、同組織も合法政党となって、国会議員となった。やがてその政策と人格が認められ、一般選挙で大統領にまで選出された。「市場は万能ではない」「質素に生きれば自由でいられる」などの端的な言葉で、世界全体を支配している新自由主義的な市場原理に「否！」を唱え、その発言は世界的な注目を集めている。日本を支配する、死刑制度を含めた行刑制度の頑迷さに嘆息をつくたびに、「元武装ゲリラ＋獄中者＋脱獄者」を大統領に選ぶ有権者が住まう国の豊かさを思う。刑罰を受けて「獄」にある人びとの表現は、どの時代、どの地域にあっても、私たちが住む社会の〈現実の姿〉を映し出す鏡なのだ。

（『出版ニュース』二〇一六年一一月中旬号）

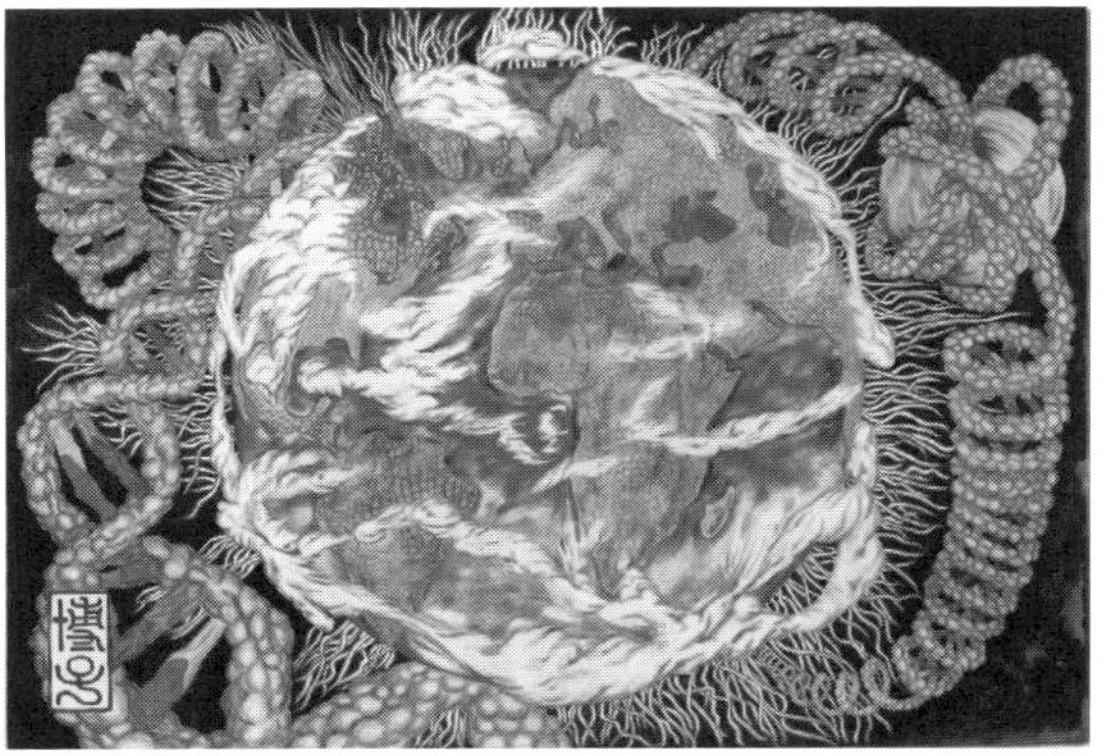

風間博子「命— 2016 の弐」

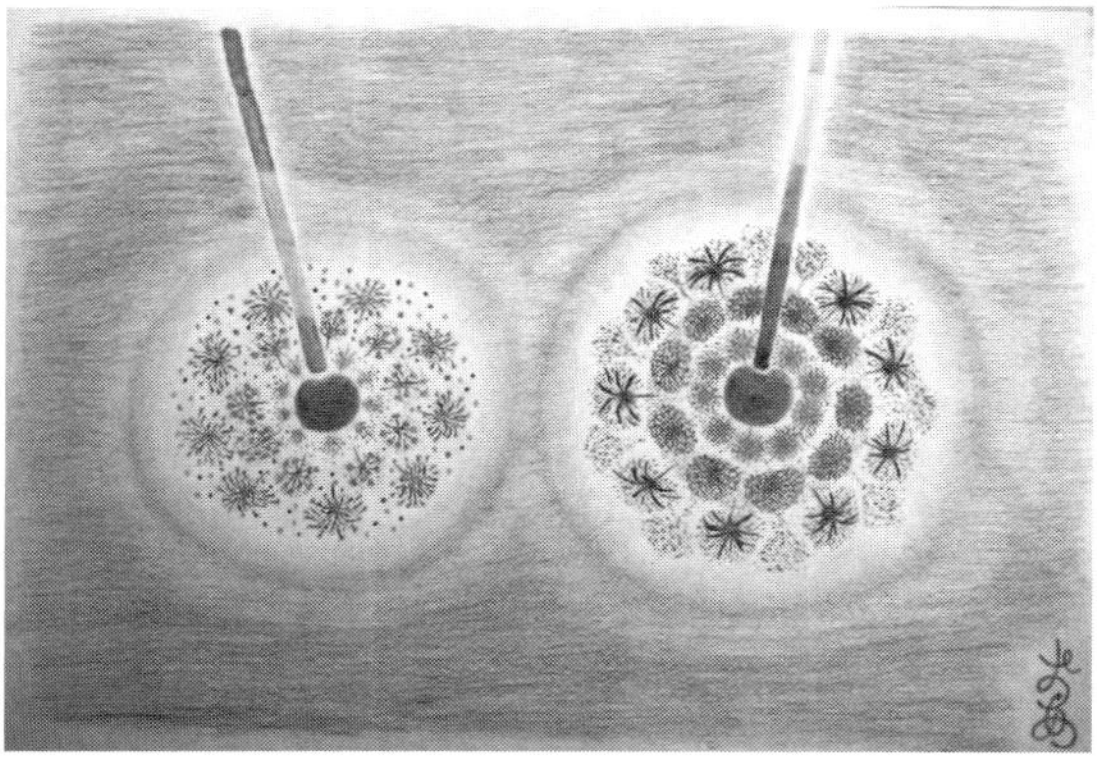

奥本章寛「線香花火」

◉二〇一六～一七年の絵画展

「死刑廃止のための大道寺幸子・赤堀政夫基金」の応募作品を多くの人に見て欲しい。それは作品を見た人が、ステレオタイプの死刑囚像を壊し、一人一人の死刑囚への想像力を働かせ始めるからだ。それが死刑廃止への一歩だと思う。基金の募集要項に書いたように死刑廃止のためになるとの判断をすれば基金としてかし出してきた。

以下は、二〇一六年から一七年夏までの展覧会である。

極限芸術死刑囚は描く2 クシノテラス（16年4月29日～8月29日）

クシノテラスとは、鞆の津ミュージアムで「極限芸術死刑囚は描く」を成功させた櫛野展正さんが独立して福山市内に開館したギャラリーである。展覧会のカタログも刊行。都筑響一、茂木健一郎トークイベントも。

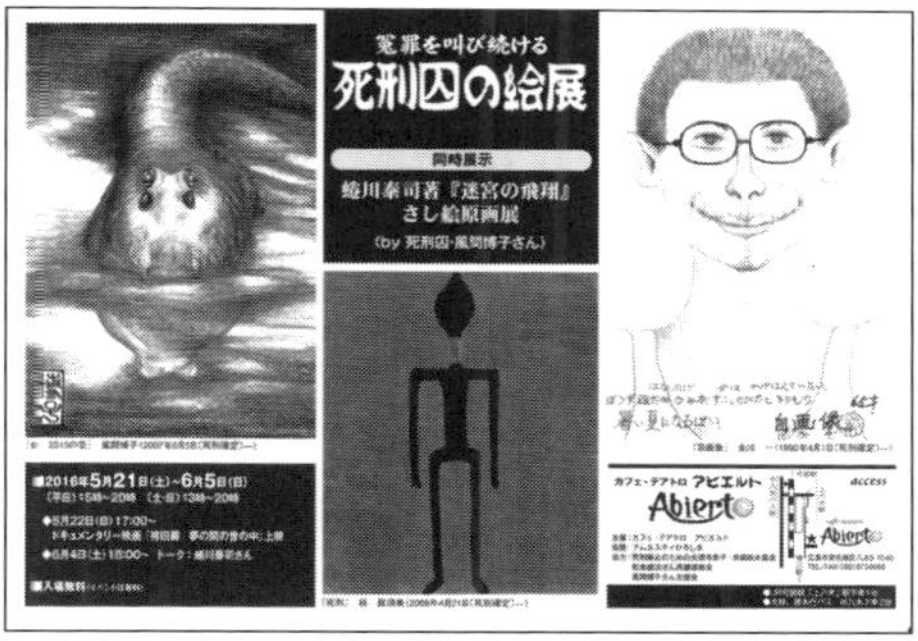

冤罪を叫び続ける死刑囚の絵展 カフェ・テアトロ・アビエルト（16年5月21日～6月5日）

アビエルトでの第２弾は冤罪死刑囚に焦点をあて松本健次さん再審連絡会の協力を得て松本作品を多数展示。「袴田巖　夢の中の世の中」上映、里見繁講演、同時開催の『迷宮の飛翔』原画展の作者・蜷川泰司トークイベントも開催。

命見つめて～描かずにはいられない～ にしぴりかの美術館（16年11月21日～17年2月28日）

東北初展示。仙台市からバスで40分、黒川郡大和町の特定非営利活動法人黒川こころの応援団内にある本格的なアールブリュット専門ギャラリー。金聖雄監督の「袴田巖　夢の中の世の中」「SAYAMAみえない手錠をはずすまで」の２作品も上映。

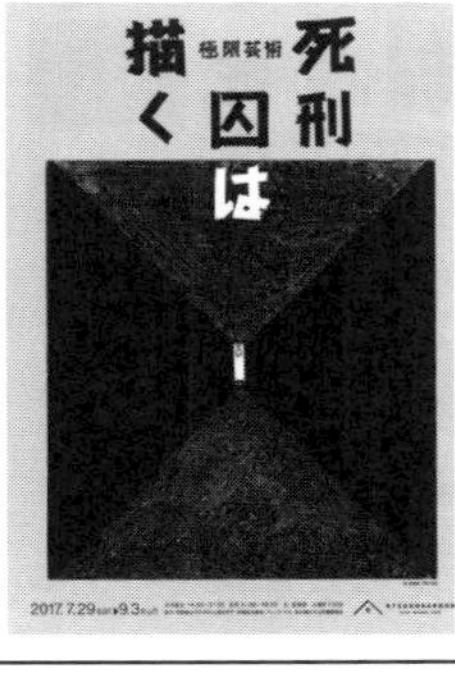

極限芸術　死刑囚は描く アツコバルー arts drinks talk（17年7月29日～9月3日）

東京渋谷の東急文化村の隣、ビルの５階のしゃれたギャラリー。面白くて過激で時代の先端をいくアートを展示してきたスペースだ。都筑響一・櫛野展正のトークショーは早くに満員締切に。合計１７１６人もの人が鑑賞し、アンケートやツイッターに絵画を見たざわざわした気持ちを記した。

（深田卓）

奨励賞　謝依俤　絵画３点

第８回　2012年

文芸部門

優秀賞　氷室蓮司「硝子の破片は久遠の悲しみ」

優秀賞　響野湾子「俳句百句　アイリスだけの呼吸」、「短歌634首」

努力賞　檜あすなろ「心の相談室」「死刑執行する側　される側」「人は変われるか？」

奨励賞　音音(ねおん)「短歌８首」、「俳句(川柳) 10句」

佳作　林眞須美「俳句13句」中一句「春が来た　まっちゃん殺され　泣き桜」

絵画作品

特別賞　松田康敏「海幸山幸」「萬年カレンダー」「豊後二見ヶ浦」

優秀賞　宮前一明「境界視点」「邑の址」「凍鶴の朝」「もう他人事じゃない！」「拘束と監視」

佳作　藤井政安「おせち」

奨励賞　風間博子「明来闇去—雪冤の朝」「天壌無窮—仰ぎて天に愧じず」

奨励賞　謝依俤　全作品（3点）

努力賞　北村孝紘「龍之図」「粋」「志」「自画生首図」「雷神と龍」「夏の粋」

努力賞　高尾康司「無題」他10作品

努力賞　音音「左眼の憩い（500年の記憶）」「優先危機」（北斎のパロディ）

努力賞　檜あすなろ「暗闇」「昇竜」「無題」

第９回　2013年

文芸部門

新波賞　音音「運営会のみなさんへ」

努力賞　響野湾子　短歌「紫色の息（一)」「紫色の息（二)」、俳句二百句「赤き器」

絵画部門

優秀賞　藤井政安「年越し菓子」

独歩賞　林眞須美

技能賞　風間博子

新波賞　宮前一明「オノマトペの詩」

第10回　2014年

文芸部門

死刑囚の表現展賞　響野湾子「特句10句　人攫う」「俳句200句　チェの星月夜」「短歌800首　八百万の神々へ」

チェレンジ賞　音音　誑歌集「経年劣歌」「折祈り（おいのり)」

絵画部門

オンリーワン賞　林眞須美

表現賞　風間博子「無礙の一道」など絵画３点

奨励賞　千葉祐太朗　無題

表現を問う賞　宮前一明「作務衣」

敢闘賞　伊藤和史（文章と絵画あわせて）

第11回　2015年

文芸部門

優秀賞　畠山鐵男　短歌「晩詠」34首

ユーモア賞　音音　誑歌集「宛人不知」

持続賞　響野湾子 俳句200句「シロナガスとピエロ」、短歌444首「静かなる汗」

タイムリー賞　兼岩幸男　短歌「生命の歌」559首、俳句「故郷の四季」248句、川柳「時事川柳」317句

期待賞　高田和三郎

絵画部門

特別賞　宮前一明「思惟の存在感（タンジブル)」

技巧賞　伊藤和史「天寿の向日葵（あこがれ)」他１点

模索賞　加藤智大「パズル」18点

第12回　2016年

文芸部門

表現展賞　響野湾子「書き散ら詩　透明な一部」「短歌五七五首　蒼きオブジェ（一)(二)」「花りんご　二百五十句」

努力賞　兼岩幸男　短歌「新しき光の中へ」、短歌「人生の記」、俳句「外の世界の記録」、川柳、時事川柳

敢闘賞　高橋和利「凸凹三人組」

絵画部門

新人賞　西口宗宏「落吊る日」「楽園」「乱心 I」「乱心 II」「乱心 III」「月見　罰（バチ)」「月見（懺悔)」「恋恋　此岸未練」「恋恋　此岸未練 II」「恋恋　此岸未練 III」「父娘（おやこ)」「奪い去った風景」「吊り観覧」「夢」「折り鶴」「終え間」「生涯」「我中」「弥次郎命」「四秀」

新境地賞　金川一「しゃくやくの花」「くちべにずいせん」「なにはイバラの花」

光と闇の賞　風間博子「命— 2016の壱—」「命— 2016の弐—」「命— 2016の参—」

大道寺幸子・赤堀政夫基金受賞作品一覧（第1回～12回）

第１回　2005年

文芸部門

優秀賞　澤地和夫「獄中座禅20年」（彩流社から刊行）

優秀賞　河村啓三「こんな僕でも生きてていいの」（インパクト出版会から刊行）

佳作　西山省三「狂犬の願い」「死刑囚の先輩」

絵画部門

佳作　金川一「無題」

第２回　2006年

文芸部門

優秀賞　響野湾子「桜貝」（俳句）、「深海魚」（短歌）、「書き散ら紙」（詩）、「今、自死を考えている貴方へ」（エッセイ）

絵画部門

奨励賞　岡下香の絵画作品「司法界のバラ」

第３回　2007年

文芸部門

奨励賞　響野湾子「短歌10首　みどり亀」、「短歌10首　総括」、「短歌10首　鯨声」、「俳句30句　アンモナイト」、「無題」（詩）

奨励賞　河村啓三「生きる―大阪拘置所死刑囚房から」（インパクト出版会から刊行）

問題作　萬谷義幸「手記」

絵画部門

奨励賞　迫康裕「嘆願」ほか色紙3点

第４回　2008年

文芸部門

特別賞　澤地和夫「死刑囚を生きる」

努力賞　後藤良次　短歌

絵画作品

優秀賞　松田康敏　2点の絵

敢闘賞　金川一　絵4点

努力賞　謝依俤　10点組の墨絵

第５回　2009年

文芸部門

奨励賞　高橋和利『冤罪が作られる構造』（インパクト出版会から刊行）

技能賞　響野湾子　「遠眼鏡　55句」（俳句）、「夜明け前　300首」（短歌）

努力賞　西山省三　短歌のうち第一首目「十六年ぶりに会う十八の娘『なんで殺したん』と嗚咽する」

絵画部門

優秀賞　謝依俤

努力賞　金川一　四点の絵画作品

奨励賞　小林竜司「変わらぬ風景」「今日の朝食」2点

奨励賞　高尾康司　全ての作品

奨励賞　風間博子　「無題」

努力賞　高橋利和　2010年カレンダー

第６回　2010年

文芸部門

奨励賞　星彩「七日間の灼熱ドライブ」

技能賞　響野湾子「短歌一年三百六十五首　秘悲」、「俳句百句特記一句　天安門」、「殺し屠りぬ」「独房（へや）」「朝顔よ」「五粍十粍の痛悔（いた）さ」「哀しみの夕べ」「空ありて」「握りし手」「蒼き吐息」「ミメオリ・ミメオリ」「鉛筆」（詩）

奨励賞　蒲公英　小説「無題」

絵画部門

優秀賞　風間博子　絵画

奨励賞　松田康敏　絵画「タイムスリップあの時代へ」

奨励賞　宮前一明　絵画

敢闘賞　原正志

努力賞　北村孝紘　絵画3点

努力賞　高橋和利　絵画

第７回　2011年

文芸部門

優秀賞　河村啓三「落伍者」（インパクト出版会から刊行）

奨励賞　星彩「メモリーず」

奨励賞　蒲公英「無題」

努力賞　西山省三「俳句12句」

持続賞　響野湾子「短歌三百六十五首　龍の玉子」、「雑感十二編　書き散ら紙」（詩）、「俳句百句　風来坊」

絵画部門

奨励賞　松田康敏　絵画「生死の境」

努力賞　北村孝紘　絵画2点

死刑関係文献案内 二〇一七年

前田 朗

一……スーザン・キグラの物語

死刑違憲判決を勝ち取ったウガンダ女性

「昨年秋、オスロで開かれた死刑廃止世界会議に招かれたので、びっくりしました。旅行なんてしたことがなかったからです。二〇〇〇年に逮捕されて、法律には無知だったので何が何だかわからないうちに死刑になりました。泣いて、絶望して、困惑して、どうしようもない日々でした。やがて本を読むようになり、監獄の学校で勉強するようになりました。アフリカ監獄プロジェクトの協力で、ロンドン大学通信教育を受けました。それで法律を勉強しました。わからないことばかりでしたが、何度も何度も勉強しているうちに、ようやく訴願の出し方を知りました。それで裁判所に訴願を出しました。その結果、最高裁判所が現行の死刑は憲法違反だと判断しました。」（スーザン・キグラ）

二〇一七年三月一日、ジュネーヴの国連欧州本部で開催中の国連人権理事会三四会期において、死刑に関するNGOパネルが開かれた。NGOの「ともに死刑に反対する（ECPM）」主催の「猶予から廃止へ——二〇一九年までの廃止戦略」である。

メインスピーカーは、監獄で法律を勉強して違憲判決を勝ち取り、出獄した元死刑囚スーザン・キグラであった。

スーザンは二〇〇〇年七月九日、三歳の子どもの証言により、夫殺害の罪で有罪とされ、二〇〇二年九月に絞首刑が確定した。当時のウガンダでは殺人の法定刑は死刑のみであった。

獄中で法学を学んだスーザンは、死刑は憲法に違反し、廃止されるべきだと裁判所に提訴した。他にも提訴が相次ぎ、最終的に四一七人の死刑囚が提訴した。

二〇〇九年一月二一日、ウガンダ最高裁は、絞首刑が他の執行方法よりも大きな苦痛を与えるという証拠はないとしながらも、殺人を常に死刑として、裁判所が量刑事情を考慮する余地をなくすべきではないとして、審理を差し戻した。さらに最高裁は、死刑囚の長期収容について疑問を投げかけ、三年以内に執行されなかった場合は終身刑に変更するべきだとした。

審理は高裁に差し戻され、減刑事由の有無をめぐって審理がなされた。その結果、二〇一一年一一月一二日、スーザンの刑は二〇年の刑事施設収容に変更された。高裁判決は、死刑は義務的とされているが、裁判所は判決前の減刑事由を考慮に入れることができると判断した。そして二〇一六年一月、スーザンは仮釈放され、一歳の時に離れ離れになった娘と会うことができた。

この間、二〇一四年、スーザンは通信教育でロンドン大学法学部を卒業した最初の受刑者となった。いまスーザンは大学院進学を考えている。

「二〇一六年一月に釈放されたので、いまも法学の勉強を続けています。アフリカ監獄プロジェクトの支援を受けて法学を学ぶことができたのは幸運でした。私は今後も法学を学んで、私のように困っている人の助けになりたいと思います。去年はオスロに呼ばれたし、今日はジュネーヴに呼ばれました。自由であることの重みを痛感しています。」（スーザン・キグラ）

スーザンは自由の身になったが、提訴して判決を待っている他の死刑囚や受刑者も多数いるという。

パネルではマリト・エルガー・レスランド（ノルウェー外務副大臣）、ラファエル・シュヌイル・ハザン（ＥＣＰＭ事務局長）、メトル・リエヴィン・ンゴンジ（中央アフリカ死刑反対連盟）らが発言した。二〇一六年のオスロ会議を経て今後の取り組みについて、二〇一八年にアフリカで地域会議を開き、二〇一九年にブリュッセルで世界会議を開くことが明らかにされた。

世界の死刑廃止運動は二〇一九年のブリュッセル会議に向けてスタートを切った。パネルには日本政府も日本人らしきＮＧＯメンバーも参加していなかったが、日本も同じ課題に取り組む必要がある。二〇二〇年東京五輪には世界から大勢の人々が日本にやって来る。そこに向けて死刑廃止運動の再構築が必要だ。

二……日弁連宣言

日本弁護士連合会第59回人権擁護大会シンポジウム第3分科会実行委員会編『死刑廃止と拘禁刑の改革を考える——寛容と共生の社会をめざして』（緑風出版、二〇一七年五月）は、日弁連が二〇一六年一〇月に開催した第五九回人権擁護大会シンポジウム第三分科会の基調報告書「死刑廃止と拘禁刑の改革を考える～寛容と共生の社会をめざして～」並びに「死刑制度の廃止を含む刑罰制度全体の改革を求める宣言」を収録したものである。日弁連の死刑廃止宣言は大きな社会的話題となり、各メディアでも報じられた。

メディアでは、死刑廃止論と存置論の昔ながらの対立として報じられるにとどまり、刑罰制度改革全体の中における死刑廃止の位置づけは後景に追いやられた印象がある。しかし、言うまでもないことだが、刑罰制度全体、ひいては国家と社会のあり方論を抜きに死刑廃止論が提起されているわけではない。本書をもとに、総合的な刑事政策論の再検証が求められている。

刑罰制度改革としては、「罪を犯した人が社会に復帰し、地域と共生し得る刑罰制度を」、「罪を犯した人を社会から排除しない」、「更生と社会復帰を刑罰制度の核に」、「刑務所における強制労働を廃止し、賃金制を採るべき」、「社会への再統合のための刑事拘禁以外の多様な刑罰メニューの提案」、「犯罪被害者・遺族の支援」といった問題意識から、更生と社会復帰を軸とした刑罰制度改革を提案し、「受刑者に対する基本的人権の制約を最小限にとどめるべきである」、「無期懲役刑受刑者を含む仮釈放制度の徹底した改革を」、「更なる施設内外の連携の強化を求めて」、「マンデラ・ルールに基づく刑事拘禁制度の再改革を」、「刑を終えた者に対する人権保障について」、「今こそ我が国の刑罰制度全体の改革を求める」などを要請している。

そのために「第1章　我が国における刑罰の現状と課題」、「第2章　国際社会から学ぶべき刑罰制度」、「第3章　死刑制度について」、「第4章　求めるべき刑罰制度」について非常に詳細な論述がなされている。

「第1章　我が国における刑罰の現状と課題」に関しては、国際社会から求められる刑罰制度改革、社会復帰・社会的包摂に資する刑罰制度、スペイン憲法の規定と「死刑」、社会復帰と社会的包摂の達成に資する刑罰制度実現を阻害するもの、国際社会における死刑制度、死刑事件の誤判・えん罪の現実的危険性、死刑の犯罪抑止力等の検討がなされている。

さらに、我が国の犯罪状況、刑罰とその執行状況、及び受刑者像の実体の多角的分析を踏まえ、被収容者に対する処遇の現状と問題点、社会内処遇・被拘禁措置の現状と問題点、刑事施設と社会とを隔てている障壁・社会復帰への課題を見定める試みがなされている。

「第2章　国際社会から学ぶべき刑罰制度」に関しては、イギリス調査報告、スペイン調査報告を柱に、フランスの刑事施設医療改革、イタリアのレビッビア刑務所の演劇活動、フィンランドの刑罰制度を紹介し、改革の参考にしている。

その上で、死刑廃止を要請しているが、死刑については後述するとして、「第4章　求めるべき刑罰制度」に関しては、「いまなぜ刑罰制度改革が必要か」、「刑罰の理念は何か　応報と正義の実現・更生と社会復帰」、「受刑者に対する基本的人権の制約を最小限にとどめるべきである」、「強制労働の廃止と賃金制の採用」、「マンデラ・ルールに基づく具体的な改革課題の特定（規律秩序の維持、健康と医療、法的援助へのアクセス、スタッフ）」、「施設内処遇と社会内処遇の連携」、「社会内処遇・非拘禁措置の拡大」、「死刑に代わる最高刑の在り方について」、「資格制限等社会復帰への障壁の撤廃」といった提言を行っている。

「第3章　死刑制度について」では、まず「日本における死刑制度について」の概説を行い、日弁連のこれまでの人権擁護大会における宣言を総括したうえで、日本における死刑制度の論点・問題点として、冤罪の存在、戦前の死刑制度、死刑と世論、犯罪被害者支援との関係、国際機関からの勧告、日本の無期刑の現状等の論点をカバーしている。

日本弁護士連合会第59回人権擁護大会シンポジウム第3分科会実行委員会編『死刑廃止と拘禁刑の改革を考える―寛容と共生の社会をめざして』（緑風出版、2017年5月）

次に、「死刑についての海外調査の結果」として、イギリス調査（二〇一六年）、スペイン調査（二〇一六年）、大韓民国調査（二〇一二年）、米国調査（二〇一三年及び二〇一四年）を踏まえて、海外調査で判明した死刑制度廃止に至る経緯、死刑執行数減少の要因について論じている。

その上で、「なぜ、今、日本は死刑制度を廃止すべきなのか」として、死刑制度についての最高裁大法廷判決の考え方、国民感情と期待される弁護士の役割、第59回人権擁護大会での議論の土台と目標を設定して検討し、1「生命は、人の生存のみなもと」の視点、2「生命を奪う刑罰と自由を奪う刑罰の質的相違」の視点、3「有るべき刑罰と社会復帰」の視点を打ち出し、人権擁護大会で死刑廃止を目指す決議をする理由として、①行刑の目的は、罪を犯した人の更生と社会復帰、②死刑制度は、国の責務に反する制度、③国の犯罪被害者及びその家族や遺族に対する責務について、④誤判・冤罪による無辜の人に対する死刑執行のリスクを防ぐためには、死刑制度を廃止する以外に方策はない、とまとめている。

「死刑制度の廃止を含む刑罰制度全体の改革を求める宣言」は、三項目から成る。

①「刑罰制度の改革について」では、「刑法を改正して、懲役刑と禁錮刑を拘禁刑として一元化し、刑務所における強制労働を廃止して賃金制を採用し、拘禁刑の目的が罪を犯した人の人間性の回復と自由な社会への再統合・社会的包摂の達成にあることを明記すること」などを掲げる。

②「死刑制度とその代替刑について」では、「日本において国連犯罪防止刑事司法会議が開催される二〇二〇年までに死刑制度の廃止を目指すべきであること」、「死刑を廃止するに際して、死刑が科されてきたような凶悪犯罪に対する代替刑を検討すること」（仮釈放の可能性が

ない終身刑制度、重無期刑制度等）を掲げる。

③「受刑者の再犯防止・社会復帰のための法制度について」では、仮釈放要件の客観化、地方更生保護委員会の独立性強化、社会復帰支援、マンデラ・ルールに基づいた刑事被収容者処遇法の改正等を提言する。

死刑廃止の提案理由は多岐にわたるが、次の箇所を引用しておこう。

「死刑は、生命を剥奪するという刑罰であり、国家による重大かつ深刻な人権侵害であることに目を向けるべきである。刑事司法制度は人の作ったものであり、その運用も人が行う以上、誤判・えん罪の可能性そのものを否定することは誰にもできないはずである。そして、他の刑罰が奪う利益と異なり、死刑は、生命という全ての利益の帰属主体そのものの存在を滅却するのであるから、取り返しがつかず、他の刑罰とは本質的に異なるものである。

そして、死刑は、罪を犯した人の更生と社会復帰の可能性を完全に奪う刑罰である。私たちが目指すべき社会は、罪を犯した人も最終的には受け入れる寛容な社会であり、全ての人が尊厳をもって共生できる社会である。」

三……死刑存廃論

菊田幸一『Q＆A　日本と世界の死刑問題』（明石書店、二〇一六年一〇月）は、二〇〇四年出版の『Q＆A　死刑問題の基礎知識』に大幅に加筆・修正し、改題したものである。

本書出版当時、カリフォルニア州における死刑廃止法案の住民投票が予定され、可決が期待されていたため、本書まえがきにおいてもアメリカにおける死刑廃止への展望が語られている。実際には、大統領選と同じ日に行われたオクラホマ、ネブラスカ、カリフォルニアの住民投票で死刑制度の復活・存続が多数を占めた。今回の住民投票は、近年の誤判・冤罪事件への注目などから、米国で執行された死刑の件数が一九九一年以降、最少となる見込みであったこと、死刑事件での再審請求が死刑以外の裁判よりも増加傾向にあり、死刑執行までの時間と費用が増大していることに加えて、執行方法が薬殺であるところ、死刑廃止が進んでいる欧州に拠点を置く製薬会社を中心に、自社製品の提供を拒んでいることなどから、実施されたといわれる。大統領選では争点とはならなかったので、死刑維持が多数を占めたからと言って直ちに刑事司法の運用に変化があるとは見られていないが、死刑廃止を求める運動家・研究者にとって痛手であることは間違いない。ア

菊田幸一
『Q&A 日本と世界の死刑問題』
（明石書店、2016 年 10 月）

メリカにおいても、その影響を受けやすい日本においても、死刑廃止の取り組みの立て直しが求められる。その意味でも本書出版の意義は大きい。

他方、日弁連が二〇一六年一〇月に福井で開催された「人権擁護大会」で死刑廃止を含む司法改革宣言を採択した。本書まえがきでも日弁連宣言への期待が語られている。日弁連宣言は社会的関心を集め、死刑廃止論と存置論の間の激しい議論の応酬を招いた。議論は残念ながら相互の主張の繰り返しにとどまり、対話が実現する方向とはならなかった印象がある。しかし、日弁連宣言や本書を手掛かりに、刑事司法の任務・役割や、人間の尊厳、生命権など基本に立ち返った議論の活性化が望まれる。

本書は「死刑問題がわかる20の質問」を取り上げてのQ&Aである。Q1「国際的視野から見た死刑廃止の状況は?」では、事実上の廃止国を含む死刑廃止国が一三八か国（一六年六月現在）であり、三分の二を超えたこと、必ずしも先進国が廃止を優先しているわけではないこと、世界人権宣言、欧州人権条約、国際人権規約、同規約第二選択議定書（死刑廃止条約）等、死刑廃止の国際人権法が整備されてきたことを解説している。

Q6「死刑廃止運動の最近の状況は?」において、死刑廃止フォーラムや日弁連の動きを紹介したうえで、「二〇二〇年には、国連犯罪防止刑事司法会議が日本で開催される。同会議は数千人の政府関係者・NPO代表者が世界の刑事司法の方向を議論する大規模の会議である。同年における東京オリンピック大会開催とともに、この時期までに少なくとも死刑モラトリアムの実現が望まれる」という。続いて死刑存置・廃止をめぐる議論の状況を紹介し、犯罪被害者補償、死刑と無期懲役の選択基準、死刑囚の日常生活、死刑執行方法、死刑に直面する者の権利の保障、終身刑論をフォローし、最後にQ20「死刑廃止を推進する議員連盟の『死刑廃止法案』の内容は?」において、まずは死刑執行猶予の導入を訴える。

三…………死刑囚

丸山友岐子『逆うらみの人生――死刑囚・孫斗八の生涯』（インパクト出版会、一七年一月）は、獄中で法律を勉強して、監獄法の違憲性を問い、監獄処遇の改善を求めて闘ったことから、アメリカで同様に法廷闘争を続けた死刑囚チェスマンにちなんで「日本のチェスマン」と呼ばれた孫斗八の物語である。

本書は、これまでに四回出版されている。『逆うらみの人生』（社会公論社、

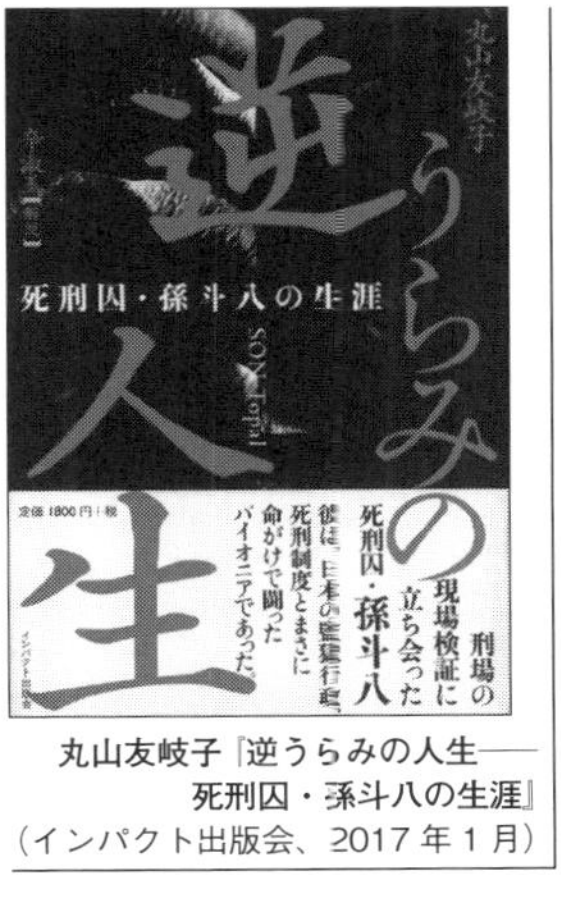

丸山友岐子『逆うらみの人生――死刑囚・孫斗八の生涯』（インパクト出版会、2017年1月）

六八年)、『さかうらみの人生』(三一書房、七〇年)、『逆うらみの人生——死刑囚・孫斗八の生涯』(社会評論社、八一年)、『超闘死刑囚伝——孫斗八の生涯』(社会思想社、九三年)である。毎回、出版社を替えて五回目の出版となるロングセラーである。

同情や憐憫の感情ではなく、「孫が悔い改めることを拒否した死刑囚だからこそ、彼に近づいたのだ。彼は死ぬのがイヤだと猛然と全身全霊でもって死と格闘していたから、彼のいのちの叫びに共鳴するものがあった」と言う著者は、数年間、拘置所に通って孫と面会を続け、孫から大量の訴訟資料を受け取り、孫のために奔走した。「不幸な運命を生きる人間に対する安直な同情なんて、介在する余地が全くなかったといっていい。孫は嘘つきでゴーマンで、鼻持ちならぬくらい自己肯定の強い男だった。その意味では、英雄の英雄たる資格を十分備えていたとはいえるだろうが、全くイヤなヤツだった」と言いながら、孫に本を差し入れ、パンフレットの印刷を手伝い、「監獄闘争」を支援し続けた。その監獄闘争の経過を著者の立場から描き出したのが本書である。著者は中山千夏らと「死刑をなくす女の会」を立ち上げ、マスコミ報道による女性差別、女性への凌辱に抗議し続けた。著書に『女子高生コンクリート詰め殺人事件——彼女のくやしさがわかりますか?』、『報道の中のおんなの人権』などがあり、一九九五年に死去した。

孫は、一九二五年生まれで、一九三三年に日本に渡った。一九五一年に殺人事件を起こし、同年、神戸地裁で死刑を言い渡され、一九五五年、大阪高裁で控訴棄却、同年、最高裁で上告棄却となり、死刑が確定した。

大阪拘置所に収容されていたが、獄中から訴訟を起こし、恩赦を申し立てるなど、いのちと尊厳を守る闘いを続けた。

一九五四年に大阪地裁に提訴した「文書図画閲読等禁止処分に対する不服事件」では、通信の差し止め、抹消、検閲、原稿用紙の使用禁止、ノート・用紙の使用制限、書籍制限、新聞購読禁止等の禁止や制限の処分無効の確認を求めた。一九五八年、大阪地裁は、図書・新聞の禁止・制限や原稿用紙使用制限などについて、読み、書き、発表する基本的人権を認め、監獄法による制限は必要最小限度の合理的制限でなければならないと判断し、孫の勝訴となった。監獄法・同施行規則の違憲性を断罪した判決は日本行刑史に特筆される快挙であり、世紀のニュースとなった。これにより、孫の助命運動が巻き起こる。

その後、孫は「外国人登録証明書記載事項変更請求事件」、「謄写印刷製版印刷行為許可請求事件」、「国家賠償請求事件」、「死刑受執行義務不存在確認等請求事件」など、次々と提訴した。その多くは結審することなく終結したが、死刑訴訟については、一九六一年、大阪地裁で訴訟救助とともに死刑執行停止命令が出た。一九六二年の第一審判決で事件そのものは敗訴したが、控訴審でも訴訟救助と死刑執行停止命令が出た。合計一年半ほどの間は執行停止期間となった。しかし、一九六三年七月一七日、孫は大阪拘置所で死刑執行された。

一面ではわがままで身勝手な男の性格に辟易し、糾弾しつつも、その人間臭さに愛着を感じ続けながら、人権を求める闘いに同伴した著者の「愛情」が溢れる著書である。

もっとも、巻末には辛淑玉による厳しい解説が収められている。辛淑玉は「本書は孫斗八の記録ではない。書かれているのは、若き日本人女性丸山友岐子の自己主張の記録である。彼女は、在日との関わりはあっても、在日社会に理解が深かったわけではない」と言い、「現代までも続く日本社会の視線」で書かれた「自己陶酔的」な物語だと論定する。孫斗八という人物を生み出した背景に迫ることができていないとも言う。

おそらく当時の日本社会では、丸山友岐子は在日社会をよく理解しようとした者の一人であっただろう。しかし、辛淑玉によれば、その丸山にして在日社会を基本的に理解し得ていない。

「日本社会に、何の後ろ盾もなく裸で放り出された一匹狼の人生は、彼らの想像を超えていたのだ」。

旧植民地宗主国に生きることを余儀なくされ、祖国が分断された状況で在日が直面した「昭和の『闇』」は、日本社会がその内部に抱えた底知れぬ「闇」であるにもかかわらず、あたかも「在日の闇」であるかのごとく押し付けられた。払いのけることも、拭うこともできない「在日の闇」を生きたのは、孫斗八だけではない。多くの名も知れぬ在日朝鮮人たちがいた。

それは今も続いていることである。その意味で、死刑囚の闘いを描いた本書の「解説ならぬ解説」として「在日の闘い」を打ち出したことには重要な意義がある。

「日本人の在日化」という不思議な言葉で辛淑玉が言おうとしたことを、本書の読者は自分の頭で考え続けなければならないだろう。

一九九七年に永山則夫が執行されて二〇年目を迎えた。永山に関係する出版が続いている。

嵯峨仁朗『死刑囚　永山則夫の花嫁――「奇跡」を生んだ461通の往復書簡』（柏艪舎、一七年二月）は、連続射殺魔事件と呼ばれた事件で死刑囚となり、一九九七年に処刑された永山則夫とその妻・和美との往復書簡を柱に、著者の補足解説を加えた著書である。

「一九六八年秋、東京や京都、北海道、名古屋で四人を拳銃で殺害し、当時の日本を震撼させる事件を起こした永山則夫元死刑囚。沖縄出身で米国在住だった和美さんは、その『殺人犯』と文通で心を通わせ、妻となった。永山元死刑囚は結婚を機に大きな心境の変化を見せる。そして二審の東京高裁では、一審の死刑判

嵯峨仁朗『死刑囚 永山則夫の花嫁
――「奇跡」を生んだ461通の
往復書簡』
（柏艪舎、17年2月）

決がくつがえり無期懲役の判決を受ける。和美さんが送った第一通から無期懲役判決までの一六カ月間に二人がやり取りした手紙は四六一通に及ぶ。本書は、関係者の許諾と理解を得て、そのほとんどを所収・公開する初の書簡集だ。二人がどうして絆を深めていったのか、厚い透明なプラスチックで隔てられ手を握ることもできない結婚をなぜ選んだのか――。手紙はその二人の愛の形を浮かび上がらせていく。」

永山の遺骨は、本人の遺言に従って、元・妻の和美の手で故郷網走の海に撒かれた。その最後の写真が本書に収められている。寒さと飢えの記憶しかない網走の海。

「それは、彼の悲しみの始まりがここだったから。ここに何があるのかを確かめたかったのよ。」

世界一わがままな死刑囚だった永山則夫だが、執行後も永山の著述の印税による「永山こども基金」でペルーの子どもたちに支援金を送り続けている。その事業に手を握り合う弁護士、市民、ジャーナリストが今もいる。

永山則夫『反-寺山修司論《復刻版》』（アルファベータブックス、一七年八月）は、一九七七年に出た同名書の復刊である。

一九七六年一二月の雑誌『現代の眼』に寺山修司による永山批判の文章「永山則夫の犯罪――連載 さらば、津軽2」が発表された。同じ〝津軽〟の出身である寺山と永山を比較する手つきで、「私は、私自身の原因である」という「主体性」を突きつけた。

これに対して、永山は獄中で一気呵成に膨大な反論を書いた。「原文は便箋二六〇枚にびっしり書き込まれていたといわれる。四百字詰め原稿用紙換算では、おそらく千枚を優に超えるだろう」。その『反-寺山修司論』の出版が一九七七年であり、それから二〇年後に永山への死刑執行がなされた。さらに二〇年後に復刻版が送り出された。

永山則夫
『反-寺山修司論《復刻版》』
（アルファベータブックス、17年8月）

細見和之の「序」は次のように始まる。

「本書のタイトルから読者はどんな書物を想像するだろう。永山則夫と寺山修司、この二つの名前はおそらくいまも多くのひとびとのなかで、それぞれに記憶されているだろう。永山は十九歳で連続射殺事件を起こし、獄中で『無知の涙』を著し、死刑執行された人物として。一方寺山は、短歌にはじまって、詩、演劇、映画にわたって世界的に華々しく活躍していた人物として。二人は水と油のように思える。しかし、一九七〇年代、両者には交錯するところが確かにあったのだ。『連続射殺魔逮捕』のニュースがセンセーショナルに報じられていたとき、寺山はそもそも、当時の若手知識人の代表としていくつかのコメントを発表していたのである。同じ青森県出身者として、十四、五歳年下の永山をあたかも自分の暗い半身ないしは弟のように捉える、それが当初の寺山だった。」

事件直後には永山への共感を示していたが、七年後には寺山は強い反発を持つようになった。それは永山が資本主義批判を基軸に、市民社会批判を展開し、自分が起こした事件の原因を社会に求めたからである。これを責任転嫁と受け止めた寺山は「主体性」を問う。

これに対して、永山は、寺山の生涯全体を引き合いに出し、その階級性を手始めに、存在のあらゆる面で徹底批判する。永山の筆鋒は、寺山にとどまらず、事件後に支援してくれた知識人たちを「ハイエナ文化人」「ハイエナ売文屋」と罵倒し、「粉砕」する。ただ、死刑論としてみるべき考察はない。

五……冤罪と死刑

藤原聡・宮野健男『死刑捏造——松山事件・尊厳かけた戦いの末に』（筑摩書房、一七年三月）は、かつて松山事件再審請求から再審開始そして無罪に至る時期に事件を担当して取材した二人の共同通信記者によるノンフィクションである。二人は、松山事件無罪確定後に事件の全貌を書き記そうと考え、関係者に取材を続けたが、配転により仙台を離れたこともあって延び延びになっていた。ところが、無期懲役事案である足利事件・布川事件・東京電力ＯＬ殺人事件の再審無罪、死刑事件の袴田事件の再審開始のニュースを前に、「冤罪は、なぜ後を絶たないのか。また『開かずの扉』とも言われる再審が認められ、無罪判決を得るのはいかに困難なことなのか——。冤罪事件の原点とも言える松山事件の斎藤幸夫さんの軌跡を追うことで、こうした日本の刑事司法が抱える問題も浮き彫りにしていきたい」との思いから、再び松山事件に取り組むことにしたと言う。

叙述は型通り、事件発生に始まり、逮捕、自白、否認、死刑判決、死刑確定と続く。当時の警察の被疑者取調べや証拠の扱いがよくわかるが、今も変わらぬ体

藤原聡・宮野健男
『死刑捏造——松山事件・尊厳かけた戦いの末に』
（筑摩書房、17年3月）

質と言えるだろう。裁判・救援活動の諸資料・文献を駆使し、さらに著者たちの取材成果を加えているので、手堅く、しかも臨場感のある文書である。一九五七年一〇月二九日、仙台地裁（裁判長・羽田実、池羽正明、萩原金美）一審判決は死刑であった。

「救援活動」、「再審請求」、そして「家族の戦い」にも詳しく言及され、権力による理不尽な冤罪に翻弄される人々の叫び、真実を求めて立ち上がる人々の苦悩と勇気と懸命の努力が再現される。初期には弁護人交代を繰り返したが、途中から弁護団が形成された。「松川から松山へ」と言われるように、松川事件救援関係者の力も大きかった。でっち上げ警察官たちの出世や、それに対する抗議のエピソードは、どの事件にも共通する問題を浮き彫りにしているだろう。宮城拘置所での獄中生活については、斎藤幸夫の日記や手紙をもとに、死刑囚処遇の在り方を考えさせる。帝銀事件の平沢貞通や島田事件の赤堀政夫のことも少しだが出てくる。

「開いた扉」、「再審」、そして「無罪」に至る過程が比較的簡略な印象を与えるのは、その時期のことは比較的よく知られているので、むしろそれ以前に頁数を割いたためだろうか。

最後の「晩年と死」では、無罪確定後の生活状況や家族の思いが紹介される。権力によって三〇数年の暗闇に閉ざされた者たちに、無罪確定後も救いの手を差し伸べられることがなく、放置された事実を、二人の記者は静かに書きとどめる。「冤罪の恐ろしさ」は再審無罪後にも続くことを、司法関係者はいかに考えるのか。

最後に著者たちはもう一つのエピソードを付け加える。

「斎藤幸夫さんは、実家からほど近い宮城県大崎市鹿島台の『琵琶原霊園』に、母ヒデさん、父虎治さんとともに眠っている。／私たちは、取材の合間に墓参りのため霊園を訪れたが、その時、異様な光景に出会った。『斎藤家之墓』と刻まれた墓石の『斎藤』の部分に、泥がべったりと貼りついていたのだ。」

再審無罪を勝ち取っても、いまだに「殺人犯」としか見ない人もいる。生前だけでなく死後も、いわれなき中傷や非難を受け続けることに慄然としながら、著者たちは本書を閉じる。

萩原金美『検証・司法制度改革Ⅱ――裁判員裁判・関連して死刑存廃論を中心に』（中央大学出版部、一六年三月）は、司法制度改革の目玉の一つである裁判員制度について、特に裁判員裁判における量刑の重要課題となる死刑の存廃の問題について、裁判員（候補者）のための副読本にもなることを意図して書かれた。著者の裁判官、弁護士の経験と訴訟法、裁判法の研究の蓄積に加えて、一市民としての生活体験、常識を渾然一体とした裁判法学を樹立したいという野心的な念願も潜めているという。全体は四部構成であるが、「第1　裁判員裁判をめぐる雑考——裁判員のための一種の副読本にもなりうることを願いつつ」では、裁判員制度の概要を解説している。「第2　死刑存廃論——附・死刑存廃論の要件事実論的考察」及び「補論　死刑存廃論の要件事実論的考察」、さらには「第3　再論『裁判員裁判をめぐる雑考』および『死刑存廃論』」で死刑存廃論について考察し、「第4　追補『裁判員裁判をめぐる雑考』および『死刑存廃論』」を附している。

本書が注目に値するのは、著者が松山事件一審死刑判決に関与した裁判官だからである。著者自身、次のように書いている。

「ご存知の方もおられるかもしれないが、私は再審で無罪になった死刑事件の一つである松山事件の第一審の審理・判決に左陪席裁判官として関与した者である。奇しくも被告人の方（すでに物故）は私と同年であり、同事件の有罪判決に関わった裁判官の中で現在も生存しているのは私だけであろう。

かねて私は死刑問題の論議の在りように若干の違和感を覚えていたが、上記のような立場にある者として死刑問題に論及することは慎むべきだと自戒してきた。しかし私も今や八〇歳を越え、裁判員裁判の議論において死刑問題が大きなテーマになる以上、裁判法研究者としてはこの問題に関する私見を明らかにせざるを得ないかと思う。

冤罪死刑事件の有罪判決に関わった者が死刑存廃の論議に容喙するなど——しかも私は存置論に与する——『盗人猛々しい』に類するとの非難もあろう。しかし私は、本稿を書くことが被告人であった方に対するささやかな贖罪のためにも、この事件（強盗殺人・非現住建造物放火被告事件）の被害者の方々＝一家全員（夫婦と子ども二人）の鎮魂のためにも多少の意味がありうるのではないかと愚考している。上記のような非難は甘受する覚悟である。」

萩原金美『検証・司法制度改革Ⅱ——裁判員裁判・関連して死刑存廃論を中心に』
（中央大学出版部、16年3月）

松山事件は一九五五年に宮城県松山町で起きた強盗殺人事件であり、斎藤幸夫さんが被告人とされ、一九五七年に仙台地裁で死刑を言い渡され、一九六〇年に最高裁による上告棄却で死刑が確定した。斎藤さんは再審を繰り返し、一九七九年に再審開始、一九八四年に無罪判決を勝ち取り、釈放された。最初の死刑判決に関与したのが著者である。

著者の「覚悟」をどのように受け止めるかは人それぞれであろう。これらの文章は本書に収録される前に、二〇一一年に『神奈川ロージャーナル』に公表されたものであるが、執筆はピースポートによる世界一周の船旅中であったという。

三〇年に及ぶ再審裁判を闘い抜いて無罪・釈放となった斎藤幸夫さん（二〇〇六年没）の存命中に「ささやかな贖罪」のために努力してほしかったというのは酷な要求であろうか。

　死刑について著者は「私は原則として裁判においては応報刑主義、刑の執行においては教育刑主義の理念が支配すべきだと考えるので、この立場からは罪責の重大な殺人事件の被告人に対して死刑判決を肯定せざるを得ないことになる。もっとも、死刑判決については執行段階における教育刑を観念する余地は法律上ないわけであるが、死刑執行までには実際に数年間以上の日時があるのが普通であって、その間の死刑囚の行状等にかんがみ恩赦を行うことが考えられるから、判決確定後における教育刑理念の発言を問題にする余地がありうるといえよう」とする。

　著者の視野には人権論や人間の尊厳が登場する余地はないようである。

青木恵子『ママは殺人犯じゃない——冤罪・東住吉事件』（インパクト出版会、二〇一七年八月）は、二〇一二年三月七日に再審開始、二〇一六年八月一〇日に無罪判決（即日確定）の出た冤罪・東住吉事件（無期懲役）の「犯人」とされた著者の獄中ノートや獄中日記を基にした闘いの記録である。

　東住吉事件は、一九九五年七月二二日に発生した民家全焼及び少女死亡事件である。大阪府警はこれを保険金目的の放火殺人事件と予断し、母親の青木恵子さん、その夫の朴龍皓さんを逮捕した。長時間取調べの末に「自白」させられた二人は、一九九九年、大阪地裁（分離公判）でそれぞれ有罪（無期懲役）を言い渡され、二〇〇六年一一月七日及び一二月一一日の最高裁による上告棄却によって確定した。

　二人は二〇〇九年夏にそれぞれ再審請求を申し立て、二〇一一年六月に併合審理となり、二〇一二年三月七日に大阪地裁で再審開始決定が下された。検察の即時抗告により大阪高裁に係属し、二〇一五年一〇月二三日、即時抗告棄却決定、及び刑の執行停止決定が出され、一〇月二六日に二人は釈放された。二〇一六年春に始まった再審公判の結果、二〇一六年八月一〇日に大阪地裁は無罪判決を下し、検察が上訴権を放棄したため無罪が確定した。再現実験により本件火災は事故であって、放火事件ではなかったことが明白になったからである。

　「第一部　事故が事件にされるまで」では、事故による火災事件が保険金目的の放火殺人事件にでっち上げられた過程が簡潔に提示される。火災事故当日の様子、逮捕されるまでの経過と思い、辛い取調べの日々、そして裁判である。

　「第二部　和歌山刑務所から」では、二〇〇七年から二〇一六年まで毎年の経過を追って、獄中日記を基に構成されている。「無期懲役囚として（二〇〇七年）」では、無期懲役受刑者となった思い、大阪拘置所での刑務作業の内容、和歌山刑務所へ移監されて以後の様子、冤罪・布川事件の桜井昌司さんとの面会の報告がなされる。「女子刑務所の塀の中で（二〇〇八年）」では、塀の中の日常、絵手紙クラブ、カラオケ大会、ショートカットの髪型、命日の供養、悔しい一日。「再審請求を申立てる（二〇〇九年）」では、今年の目標、慰問、獄中の春、冤罪・足利事件の菅家利和さんの釈放、再審請求申立て等。「逮捕されて一五年（二〇一〇年）」では、刑務所で迎える正月、本当の春を待つ、中指の手術、父との面会、医療刑務所で再検査。「再現実験で希望が（二〇一一年）」では、和歌山での四度目の正月、死刑囚に励まされる、嬉しい二件——布川事件再審無罪と再現実験の実施、再現実験で自然発火が明らかに。「再審開始決定（二〇一二年）」では、勝利の年に！、再審開始決定！、この日を忘れない！、釈放をめぐる天国と地獄、冤罪・東電ＯＬ事件のゴビンダさん、再審開始決定と同時に刑の執行停止に、支援の方々へ、今年こそ獄中での最後の年末年始に。「検察の抗告で続く獄中生活（二〇一三年）」では、再審開始決定から一年、検察が追加実験を求める、亡き娘の年を数える。「開始されない再審（二〇一四年）」では、獄中一九年目の新年、支援者たちの大阪拘置所包囲行動、上申書を書く、進展なき三者協議　暗いトンネルから抜け出せない。「刑の執行停止・釈放（二〇一五年）」では、今度こそ、待ち続ける日々、一〇月二六日午後二時、刑の執行停止。そして、「真っ白な再審無罪判決（二〇一六年）」では、検察「有罪主張・立証をしない」、五月二日　再審公判、判決を待つ、無罪判決。

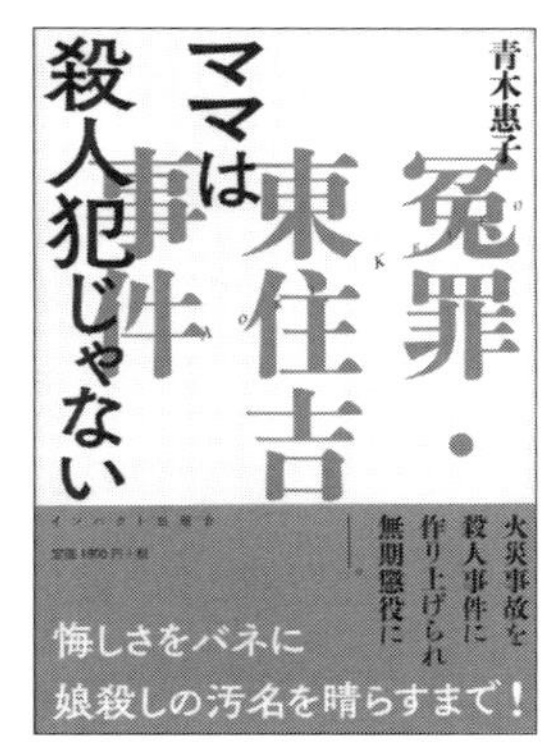

青木恵子『ママは殺人犯じゃない——冤罪・東住吉事件』（インパクト出版会、2017年8月）

「第三部　雪冤への歩み」は、里見繁による解説である。事件の経過を追いかけながら、「いつも、こんなに簡単に、冤罪は作られる」として、嘘のストーリーを作り上げる捜査機関、検察に追従する裁判所の問題性を明らかにする。多くの冤罪事件と全く同じことの繰り返しで、警察、検察、裁判所は有罪の推定以外の観念を持っていないのかと呆れるほかない。

里見によると、再審請求より前に「無罪」だと考えた裁判官が一人だけいたという。すなわち、二〇〇六年一月まで本件を担当した滝井繁男・最高裁判事は「無罪」の意見書を書いていたが、他の判事たちに受け入れられず、そのまま退官し、青木恵子さんの上告は棄却されてしまった。その意見書は共同通信記者が入手し、スクープされた。滝井判事は、自白の信用性をていねいに評価し、犯行の動機とされた「家計の逼迫度」を示す記録がないこと、青木さんの「浪費癖」を裏付ける証拠もなく、むしろ記録からは几帳面な性格が窺えることなど、自白には数々の綻びがあり、「自白を離れてその内容が当時の具体的状況のもとにおいて自白にかかる犯行が行われたと考え得るかを検討すれば、不自然さや非合理さが目立ち、信用性の疑問を抱かざるを得ないものが少なからずあることが分かるのである」と言う。

最後に青木惠子さんの言葉が引用されている。同じような言葉がこの国では何度吐かれてきたかわからないが、何度でも繰り返し指摘し続けなければならない言葉である。

「一番初め、警察が悪い。その警察が調べたことをもういっぺん検事が判断する時に、起訴するかしないか、きちんと判断できていない。最後、一番悪いのは裁判所です。裁判所が検察の悪い証拠だけ目にして、私が法廷でいくら無罪を訴えても、取り調べのひどさを訴えても、全然わかってくれない。そういう裁判官たちが結局、私に有罪と言い続けたんですから。裁判所の責任は凄く大きい。だから、難しいと思うけれど、証拠に基づいて、証拠も動機も見当たらない、これはちょっとおかしいな、と少しでも思ったらきちんと無罪と言うのが裁判所の仕事だと思う。そういう裁判官ばっかりになったら冤罪は生まれないだろうし」

瀬木比呂志・清水潔『裁判所の正体——法服を着た役人たち』（新潮社、一七年五月）は、元裁判官で『絶望の裁判所』、『ニッポンの裁判』の著者と、ジャーナリストで『殺人犯はそこにいる——隠蔽された北関東幼女誘拐殺人事件』の著者による対談である。

「裁判官の知られざる日常」で、裁判官の通勤風景など日常を紹介するとともに、判決形成過程も論じる。裁判所の強固なヒエラルキー、裁判官の出世についての意識も取り上げられる。第二章「裁判所の仕組み」では、裁判官に庶民の心がわかるのかと問い、裁判官の天下り、給与体系などを紹介しつつ、司法統制の問題を取り上げる。第三章「裁判とは何か」では、「押し付け和解」が生まれる理由、一〇〇万円の印紙はなぜ必要なのかなどを手始めに、『不思議の国のアリス』と裁判を比較する。第四章「刑事司法の闇」では、足利事件を素材に冤罪はなぜ生まれるか、北関東連続幼女誘拐殺人事件を素材にDNA型鑑定の誤りを論じる。

そのうえで、第五章「冤罪と死刑」において、まず飯塚事件を取り上げ、足利事件で間違いが明らかになったDNA型鑑定と同じ方法の鑑定によって死刑とされ、その誤りの危惧が表面化しつつあった時期に急いで死刑執行が行われたことに本当に驚いたと表明し、「どうしてそんな時期にあえて死刑を執行してしまったのか、非常に疑問です」、「再鑑定の結果を見越して執行を急いだとまでは、さすがに考えたくないんですが、でも、先のような時系列からすると、その可能性も否定できないんじゃないかという気はするんです。恐ろしいことですけど」（瀬木）という。死刑それ自体については、「やはり被害者の意識や感情からすると、やむをえないと思うところがある」（清水）、「僕は、絶対的終身刑で、もう絶対に出られないという制度は考えられると思うんです」（瀬木）という。刑事司法の現状及び犯罪報道をはじめとするジャーナリズムの現状に対する厳しい批判意識を持ちつつ、よりバランスの取れた制度を求める姿勢である。

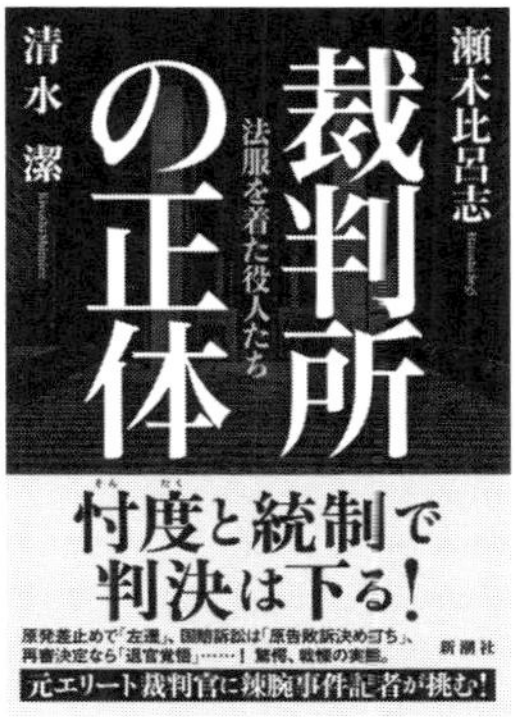

瀬木比呂志・清水潔『裁判所の正体——法服を着た役人たち』（新潮社、17年5月）

第七章「最高裁と権力」では、最高裁長官と事務総局がもつ絶大な権力の現状を取り上げ、三権分立は嘘だったと疑問を提示し、最高裁は「憲法の番人」ではなく「権力の番人」だと論じている。

六……兇悪犯罪

朝日新聞取材班『妄信——相模原障害者殺傷事件』（朝日新聞出版、一七年六月）は、二〇一六年七月二六日に相模原市の津久井やまゆり園で発生した一九人殺害、二七人傷害という前代未聞の凶悪犯罪を追いかけたドキュメンタリーである。

「第一部　妄信」では、実行犯として自首した植松聖・被告人の生い立ち、勤務歴、入院歴、精神鑑定、起訴状を紹介して、「解けない『なぜ』」の周囲を洗い出す一方、沈黙する被害者家族と語る家族の状況を紹介して、かけがえのない存在、個性、家族について考えさせる。他方、厚労省報告書が措置入院制度の手直しを求めたことには、障害者を危険視して管理しようとするものだと批判のあることにも触れている。

「第二部　ともに生きる」では、世界から「障害者ヘイトNO」の声が寄せられたことを紹介し、優生思想や偏見の根強さに警告を発している。青い芝の会の「川崎バス闘争」も紹介し、ともに生きること、依存しあえる社会をつくるということは易しいが、いまだ実現への遥かな途上にある課題をさらに考え続けなければならないと訴える。

朝日新聞取材班『妄信——相模原障害者殺傷事件』（朝日新聞出版、17年6月）

立岩真也・杉田俊介『相模原障害者殺傷事件』（青土社、一六年一二月）は、精神医療問題に発言してきた社会学者と、障害者ヘルパーに従事してきた著述家による共著である。

　立岩は「精神医療の方に行かない」という表現で、「医療は自傷については対応してよいことがあるだろう。ただ医療は他害に対する対応から基本的に撤退するべきである」という基本的立場を打ち出し、やまゆり園事件について論じるために、一九六二年の『しののめ』安楽死特集、一九六三年の『婦人公論』誌上裁判、一九七〇年の横浜における殺人事件、一九八二年の島田療育園脱走事件などを引き合いに出しながら、ナチによる安楽死について検討する。

立岩真也・杉田俊介
『相模原障害者殺傷事件』
（青土社、16年12月）

　杉田は「優生は誰を殺すのか」という表現で、「内なる優生思想／ヘイト／ジェノサイド」の問題系をあぶりだす。「この国の『空気』には今や新たなジェノサイドに帰結しかねない欲望や要因が根深くあって、それに向き合って適切に対処していかなければ、ジェノサイドの悪夢は再び将来、身近な場所で起こりうるだろう」と警告する。こうしたセンサーが社会から失われつつある時代だけに重要な指摘である。

七……外国の死刑

ブライアン・スティーヴンソン（宮﨑真紀訳）『黒い司法——黒人死刑大国アメリカの冤罪と闘う』（亜紀書房、一六年九月）は、アラバマ州モンゴメリーを拠点とするイコール・ジャスティス・イニシアチヴ（司法の公正構想）事務局長にして、ニューヨーク大学ロースクール教授による法廷ノンフィクションである。

　これまで何十人という死刑囚の救済措置を勝ち取り、連邦最高裁判所で五度も弁論を行ったという著者スティーヴンソンは、デラウェア州の田舎の貧しい集落に生まれた黒人である。若き日、ハーヴァード・ロースクールに入学したものの、自分が何をすべきなのか、何者になろうとしているのかもわからずにいた時に、全米黒人地位向上協会弁護基金で弁護士として活動していた教授の集中講座に出る機会があり、南部囚人弁護委員会に世話になるためアトランタへ行く際に、スティーヴ・ブライト弁護士と出会った。その時のブライト弁護士の言葉が耳に残る。

ブライアン・スティーヴンソン『黒い司法
——黒人死刑大国アメリカの冤罪と闘う』
（亜紀書房、16年9月）

「ブライアン、〃死罪（キャピタル・パニッシュメント）〃というのはまさに〃金（キャピタル）のない者が受ける罰〃という意味なんだ。」

　ロースクール終了後、著者は深南部に戻り、貧困者、受刑者、死刑囚の弁護を始めた。そこで出会った数多くの死刑囚のうち、ウォルター・マクシミリアンが本書のもう一人の主人公である。

　白人の人妻と関係を持った黒人――それだけで、犯してもいない殺人の罪で死刑を宣告されたウォルター・マクミリアン。彼の冤罪を証明するべく人権弁護士ブライアンは奔走する。仕組まれた証言、公判前の死刑囚監房への収監、大半が白人の陪審員、証人や弁護士たちへの脅迫……。数々の差別と不正を乗り越え、マクシミリアンとブライアンは無罪を勝ち取ることができるのか。黒人が不当に差別されてきた米国司法の驚愕の事実を踏まえつつ展開される衝撃のドラマ。

　これが本書の物語であり、アメリカの法廷ノンフィクションとしては珍しくないパターンの作品であるが、著者が担当弁護士本人で、しかも数多くの死刑囚を救ってきたロースクール教授であるから、随所でアメリカ司法の病巣が細かく紹介され、厳しく分析されている。

　一九八三年一二月に著者がはじめて死刑囚監房に行った頃からアメリカは急激に「厳罰主義国家」に変貌し始めていた。アメリカは世界一収監率が高い。一九七〇年代初頭に三〇万人だった受刑者数が、いまや二三〇万人にふくれあがっている。執行猶予中や仮釈放中の者は六〇〇万人近い。銃殺刑、絞首刑、ガス室、電気椅子、薬殺による死刑が繰り返されてきた。大量死刑執行、大量投獄のアメリカを変えるために著者は理論と実践の闘いを続ける。

　大量投獄の「厳罰主義国家」を支える財源は、監獄産業を肥大化させてきた。刑務所コストは一九八〇年には六九億ドルだったのに、いまや八〇〇億ドルに達している。「民間の刑務所建設会社、施設サービス会社は州政府や地元自治体に何百万ドルと献金して、新たな犯罪を創出し、より厳しい判決を言い渡し、塀のなかにもっと人を閉じ込めろと彼らを説得して、さらに儲けようとしている」という。「監獄–産業複合体」が出来上がっているのだ。アメリカの死刑問題が階級問題と人種差別問題の重なり合いにより深刻さを増していることは従来からよく知られているが、本書もその実態を徹底的に暴露していく。絶望の刑事司法への挑戦が続く。

竹澤恒男『求刑死刑――タイ・重罪犯専用刑務所から生還した男』（彩図社、一七年八月）は、二〇〇二年一二月、覚せい剤密売容疑のため、バンコク（タイ）のドンムアン空港で逮捕され、一審で求刑死刑、判決は終身刑を言い渡された。二審で懲役三〇年に減刑となり、バンクワン刑務所に服役した。二〇一六年九月、一四年目に特赦により釈放され帰国した。

帰国後にブログ『南獄手記番外編』を始め、獄中情報を発信している。

首都バンコク北方に位置するノンタブリー県にあるバンクワン中央刑務所は、タイ全土の犯罪者たちから恐れられている刑務所だという。懲役三〇年以上の長期受刑者、終身刑者、そして死刑囚が収容される重罪犯専用の刑務所である。著者は、タイ版アルカトラズ刑務所とでも言うべきバンクワン刑務所で一四年間服役した。その経験を「南獄手記」と題してタイの日本語情報誌『DACO』に連載した。本書はそれをもとにした本である。獄中生活の数々のエピソードは「楽しい」が、死刑との関連では、第一に、著者自身がまさかの死刑を求刑された時のことである。日本語訳も英語訳もないので言葉が分からないまま迎えた法廷で、検察官が求刑を告げた。女性弁護士が青白い顔をしている。通訳はショックを受けたような表情だ。「予想もしなかった求刑の重さに、身体が平衡感覚を失うほどのショックを受ける。これが夢であってくれたら……。私はだれに祈るでもなく両手を合わせた」。著者によると、タイの裁判では、判決が求刑の半分になることが多く、求刑が死刑であれば終身刑が言い渡されることが多いと言う。となると、生きて再び日本に帰れないかもしれない。「希望が一瞬で打ち砕かれてしまった」。著者は実際に終身刑を言い渡され、バンクワン刑務所に移送された。

第二に、バンクワン刑務所二番ビルの一階が死刑囚居住区であった。死刑囚には作業がないが、足かせをつけられたままで、鎖のジャラジャラという音を響かせながら歩いていた。しかし、二〇一三年、足かせ、鎖がすべて取り外された。その様子を首相が視察に来たという。執行方法は以前は銃殺だったようだが、毒物注射になった。二〇〇九年八月に二名の死刑執行がなされた。六年ほど執行がなかったので、このまま廃止になるのではないかといった噂が出たところに執行がなされたので、確定死刑囚には衝撃だったという。執行された二名はともに麻薬事犯であった。著者は「連日のように報道されている麻薬事犯への見せしめ、また、刑務所内で死刑囚を中心に蔓延している薬物への締め付け、と言う二つの意味があったのではないか」という。と言うのも、面会者による差し入れのため刑務所内で薬物が乱用されていたようだ。日本とはまったく異なるタイの死刑囚事情が紹介されている。

竹澤恒男『求刑死刑
──タイ・重罪犯専用刑務所から生還した男』
（彩図社、17年8月）

死刑冤罪　戦後６事件をたどる

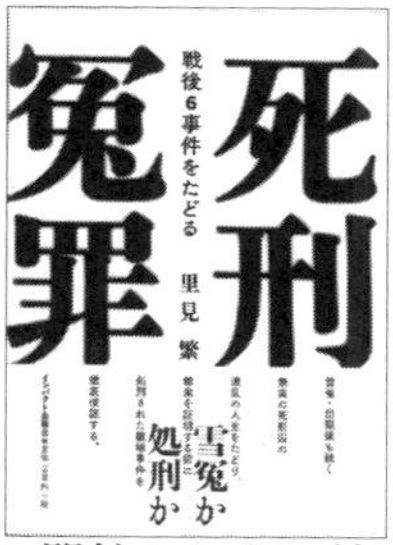

里見繁 著　定価 2500 円＋税

ISBN978-4-7554-0260-9

再審無罪判決を勝ち取った免田、財田川、松山、島田の四つの死刑冤罪事件。冤罪はその後の人生にどんな影響を与えたのかをたんねんに追うなかから、冤罪の犯す取り返しのつかなさを明らかにする。そして再審開始が決定されながら検察の抗告で未だ再審が開始されない袴田事件、冤罪を主張しながら死刑を執行されてしまった飯塚事件をあわせた六つの死刑冤罪事件を追った渾身のルポルタージュ。

冤罪をつくる検察、それを支える裁判所

里見繁 著　定価 2000 円＋税（2010 年刊、在庫僅少）

ISBN978-4-7554-0211-1

テレビ記者の見た９件の冤罪事件。布川事件、飯塚事件、足利事件、袴田事件、京浜急行・痴漢冤罪事件、日野町事件、福井女子中学生殺人事件、浜松幼児せっかん死事件、高槻市選挙違反事件。

死刑確定者アンケートから……………………………………………………

死刑廃止国際条約の批准を求めるフォーラム 90［編］

命の灯を消さないで

定価 1300 円＋税　ISBN978-4-7554-0197-8

フォーラム 90 が 2008 年に初めて行った死刑確定者へのアンケートの記録。105 人の確定者に発送、78 人の死刑囚が解答を寄せた。そこには死刑囚たちの 78 通りの思いが吐露されている。アンケート実施後、多くの死刑囚たちが執行された。

死刑囚 90 人　とどきますか、獄中からの声

定価 1800 円＋税　ISBN978-4-7554-0224-1

フォーラム 90 が 2011 年に実施した２度目のアンケートの記録。120 人に送り、90 人から回答を得た。犯した事件、獄中生活、被害者について、残された家族への想いなど、死刑確定者からの直通便である。
大道寺幸子基金受賞作品をカラー 16 頁
＊ 2015 年実施の３度目のアンケートは、年報・死刑廃止 2015 に掲載しました。

インパクト出版会

死刑をめぐる状況

死刑映画を観る 2016―2017

中村一成

『HER MOTHER』

内閣府が五年に一度行う世論調査（二〇一四年）によれば、この国の八〇・三％が死刑を是としている（それでも史上最高の前回〇九年から五・三ポイント減った）。理由のトップは「死刑を廃止すれば、被害を受けた人やその家族の気持ちがおさまらない」である。重大事件の報道で、マスメディアが消費する被害関係者の声も概ね極刑を求めるものだ。私自身、法廷で証言に立った重大事件、事故の遺族が、目の前の加害者への怒りを口にして、「極刑」を求める姿（と、被害者の報復感情を裁判官の心証形成に利用して、自らの能力評価に直結する「より求刑に沿う判決」を勝ち取りたい検察官の上昇志向）を幾度となく見てきた。

　だが重大事件に見舞われた被害者の感情は一様ではない。『弟を殺した彼と、僕』（ポプラ社）の原田正治氏のように、加害者と対話を重ね、肉親の死を巡る数々の「何故」を知ることに「これから」を生きる契機を求める者もいる。もちろん被害者全体から見れば彼は例外的存在なのだろう。しかし「少数だから」と無視して多数者の厳罰要求に従えというのか？　そもそも社会運営のすべてを多数決で決められるなら法律など要らない。数の多寡だけに依って共同体が運営されれば、少数者の思いや利益が無視され、踏み躙られる恐れがあるからこそ、司法制度という「理知」があるのではないか？　被害者の思いは一様ではない。だからこそ、せめて命を奪う不可逆的な刑罰は廃止すべきなのだと思うのだ。

　最愛の娘を奪われながらも、加害者の死刑回避を求める母の軌跡を描いた『HER MOTHER』は、そんな「例外的」な人物が主人公である。主人公は晴美（西山諒）。一人娘みちよ（岩井七世）は二年前に結婚し、夫（西山由希宏）と二人で暮らしていた。そんな晴美の家に娘が転がり込んでくる。訊けば夫と喧嘩をしたという。その直後、家に押しかけてきた婿の孝司（荒川泰次郎）が娘を刺殺、晴美にも斬りつけて重傷を負わせる。この犯行直前、孝司はみちよの男友達一人も惨殺しており、地裁で死刑判決が言い渡される。だが死んだ娘は帰ってこない。同じ家で起きた凶行をなぜ止められなかった？　そもそもなぜ結婚させた？晴美を責め、罵る夫との関係は崩壊する。

　殺人事件での被害者と被疑者の関係を「面識なし」「面識あり」「親族」で調べた法務省統計によれば、「面識なし」は年々減る一方、二〇〇四年以降は「親族」の割合が最多となり、特にこの数年はほぼ五割を超えている事実が反映されている。「通り魔」や「誰でもよかった」的な「分からない殺人」が発生すると、メディアはおきまりの社会不安を煽り立て、「社会防衛論」的な死刑積極主義を語る輩が横行する。「面識のない大量殺人犯」ならば「怪物化」し易いし、「殺

処分」という「解決策」（誰かを永久に消し去ることを是とする「集まり」を私は「社会」とは呼べないと思うが）への心理的抵抗を減じるのだろうが、それは制度の是非を論じる前提としては飛躍している。「見ず知らずの人間が刃物を振るう」など例外中の例外だ。人を殺める者の大半は、人間関係のある「身内」であり「隣人」たちなのだ。

　さて、場面は四年後に切り替わる。高裁でも死刑判決は維持され、事件は最高裁に委ねられている。そんなある日、晴美は既に離婚した元夫から呼び出される。彼は彼女を責めた「過去」を詫びた上で「復縁」を持ち掛ける。「爽やか笑顔」を訝しがる彼女に彼は、孝司と面会し、彼を赦したと告げる。彼は死刑に反対する宗教者の集まりに参加し、「救い」を得ていた。あの出来事と、妻に責任を押し付け、非難した自らの過ちを一方的に「過去」にしたのだ。だが晴美は違う。弟（野沢聡）夫婦に変人扱いされながらも、娘

が殺されたあの家に暮らし、ただ一人で罪の意識に苛まれている。全てを彼女の責任にして逃げた夫が、彼女を置き去りにして「赦し」と「和解」をしたというのだ。「彼にも理由があった」「孝司君は変わった」と、「爽やか」な顔に笑みを浮かべて。余りにも軽い。

この「軽さ」は、なるほどクライマックスを活かしているが、反面では人物造形の弱さ、説得力のなさに繋がっている。換言すれば彼にもあったはずの苦悩や葛藤が見えてこないため、彼が投げかける「赦しとは」「和解とは」など人間存在に直結する「問い」をも軽くしているように思う（それは宗教団体のメンバーたちにも感じる。人物造形が余りにも平坦で、彼女らを通じて提起されるはずの「宗教」や「正義」への問いかけが弱い。人びとの「欺瞞」が過剰でリアルさがないのだ）。彼女は元夫を拒絶するが、そこで彼女は自分自身が「出来事」を乗り越えるために、加害者に会う必要性に気づく。彼女は担当弁護士に会い、面会を決意する。赦すのではない、なぜ娘が殺されたのかが知りたかったのだ。

晴美は孝司との面会を重ねる。孝司の母（箱木宏美）にも会い、最高裁に上申書を書く。だが最高裁は上告を退け、刑確定を理由に拘置所は面会を不許可とする。晴美にとっては「生き直し」が死刑制度である加害者との「対話」の回路で遮断されるのだ。ここで出て来るのは法務省の常套句「確定囚の精神の安定」である。ここにも日本の死刑制度の問題がある。なぜ一役人が死を前にした者の処遇を一律判断するのか？　他者との交流を著しく制限（社会的な抹殺）されたうえ、独房で死の恐怖と向き合う生活がいったい何人の精神を破壊してきたのか？　「精神の安定」とは実の所、恙なく縊り殺すための国側の都合でしかない。そもそも死刑とは「被害感情の慰撫」のための制度なのか。それは国家が社会秩序を乱した者を消し去るシステムであり、個人、社会の「生き直し」に何が必要かとの「問い」を殺す制度である。そして何よりも、次の遺族を生み出す殺人なのである。

晴美はメディアの取材を受けて死刑回避への思いを訴え、孝司との最後の面会を実現する。晴美を鏡にして、元夫の積み上げてきた時間が崩壊していく。愛娘を襲った悲劇を忘却し（加害者を地上から消し去る死刑執行も彼にとっては、事件の忘却の一要素だ）、やり直したかった彼にとって、晴美は光を浴びれば伸びて行く影のように、自らの「赦し」「和解」の内実を問うてくる暴力的な存在となる。「正しさ」に拘泥する宗教者たちに敵意を剥き出した彼は、その暴力性の矛先を晴美に向けて行く。そして弟夫婦は、死刑を自明とする自分たちの「常識」、言い換えれば「『八割』の一人であることを自明とする安心」の中に晴美を押し込めようとしてくる。のたうちながら「殺すな」の思想を掴み出していく晴美は、「憎しみ」と「常識」の虜囚となった者たちの暴力の的になっていく――。

「世論の圧倒的支持」を「根拠」として、秘密裡に続く国家殺人「死刑」。その思想的、制度的な問題が九五分の作品にテンポよく描かれていく。監督はフリーのTVディレクターで、本作が長編二作目となる佐藤慶紀。大きなテーマに真正面から向き合いながらも教条主義的な押し付けがましさや、物語を弛ませる説明臭がほとんど感じられないのは、本作が、晴美という人物への監督自身の探訪の軌跡であり、その変化を対象化しているからだと思う。おそらくは監督自身の、言語化出来ないもどかしさは、ハンドルを握る指先、斬りつけられた腕をさする掌、そして掻き毟るように書かれた文字に滲んでいる。

（中村一成（なかむらいるそん）、ジャーナリスト。著書に『声を刻む　在日無年金訴訟をめぐる人々』インパクト出版会、『ルポ京都朝鮮学校襲撃事件〈ヘイトクライム〉に抗して』『ルポ思想としての朝鮮籍』岩波書店）

「生きるという権利」開催に当たって
第六回死刑映画週間

太田昌国

死刑制度を廃止していることが加盟条件になっているEU（欧州連合）加入国の外交官と話すと、いわゆる世論調査で死刑への賛否を問えば、どこの国だって死刑廃止派は少数派ですよ、と冷めた顔で言う。一九八一年、ミッテラン社会党政権の下で死刑を廃止したフランスの場合も、世論で言えば死刑存続派が多かったそうだ。政権は「世論の理解を待っているのでは遅すぎる」と考えた。結局、政治やジャーナリズムの世界に、人権問題の観点から死刑廃止のイニシアティブを取る動きが出ることが鍵を握るのだ、と。「三〇年も経てば――フランスの外交官と話したのは、五、六年前のことだった――死刑制度がないことが当たり前のことになってくるのです」。

自分が住む社会の在り方に、圧倒的多数の市井の人びとが主体的に関わろうとする時代は、歴史的に見て、それほど多くはない。それこそ、大衆的な熱狂が沸き起こる革命の時代、耐え難くも抑圧的な独裁政権を打倒するたたかいが高揚する時代――そんな時代に生きる「特権」を持ちうるのは、稀なことだ。たいていの時代は、政治のことはそれを司る専門家＝政治家に、社会のことはそれを運営する専門家＝官僚（役人）に任せておけば、それでよいのだ、と多くの人びとが考える惰性のままに、流れてゆく。一六世紀のフランスに生きた、わずか一六歳か一八歳だったという一人の若者が、圧政がはびこる世の中にあっても人びとが支配者に隷従して甘んじるのはなぜかと問うて『自発的隷従論』を著したが（エティエンヌ・ド・ラ・ボエシ著、ちくま学芸文庫）、その問いには、時空を超えて普遍的な真理が孕まれている。

今年の死刑映画週間のチラシに、「いま、世界中に、〈排外〉と〈非寛容〉な声が、不気味な広がりをみせている」と記した。このチラシを準備したのは、昨年一一月末のことだったから、当然にも、選出されたばかりの来るべき米国新大統領が選挙運動期間中に掲げていた排外主義的なスローガンが頭にあった。一国を政治的に代表することになる大統領や首相が、そのような言葉を公然と発し、その社会を構成する人びとが最初は「大したことではない」と高を括っていると、次第にその考え方が社会全体に染み渡ってゆく。限定された一時期、行政や立法の権限を委ねているだけに過ぎない人物に無批判的に追従する心性が、なぜか、人びとのこころを蝕む。そんな経験を人類は世界各地で積み重ねてきた。

　誰もが、ヒトラーとその時代を思い起こすだろう。私はもっと身近に、日本において、街頭で、インターネット・メディアで、書店の一角を占める諸雑誌で、そして立候補した選挙運動で、公然と排外主義の言動を吐く動きがここまで現れているのは、現政権の動向と無関係ではない、という事実を思い起こす。

　多数者に向かって〈排外〉や〈非寛容〉の言動が向けられることは、ない。それは、いつだって、少数者に対して向けられる。それは、また、「民族」や「国家」に依拠して行なわれる言動だから、外国に向けて、とりわけ、過去の植民地支配や、過去および現在の侵略戦争を十分には清算していない「後ろめたさ」ゆえに、近隣諸国に向けられる。

　死刑という制度は、人びととの「生きるという権利」を脅かしても構わないとする、このような社会全体の構造と雰囲気の中でこそ存続している。一握りの支配層だけの問題ではない。

（死刑廃止国際条約の批准を求めるフォーラム90・映画週間企画チーム）

作品とトークゲストが語ったこと

可知亮（フォーラム90）

東日本大震災が起きた翌年、二〇一二年から始まった「死刑映画週間」は、今年二〇一七年二月の開催で六回目となった。第一回は『死刑の映画は命の映画だ』と題して始まった。その後六回も続けて開催することになるとは、始めた当初は全く想像していなかった。死刑について多くの人に考えてほしいと始めた映画週間である。死刑についてひとりでも多くの人に考える機会を提供したいと、死刑に関わりのある映画を上映してきた。映画上映後にはトークゲストを毎日招き、死刑について、上映した映画について語ってもらってきた。

　この六回の死刑映画週間で上映してきた作品は、四六本を数える。お話しいただいたトークゲストは四〇名。入場者はのべ八、〇〇〇名ほどになる。金銭的にはなかなか黒字にはなっていかないのであるが、開催するたびに新たに多くの人が足を運んでくれる。主催者である私たちは、上映作品を選び上映することで多くを学んできた。過去にはこのような映画があるぞ、世界にはこんな映画があるんだ、と毎回新たな発見があった。トークゲストの話、入場者の声やアンケートなどからも多くのことを知り考えさせられた。今後の死刑廃止運動への大いなる参考にもなっている。

今年の第六回死刑映画週間は『生きるという権利』と題して、二月一八日（土）～二四日（金）に例年通り東京渋谷ユーロスペースで開催した。上映作品は以下の八作品、七組のトークゲストが登場した。入場者はのべ一、三六三人だった。

★

1『壁あつき部屋』一九五六年日本映画。

©1956 松竹株式会社

原作『壁あつき部屋――巣鴨BC級戦犯の人生記』を安部公房が脚本化し、小林正樹が監督をした作品。

トークゲストは歌手で俳優のうじきつよしさん。うじきさんの父親がB級戦犯でスガモプリズンに入っていたこともあり、この映画は彼に少なからぬ衝撃を与えたようだ。うじきさんは、父親とともに、戦場であり捕虜となったベトナムに行った話などを語ってくれた。聞き手はDJのジョー横溝さん。最後に「自由」「NIGHT AWAY」という素敵な自作曲を歌った。

2『死刑弁護人』二〇一二年日本映画。

©東海テレビ放送

安田好弘弁護士を東海テレビが追いかけたドキュメンタリー作品。

トークゲストは樹木希林さんと齊藤潤一監督、それに安田好弘さん。樹木さんの何ともユニークな突っ込みに安田さんと齊藤さんは戸惑いながら答えた。三人のトークは入場者の笑いを誘いながら、やがて死刑の持つ不気味さや不条理さに迫った話となっていった。トークは一時間を超えて続いた。

3『袴田巖　夢の間の世の中』二〇一六年日本映画。

© Kimoon Film

無実の死刑囚袴田巖さんを描いたドキュメンタリー。監督は金聖雄。トークゲストは歌人で僧侶でもある福島泰樹さん。福島さんは大のボクシングファンである。一九六〇年代に袴田さんがボクサーとして活躍していた時代のボクシング雑誌を今回あらためて渉猟し、袴田さんがいかに優れたボクサーであったかを語った。最後に福島さんは絶叫詩人として、袴田さんの獄中の言葉、死刑囚大道寺将司の句、寺山修司の詩を絶叫した。

4『白バラの祈り　ゾフィー・ショル最期の日々』二〇〇五年ドイツ映画。

ベルリン映画祭で最優秀監督賞と最優秀女優賞を獲得した作品。

ナチス政権批判ビラをベルリン大学で

© Jürgen Olczyk/Sophie Scholl

撒いたことで、数日後に処刑された女学生ゾフィー・ショルを描いている。トークゲストの参議院議員福島みずほさんは、自民党政権下で起こっている現代日本の事態と、この映画で描かれている時代との相似性を指摘した。だから今こそ戦争と死刑は絶対になくさなければいけない、と声を大にして語った。

5『7番房の奇跡』二〇一三年韓国映画。

© 2012 NEXT ENTERTAINMENT WORLD Inc. & FINEWORKS Co., Ltd. All Rights Reserved.

韓国で歴代三位の観客動員数一二〇〇万人を記録した作品。冤罪事件の犯人として処刑されてしまう主人公と彼の小さな娘の話である。

トークゲストは作家でエッセイストの朴慶南さん。この物語のモデルとなった実際の事件が起こった一九七〇年代初頭から主人公が処刑される一九九七年末までの韓国の歴史を、映画の時系列に沿って話した。韓国は長い独裁軍事政権時代を通り抜け、この映画の主人公が処刑された一九九七年一二月を最後に、現在に至るまで死刑執行をしていない。事実上の死刑廃止国である。

6『独裁者と小さな孫』二〇一四年ジョージア（グルジア）映画。

独裁国家がクーデターでひっくり返り、独裁者が追われる立場となる。映画は、独裁者と小さな孫の逃避行を描く寓話的な物語である。イラン人監督モフセン・マフマルバフは、この物語を報復の連鎖では終わらせまいと、過酷な状況を表現しつつも希望を見いだそうと描いている。

トークゲストは二〇代のフォトジャーナリスト安田菜津紀さん。彼女はアジアやアラブの取材から感じたことを映画に沿う形で語った。

7『首』一九六八年日本映画。

©東宝

一九四四年第二次大戦末期に日本で起きた事件を描いている。原作は弁護士正木ひろしが書いた「弁護士――私の人生を変えた首なし事件」。主人公の弁護士は、警察の拷問で死んだ鉱夫の真実を知るため、埋葬された死体を掘り返してまで遺体鑑定をする。

トークゲストの安田好弘弁護士は、この事件こそが「八海事件」「丸正事件」などの冤罪死刑事件に深くかかわる正木ひろし弁護士の出発点であると語った。その上で、冤罪死刑事件にかかわった弁護士が、すべて死刑廃止の考えを持っているわけではないことや、死刑事件を弁護する現実を語った。

8『M』一九三一年ドイツ映画。

監督は、亡命先のアメリカで『死刑執行人もまた死す』で同じ亡命者でもある劇作家ブレヒトと協働したフリッツ・ラング。彼の初のトーキー作品である。映画の最後に民衆たちは犯人であるMに向かって叫ぶ。「早く死ね！」「奴を殺せ！」「お前に生きる権利なんかない！」。これらの言葉群は、現代の犯罪者をめぐってのメディア表現やSNSに溢れる言葉を見せつけられるようであった。

★

「死刑制度は、私たちの社会を現実的に支配している制度なのだ」と言った人がいる。この言葉は、これまでの映画週間の死刑映画を見てきた私に、リアリティをもって迫ってくる。「死刑制度は、犯罪の抑止効果になる。被害者感情を大事に考えた制度だ」というようなものでは全くないことを、これらの映画は語っている。上映してきた死刑映画は、私たちに死刑制度は他人事ではなく、自分たち自身の問題なのだと画面から語りかけてくるのだ。それは声高であれ、囁くようであれ、通奏低音のように私たちに迫ってくるのである。

第６回死刑映画週間チラシ

死刑廃止国際条約の批准を求める

FORUM90

地球が決めた死刑廃止

フォーラム 90 実行委員会
〒 107-0052 東京都港区赤坂 2-14-13
港合同法律事務所気付
TEL：03-3585-2331　FAX：03-3585-2330
振替口座：郵便振替 00180-1-80456
加入者名：フォーラム 90

フォーラム 90 の賛同人になってください。賛同人のみなさまには年に 6 回、「FORUM90 ニュース」をお送りして、最新の情報をお届けいたします。2017 年 9 月現在、155 号まで刊行しました。また活動の一端は死刑廃止チャンネル（http://forum90.net/）でご覧ください。

『フォーラム 90』主要目次

ほか各号に死刑日録、ブックレビュー、インフォメーションなど、死刑廃止運動の最新情報を満載しています。

死刑をめぐる状況
2016—2017

死刑廃止に向けた国際動向 二〇一六年

山口 薫
（公益社団法人アムネスティ・インターナショナル日本 キャンペーン・コーディネーター）

1. はじめに

二〇一六年は国際政治の分岐点とも言えるかもしれない。右傾化する国、独裁化が強まる国、紛争下にある国など、さまざまな政治状況の中で、国民の命を奪う死刑制度も揺れている。二〇一六年における世界の死刑制度は、死刑を廃止する国、存置する国、さらに言えば死刑を復活させようとする国までさまざまな国が現れた。死刑制度は政治的に利用される危険が高く、国家が国民の命を奪うという究極の刑罰である。死刑の政治利用を避けるために多くの国が廃止に向けた努力を続けてきた。死刑制度を利用し人権を省みない国と人権保障のため努力を続ける国に二分される傾向がますます進んできたと言えるだろう。

2. 二〇一六年における死刑判決と死刑執行

（1）死刑判決について

死刑判決は五五カ国において三、一一七件以上あった。二〇一五年は一、九九八件以上であったことと比べると大幅に増えた。バングラデシュ、カメルーン、インドネシアなどがこの数字を押し上げたと言える。エジプトでは、反政府運動に関与した者などに対して二〇一五年に大量の死刑判決が下されたが、当時の事件の審理が終了したためか二〇一六年は減少した。

最も多いと考えられるのは例年と同じく中国である。中国の死刑判決数は国家機密とされ、アムネスティでは正確な数値について調査ができない。しかし、現地の報道や関係者からの情報を合わせると現在でも数千件は行われているとみられる。

全体的に死刑判決数が増えた理由として、情報公開が進んだということもある。二〇一六年は当局がアムネスティに対し情報を提供したことで、より正確な数値を得ることができた。例えば、二〇一五年のタイの死刑判決数は、七件プラスであった。このプラスの意味は、実際にはその数値より高いと思われるが、正確な数値が調査でも判明しなかった場合にそう表記してきた。今回、タイは二〇一六年の判決数について二一六件と公表した。判決数が多いことは歓迎できないものではあるが、国民の生命の権利を守る観点から死刑制度がある以上、情報公開は必須である。判決数の増加が正確な数値の把握の結果であるならば、市民団体が得られる情報が増え、より透明性が増したとして評価できる。

減刑、恩赦、無罪は毎年それほど多くないが、二八カ国で認められ、死刑囚から無罪になったのは九カ国で六〇件であった。この中には中国も含まれており、無罪を勝ち取ることがほぼ不可能な日本の状況からすると興味深い数値である。

（２）死刑執行について

死刑執行数は前年度より三七％減少し、一、〇三二人が処刑された。減少した原因としては、イランとパキスタンで相当数減少したことが影響している。イランは二〇一五年には九七七件プラスであったが、二〇一六年には五六七件プラス、パキスタンは二〇一五年には三二六件であったが、二〇一六年には八七件プラスとなった。ただし、いずれも減少とはいえ、調査で判明しなかった秘密裡に行われたものがあることは分かっている。

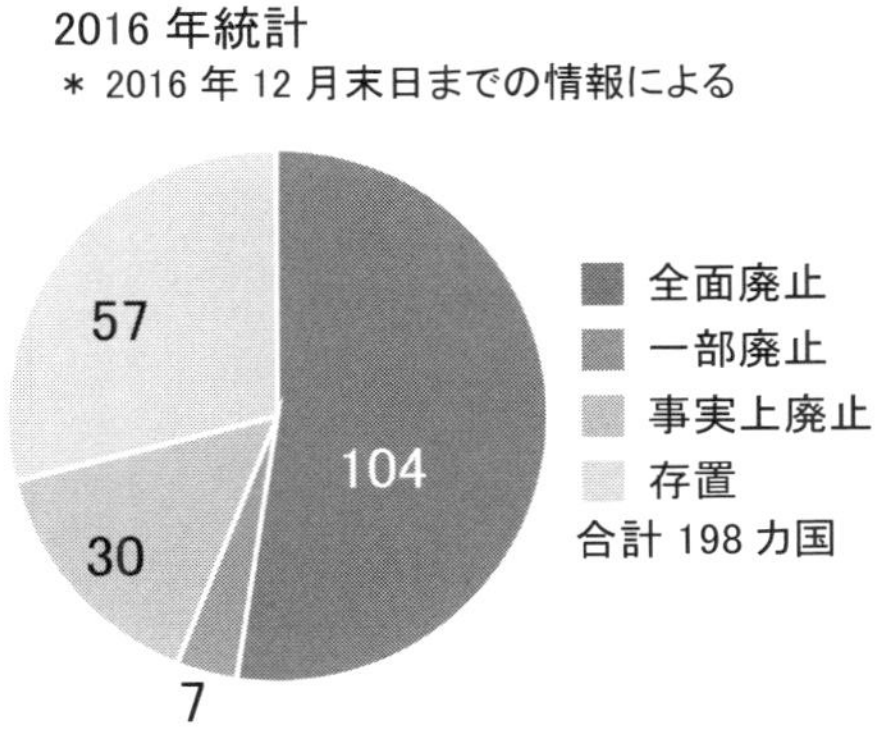

＊ 2016 年 12 月末日までの情報による

死刑廃止国および執行国の推移

死刑全廃国の数													
年	1960	1970	1980	1990	2000	2005	2010	2011	2012	2013	2014	2015	2016
国数	8	13	23	46	75	86	96	96	97	98	98	102	104

法律上または事実上廃止国合計数													
年	2000	2005	2006	2007	2008	2009	2010	2011	2012	2013	2014	2015	2016
国数	108	122	128	134	138	139	139	140	140	140	140	140	141

死刑執行国の数													
年	2000	2005	2006	2007	2008	2009	2010	2011	2012	2013	2014	2015	2016
国数	28	22	25	24	25	18	23	20	21	22	22	25	23

通常の執行場所で行うのではなく、別の警察組織の場所へ移送されてしまうことがある。また、どこに連れて行ったのかも分からず、家族にも知らされずにいつの間にか処刑されるという失踪に近い状況になることもある。その場合は、後日執行されたという情報が入ることもあるが、時間がかかることも多い。そのため、確認できた執行数は全体的に減少したものの実際の数は不明である。

　情報を得ることが難しい中国やベトナムを除けば、執行数が三桁を超える国は、イランとサウジアラビアだけだ。ベトナムは、おそらく中国、イランに次ぐ世界で最も死刑執行の多い国の一つであると考えられることが新たに判明した。ベトナムの二〇一六年の具体的な執行数は得られなかったものの、死刑判決数や執行に関する情報を考慮すると、相当数の執行がなされていることが分かった。

　二〇一六年に執行を行った二三カ国のうち、半数以上の一三カ国では執行数は一桁に落ち着いている。そうすると中国、イラン、ベトナム、パキスタン、サウジアラビア、イラクの六カ国で世界の死刑執行の数のほとんどを占めるといっても過言ではない。

　死刑執行を続ける一一カ国はほぼ同じ国が並び変化はない。これら一一カ国の多くは死刑を政治利用し、人権活動家を含む反体制派を弾圧する目的を持って死刑執行を行う国が多い。テロとの闘いとして、国民の一部をテロリストと見なし、強権的政治を確固たるものにして、恐怖で押さえつけようとする意図が透けて見える。そうした国では平和的なデモですら反体制運動であるとして、参加者が逮捕されるなど、市民活動が困難になりつつある。

　しかし、一一カ国に含まれる日本の場合は、また少し違った状況におかれている。殺人による死刑が一般的で、国民世論も死刑存置を望む声が高い。執行数は一桁で数人程度が続いている。世界の状況に比べると、明確な政治利用の意図を持って死刑執行を続けているというより、死刑制度を存置するために執行数を最少限度で維持しているように考えられる。

　なお、二〇一六年末での世界の死刑囚の数は判明した数としては一八、八四八人であった。

（３）死刑廃止の動き

　二〇一六年末の時点での死刑廃止国は、すべての犯罪に対して廃止した国として一〇四カ国、通常犯罪のみ廃止したのは七カ国、事実上廃止した国は三〇カ国となり、法律上・事実上廃止した国を合わせると一四一カ国になる。これに対し、存置国は五七カ国となった。

　ここ数年は死刑廃止国数は少しずつ増える方向で安定している。

　廃止に至る方法は各国で異なるが、ベナンでは死刑が憲法違反とされ、ナウルでは刑法が改正されたことにより新たに二カ国がすべての犯罪に対して死刑を廃止した。死刑制度は違憲であるという判断が下されることで、死刑の罰則や記述を削除する刑法改正が進む国もあれば、国会の議論が進み刑法改正が成立、施行される場合もある。また、市民的および政治的権利に関する国際規約（自由権規約）の第二選択議定書を批准することで死刑を廃止する方法があり、二〇一六年はトーゴとドミニカ共和国がこの条約の選択議定書を批准した。

さらに、国連総会では、第六回目となる死刑執行の停止を求める決議を賛成大多数で採択した。これは死刑廃止を視野に死刑執行の停止を求めるとともに、死刑を科す犯罪数の減少や情報公開、公正な手続きについて各国に要請するものである。国連加盟国は一九三カ国になるが、賛成した国は一一七カ国、反対は四〇カ国、棄権は三一カ国となった。ちなみに日本は反対票を投じている。

（4）地域的な動き

米国の死刑判決と死刑執行数はいずれも減少している。死刑執行数は五州で二〇件となり、死刑判決数は一三州で三二件となった。二〇一六年末の死刑囚は二、八三二人となった。

各州でさまざまな動きがあり、廃止に至らないまでも世論は動き続けている。州によって死刑制度を定める米国では、州法を改正する住民投票が重要な意味を持つ。カリフォルニア、ネブラスカ、オクラホマで死刑制度の存廃を問う住民投票が行われた。残念なことにいずれの州でも死刑制度を廃止する決定には至らなかった。ネブラスカでは、死刑存置の法案が約六割の賛成で可決された。オクラホマでも同じく存置する結果となり、憲法違反にならない執行方法であればどのような方法であっても死刑執行が可能となることも認められた。死刑執行に使う薬物注射の薬物が入手困難となったことなどを受け、執行しやすくすることが求められたのである。また、死刑は残虐で異常な刑罰であるとの文言は判決文に入れてはならないということも可決された。

カリフォルニアでは、死刑廃止のために市民団体を中心にかなり大々的なキャンペーンが行われた。二〇一六年末の時点でカリフォルニアには、全米でもっとも多い七四八人の死刑囚が収監されている。彼らの命や他州への影響を考慮すると大変重大な住民投票であった。しかし、結局は僅差で死刑存置の方向に向かった。さらに悪いことに、検察側の希望する死刑判決が下されてから執行までにかかる時間を短縮する法案が通ることになった。二〇〇六年から死刑執行は停止されてきたが、薬物注射をどのように調達するかなど、執行が可能となれば再開されるおそれがある。すでに執行に向けて矯正保護省は一種類の薬物で執行できるように準備を始めていたが、行政法局がそれを停止させるなど攻防が続いている。

こうした動きは、死刑廃止に向けた動きに逆行するものである。しかし、根強い存置論がある米国で、執行や判決が減少し、住民投票が相次いだこと自体、死刑制度を見直す議論が形成されつつあると考えてもよいだろう。

連邦最高裁は、ハースト対フロリダ州の判決で、フロリダ州法に定める陪審員が死刑に処するべきだと勧告する権限について憲法に反するとした。この判決はデラウェア州にも影響を与え、フロリダとデラウェアでは死刑執行が停止され、遡って死刑囚に適用されることも決められた。これにより多くの死刑囚が終身刑に減刑される可能性がある。

連邦政府としての死刑執行は、二〇〇三年が最後である。また、厳しい軍法を定める軍当局の執行は一九六一年が最後である。年報・死刑廃止二〇一六に、筆者は米国大統領選挙でヒラリー・クリントン民主党候補が当選すれば、民主党の綱領に死刑廃止が含まれたこともあり廃止の方向へ進むのではないかと書いた。しかし、ドナルド・トランプ大統領の就任によって、死刑廃止に進むことは期待できなくなったと考えられる。トランプ大統領は過去に死刑執行を求める新聞の一面広告を出すほど、強い死刑存置派であることは周知の事実だ。また、連邦最高裁の判事の指名権が大統領にあることからも、死刑制度の行く末が見えなくなりつつある。

アジアでは、残念なことに明らかな逆行が見られた。フィリピンとモルディブである。フィリピンは、ロドリゴ・ドゥテルテ大統領が死刑復活を望み、二〇一六年に国会での議論が開始された。

モルディブは死刑制度はあるものの、六〇年以上死刑執行を停止していた。ところが近年になって執行を開始する動きが強まっている。モルディブは日本ではリゾート地としてのイメージが強く、死刑制度や政治状況についてあまり知られていない。長年独裁的な政治が続き、二〇〇八年に新憲法が制定され、初めて民主的な大統領選挙が行われた。当時選出された民主運動家であったモハメド・ナシード元大統領は、地球温暖化による海面上昇がモルディブの国土を削る危機感を持ち温暖化対策を精力的に国際社会に訴えてきた人物である。二〇一二年に警察や軍によるクーデターにより失脚し、現在英国へ亡命している。クーデター後、アブドッラ・ヤーミン・アブドゥル・ガユーム大統領が就任し、ナシード元大統領支持者など民主運動に対する締め付けを強めている。このためもあってか、死刑執行再開に向けた動きが始まった。二〇一四年に大統領は執行再開を宣言し、殺人事件の罪状の変更や恩赦を認める権限を撤廃し、執行の方法を明確にするために法律を改正した。二〇一七年七月二〇日現在、まだ執行は再開されていないが、いつでも再開される可能性があり、アムネスティは反対を表明し執行停止を要請している。

中国に関しては、正確な数値の調査はできなかったものの、近年執行数は減少していると見られる。最高人民法院が全死刑判決の再審査を進めることになり、死刑執行は少なく慎重にするという政府の姿勢に沿って執行数が減少していると考えられる。死刑適用犯罪は最も重大な犯罪に限るべきとされるところ四六種類と多く、薬物犯罪や経済犯罪が含まれていることが懸念される。しかし、経済犯罪については死刑の適用が減少しており、二〇一六年における処刑または判決は一件であった。

中東ではイラン、サウジアラビアでの執行が多い。イランの場合はいまだに事件当時未成年者であった者に対する執行が行われている。一五歳の少年などが対象となっており、明らかに国際人権法に違反した執行である。

サウジアラビアでは二〇一六年一月二日、一度に四七人が処刑された。この中には著名なイスラム教シーア派の聖職者ニムル・バキル・アル・ニムル師とシーア派の活動家三人が含まれていたことが判明している。ニムル師の処刑をきっかけに、シーア派のイランでは首都テヘランで抗議デモが起こり、サウジアラビア大使館が放火された。以後、サウジアラビアはイランとの外交関係を断絶すると発表した。スンニ派の国はサウジアラビア側に立ち、この死刑執行をきっかけに亀裂が深まった構造だ。

サウジアラビア当局によれば、テロとの闘いと国家の安全のために死刑執行を行ったという。しかし、ニムル師が政府の批判をし、そのために逮捕され死刑判決を受けたことは広く知られており、国際社会からの批判も起きていた。裁判時から政治的な意図で活動家たちも厳しい状況に置かれ、不公正な裁判が行われた。執行は、テロ対策の名を借りた反対派への弾圧との批判も強い。こうした死刑の政治利用が今後も続くことが懸念される。

ヨーロッパ地域においてはEU(欧州連合)加盟国は死刑を廃止しなければならないこともあり、ベラルーシのみが地域において唯一の死刑執行国となっている。二〇一四年以来、まとまった人数の執行がなかったため、二〇一六年の三人の執行は予想外であった。同国でも死刑に関する情報は公開されていない。市民団体などの情報によれば二〇一六年末の時点で、四人以上が執行されたと見られる。また、判決数は四件で死刑囚は二名となった。

EUは人権政策の一環として、死刑制度を廃止するか死刑執行停止措置の導入を各国に要請している。ベラルーシはEU加盟国ではないため、今回の動きが他のヨーロッパ諸国に対して影響を及ぼすものではない。むしろ執行について何の情報公開もせずに死刑囚の遺体も家族に返さないとされるベラルーシの死刑制度に対しては、批判が続くとみられる。

3. 二〇一七年の動き

バーレーンでは、二〇一六年には死刑判決も執行もなかったが、今年に入り六年ぶりに三人に対して執行が行われた。

警察官を殺害したと一〇人が罪に問われていたが、二〇一七年一月九日に判決が確定した直後の一月一五日に処刑された。彼らは拷問を受けていたとの情報もあり、公正な裁判が行われずに死刑判決が下された可能性が高い。

イラクでも執行があり、一月には三一人という大量の執行があったことが当局から発表された。死刑囚は、二〇一四年のいわゆる「イスラム国（ＩＳ）」が犯行声明を出したディスクリートの軍駐屯地で起きた軍事教練生一七〇〇人の殺害事件に関わったとされる。この事件に関する取り調べでは拷問や自白の強制があったと言われており、裁判を開始しても極めて短時間で判決が下されたなど、人権を無視した状況であった。

サウジアラビアは引き続きシーア派の活動家に対し、反政府活動を行ったとして死刑を適用している。他の罪に問われた者も含まれているが、七月も四人の執行があり、政治的に死刑を利用している傾向が続く。

シンガポールでは、薬物犯罪で逮捕されたマレーシア人の男性が自白を強制されて処刑された。同国ではこうした薬物の輸入にかかる罪で有罪になった場合死刑となる。特に外国人が関わる事件が多く、死刑執行は定期的に行われている。

フィリピンでは死刑再開に向けた法案が三月、下院で採択された。ドゥテルテ大統領は死刑制度復活を公約に掲げていたこともあり、この法案の可決に向けて議員に対し強いプレッシャーがかけられたようである。

米国では、アーカンソー州での拙速な死刑執行手続きが発覚し、批判が集中した。一一日間で八人に対しまとめて執行する計画が立てられていた。これは、執行が可能か否か個別に慎重に審議すべきところ薬物注射の使用期限に合わせて計画したという州の都合しか考慮しないものであった。なかには精神的な問題で執行できないとみられる者も含まれていたとされる。死刑の執行のために自社製品を使用させないと宣言する製薬会社が増えつつあり、近年では薬物注射を使用した死刑執行の実施が困難になっている。アーカンソーでも、保管していた薬物をなんとか使用したいとこのような事態が生じた。

今回の執行で使用される薬物を販売した製薬会社は、死刑執行に使用される目的で販売していないと強く反対したため、一時的に執行は停止された。しかし結局は四人が薬物注射によって処刑された。なお、今年に入って全米で七月六日までに六州一四人が全て薬物注射により処刑されている。今年の米国の執行数は昨年度を上回る可能性がある。

一方で、死刑廃止に向けた動きとしては、ついにモンゴルが死刑制度を廃止したという喜ばしいニュースが入った。ツァヒャー・エルベグドルジ・モンゴル前大統領は、就任後、人権保障の観点から死刑を廃止するために自由権規約の第二選択議定書を批准することを決め、国内法の整備を進めた。死刑執行は二〇〇八年を最後に行われていない。そして、二〇一〇年にはすべての死刑囚が恩赦を受けた。刑法と刑事訴訟法の改正が行われ、ようやく二〇一五年末に国会で刑法改正が承認された。そして二〇一七年七月一日、改正刑法の施行によって全ての犯罪において死刑を廃止する一〇五番目の国となった。ここまで、政権交代や国会審議が難航した影響もありかなり時間がかかった。しかし、このモンゴルの人権保障の観点からの死刑廃止と長年の努力は、他国も積極的に見習うべきである。

日本は相変わらず執行を続け、少なくなってきた執行を継続する国の一つに含まれている。七月一三日には二件、大阪拘置所の西川正勝さんと広島拘置所の住田紘一さんに死刑が執行された。うち西川正勝さんは再審請求中であったという。国際人権基準からすると、再審請求は慎重な審理が求められる死刑制度において重要な手続きと位置付けられる。

自由権規約やその他の国際人権条約を批准した場合には、数年ごとに条約に基づき構成された委員会による政府審査が行われ、人権保障の状況が報告される。自由権規約委員会は、死刑制度における公正な裁判の実現や死刑廃止を視野に入れた勧告などを行う。

自由権規約委員会は、以前から日本の再審請求について懸念を表明している。前回行われた二〇一四年の日本に対する第六回定期報告において発表された最終見解では、現状の制度では再審請求に執行停止の効力がないことを指摘した。そして執行停止の効果を持たせつつ、義務的かつ実効的な再審査制度を創設することを日本政府に対し勧告した。しかし、日本政府は反論として「三審制の保障の下、厳格かつ慎重な手続きを経て確定した死刑判決については、厳正に執行するのが原則である」とし、「再審請求等の手続き中は全て執行命令を発しないという取り扱いをすれば、死刑確定者が再審請求等を繰り返す限り永久に死刑の執行をなし得ないことになり、刑事裁判の実現を期すことが不可能になる」と述べている（日本政府コメント）。

今回の執行は突然再審請求中の死刑確定者の執行に踏み込んだということで、市民団体からは批判が相次いだ。

しかしこの政府のコメントを見る限り、いつかは再審請求中であっても執行をして、自由権規約委員会の勧告を真っ向から否定する機会を作ろうとしていたかに見える。

死刑確定者が再審請求の機会を保障されることなく執行されてしまうのであれば、えん罪の可能性がある場合にまで命が奪われることになる。処刑後に過ちが判明したとしても、失われた命は戻らない。死刑執行の機会の保障と、一人の人間の命のどちらが重要な問題なのか答えは明らかだ。今年に入り、いわゆる共謀

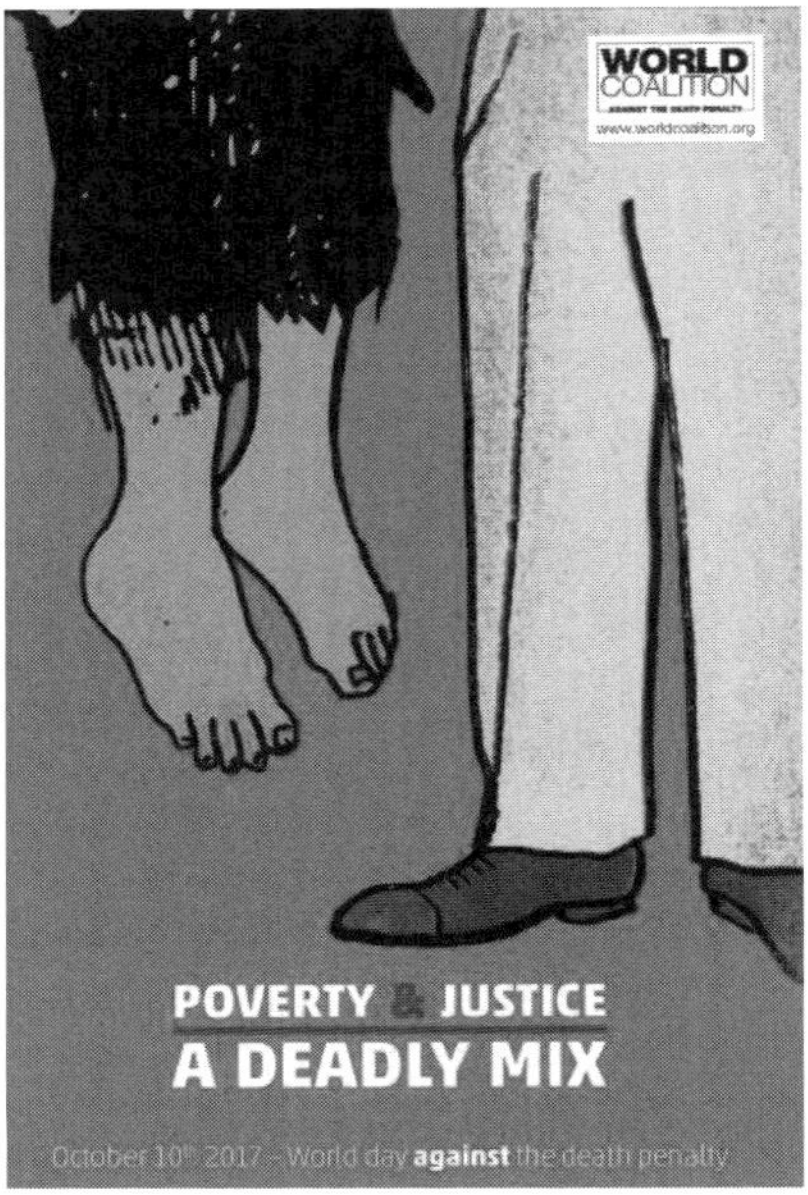

世界死刑廃止連盟の 2017 年死刑廃止デーポスター

罪法案が可決されるなど、市民に対する抑圧的な姿勢がみられる。政権に都合のよい法律の解釈がまかり通り、人権を軽視する傾向が強まっているのではないだろうか。

4· おわりに

今年、二〇一七年はアムネスティ・インターナショナルが死刑廃止運動を始めてから四〇周年である。一九七三年に死刑廃止の立場を決定し、その後一九七七年には死刑廃止に関するストックホルム会議が行われ、死刑廃止をうたうストックホルム宣言が作られた。

四〇年前、全面的に死刑を廃止した国はわずか一六カ国であった。これが二〇一七年には一〇五カ国である。これからの四〇年、死刑を存置し続けるわけにはいかない。

今年の国連総会でも、死刑廃止を視野に入れた死刑の執行停止を求める決議が提出されるとみられている。今後もいくつかの国を除けば死刑廃止に向けて手続きを進めていく国は増えるだろう。

また、秋には自由権規約委員会の日本政府審査の手続きが始まる。すでに、いくつかの市民団体は懸念点をまとめ規約委員会へ提出しようとしている。

日本が死刑廃止へ向けた一歩を踏み出すよう、私たちはさらに力を入れて取り組まなければならない。

参考資料

・自由権規約委員会　最終見解
International Covenant on Civil and Political Rights CCPR/C/JPN/CO/6
20 August 2014
http://tbinternet.ohchr.org/_layouts/treatybodyexternal/Download.aspx?symbolno=CCPR/C/JPN/CO/6&Lang=En
・自由権規約委員会最終見解に対する日本政府コメント（外務省ウェブサイトより）
http://www.mofa.go.jp/mofaj/files/000101437.pdf
・アムネスティ・インターナショナル二〇一六年の死刑判決と死刑執行
http://www.amnesty.or.jp/library/report/pdf/statistics_death_penalty_2017.pdf

紙の砦　自衛隊文学論

川村湊 著 四六判 269 頁 2000 円＋税 15 年 1 月刊 ISBN 978-4-7554-0251-7

自衛隊は文学・映画にどのように描かれてきたか。半村良、森村誠一から有川浩までの自衛隊小説、「ゾンビ自衛隊」『守ってあげたい』『戦国自衛隊』、災害派遣記録など無数にある自衛隊映画。安保、PKO、集団的自衛権問題が生じても根原的に問い直されることなく還暦を迎えたその節目の年に〈自衛隊文学〉を論じる。

震災・原発文学論

川村湊 著 四六判 292 頁 1900 円＋税 13 年 3 月刊　ISBN978-4-7554-0230-2

震災・原発を文学者はどう描いているのか。3.11 以前・以降の原発文学を徹底的に読み解く。付録＝「原子力／核」恐怖映画フィルモグラフィー全 252 作品完全鑑賞。

銀幕のキノコ雲　映画はいかに「原子力／核」を描いてきたか

川村湊 著　四六判 281 頁　2500 円＋税　17 年 4 月刊　ISBN 978-4-7554-0275-37

放射能 X、プルトニウム人間、原子怪獣、液体人間、マタンゴ、ゴジラ。日米のアトミック・モンスター、勢揃い。400 本の原子力映画にみる核の表象史。

[極私的] 60 年代追憶　精神のリレーのために

太田昌国 著　四六判 260 頁 2000 円＋税 14 年 2 月刊　ISBN 978-4-7554-0242-5

この漆黒の時代を切り開くために。過去を振り返り、現在を問い、未来を見通す、渾身の長篇論考。ベトナム体験の大きな落差、植民地主義と先住民族—堀田善衛の仕事を媒介に、果てしない闇の中へ—北朝鮮が孕む諸問題、清水幾太郎と三好十郎、他。

「戦後」という意味空間

伊藤公雄著 四六判 364 頁 2700 円＋税 17 年 4 月発行　ISBN978-4-7554-0277-7

全体主義化への巨大な濁流に呑み込まれないために、戦後という時代を振り返り、次の時代を展望する。憲法、天皇 X デー、ポピュラー・カルチャーとしてのマンガなどを社会学的視座からダイナミックに描く。

哲学者と下女　日々を生きていくマイノリティの哲学

高秉權著 今津有梨訳 四六判 214 頁 2200 円＋税　17 年 3 月刊　ISBN978-7554-0276-0

哲学者タレスは星を見て歩き井戸に落ちた。それを見たトラキアの下女が、空は見えても足下は見えないのね、とからかった。知はいつわたしたちの生を救うのか？ 私たちの生き方、ものの考え方を刺激する、若き世代に贈る柔らかな哲学書。

無謀なるものたちの共同体　コミューン主義の方へ

李珍景著 今政肇訳 四六判 376 頁 2900 円＋税　17 年 2 月刊　ISBN978-7554-0270-8

コミューン主義者たちは無謀な者たちである。コミューン主義 (commune-ism) は共産主義 (communism) の、その失敗から産まれてきた。民主化・世界化以降も一貫して生が切り刻まれてきた韓国で、共に生きる知の生産を実践する思想家の横断的存在論。

冠村随筆　クァンチョンスピル

李文求著 安宇植訳 川村湊校閲 四六判 477 頁 2500 円＋税
16 年 12 月刊　ISBN978-7554-0274-6

隣の国に懐かしい“故郷”と“文学”があった！　幼少期を過ごした解放後の冠村に生きる人びとの視点から、現代化、都市化、産業化への変貌著しい韓国社会を批判的に見つめた随筆風私小説。韓国では有名で重要な小説家・李文求の代表作の日本初紹介。

インパクト出版会

2016—2017

死刑をめぐる状況

□は死刑判決
◇は無期懲役判決（死刑求刑）
◎は無罪判決
▽はその他の決定

死刑判決・無期懲役判決（死刑求刑）一覧

菊池さよ子
救援連絡センター

◇二月五日名古屋地裁

（景山太郎裁判長）

愛知夫婦強盗殺人事件で無期懲役判決（死刑求刑）

愛知県碧南市で、会社役員夫婦（当時夫四五歳・妻三六歳）を殺害したとして強盗殺人罪などに問われ、死刑を求刑された佐藤浩さん（三九歳）の裁判員裁判で、無期懲役の判決を言い渡した。

共犯とされる堀慶末被告は一、二審で死刑判決を受け上告中である。

判決は「堀被告の指示が犯行のきっかけだった可能性を排除できない」とした。

弁護側は「被告は思考停止に陥りやすく簡単に誘いに乗る性格」とする専門家の分析を紹介し「共犯者を手伝っただけ」と主張していた。弁護側によると、被告は一九九七年ごろ建築関係の仕事に就き、同業だった堀被告の勤務先に出入りするようになり、食事をおごってもらうなどで堀被告を慕うようになり、強盗計画を持ち掛けられた。もう一人の葉山輝雄被告との三人で会社役員宅に侵入して殺害して現金約六万円を奪ったとされる。

判決は「命を軽視し残忍だ。夫婦の無念は察するに余りある」と指摘。一方で堀被告が事件を主導したとした上で「誘われて深く考えずに加わっており従属的だ。強盗を計画したが殺害を想定したとはいえない」とした。

この判決に対して被告・検察双方ともに控訴せず、無期懲役判決が確定した。

□二月二三日最高裁第三小法廷

（山崎敏充裁判長）

パチンコ店放火五人殺人事件で上告棄却・死刑確定判決

大阪市で、五人が死亡したパチンコ店放火殺人事件で、現住建造物等放火や殺人などの罪に問われ、一、二審で死刑とされた無職高見素直さん（四八歳）の上告を棄却し、死刑を確定させる判決を言い渡した。

判決は「人出が多い日曜日のパチンコ

店を狙った計画的な無差別殺人で、刑事責任は極めて重大だ」と指摘。犯行翌日に自首した点など、有利な事情を考慮しても死刑はやむを得ないとした。

弁護側は、絞首刑は残虐な刑罰を禁じた憲法に違反すると主張したが、判決は合憲とした過去の最高裁判例を挙げて退けた。妄想に支配されていて心神耗弱だったとの主張にも「動機形成の過程に妄想は影響するが、間接的であり大きくはない」とした。

一審大阪地裁では、絞首刑の合憲性に関する判断に裁判員が加わり、「絞首刑が最善の方法かどうかは議論があるが、死刑はそもそも生命を奪って罪を償わせる制度で、ある程度の苦痛やむごたらしさは避けがたい」として合憲判断。二審大阪高裁も支持していた。

判決によると、被告は二〇〇九年七月五日午後、大阪市此花区のパチンコ店で、ガソリンをまいて火を付け、客ら五人を殺害、一〇人に重軽傷を負わせたとされる。

2016年死刑判決

判決日	裁判所	裁判長	被告	現在
2月23日	最高裁第３小法廷	山崎敏充	高見素直	確定
3月8日	最高裁第３小法廷	木内道祥	高橋明彦	確定
3月16日	東京高裁	藤井敏明	渡辺　剛	上告審
3月18日	神戸地裁	佐茂　剛	君野康弘	控訴審で破棄、無期懲役判決
4月26日	最高裁第３小法廷	大橋正春	伊藤和史	確定
6月13日	最高裁第２小法廷	千葉勝美	浅山克己	確定
6月16日	最高裁第１小法廷	大谷直人	少年	確定
7月20日	前橋地裁	鈴木秀行	土屋和也	控訴審
7月21日	最高裁第１小法廷	池上政幸	筒井郷太	確定
9月13日	広島高裁	多和田隆史	保見光成	上告審
9月14日	大阪高裁	後藤真理子	西口宗宏	上告審
11月8日	名古屋高裁	山口裕之	堀　慶末	上告審
11月24日	静岡地裁沼津支部	斎藤千恵	肥田公明	控訴審

□ 三月八日最高裁第三小法廷

（木内道祥裁判長）

福島夫婦強殺事件で上告棄却・死刑確定判決

福島県会津美里町で、夫婦を殺害して財布を奪ったとして強盗殺人罪などに問われ、一、二審で死刑とされた高橋明彦さん（四九歳）の上告を棄却し、死刑確定判決を言い渡した。

この裁判では、一審福島地裁郡山支部で裁判員を務めた女性が、殺害現場の写真を見たことなどで急性ストレス障害と診断された。弁護側は「不安定な状態の裁判員を解任しなかったのは手続き違反」と主張。さらに「計画性が低かった」と死刑回避を求めた。

判決は「身勝手に近隣の民家を襲い、被害者をめった刺しにしており、非情で残酷だ」とし、手続き違反もなかったとした。

判決によると、被告は二〇一二年七月、会津美里町の病院職員宅に侵入し病院職員（当時五五歳）とその妻（当時五六歳）の首をナイフで刺して殺害し財布などを奪ったとされる。

一、二審とも死刑判決だった。

□ 三月一六日東京高裁

（藤井敏明裁判長）

資産家夫婦強盗殺人事件で控訴棄却・死刑判決

スイス在住の資産家夫婦を一時帰国中に殺害したとして、強盗殺人などの罪に問われた元会社役員渡辺剛さん（四六歳）に対し、裁判員裁判による一審東京地裁の死刑判決を支持し、控訴を棄却した。

弁護側は、金品を奪うつもりはなく、殺す意図もなかったとして「死刑は重すぎる」と主張していた。

判決は「強い殺意に基づく犯行で、金品目当てに殺害したと推認できる」と指摘。「多額の費用を費やして周到な準備を重ねるなど極めて計画性が高く、酌むべき事情はない」とした。被告は出廷しなかった。

判決によると、二〇一二年一二月、被告は金融会社役員（当時五一歳）と妻（当時四八歳）の首をロープで絞めて殺害。財布など二九万円相当を奪い、埼玉県久喜市の空き地に二人の遺体を埋めたとされる。

□ 三月一八日神戸地裁

（佐茂剛裁判長）

神戸の小一女児殺人事件で死刑判決

神戸市長田区の小一女児殺人事件で殺人などの罪に問われた君野康弘さん（四九歳）に対し、求刑通り死刑を言い渡した。

判決は殺害被害者数などの客観的要素よりも残虐性や被害感情を重視した。裁判員制度で指摘されてきた性犯罪や子どもに対する犯罪への厳罰化傾向を象徴する判断となった。

死刑選択の判断基準として最高裁は

一九八三年に殺害被害者の人数や残虐性、被害感情などを挙げた「永山基準」を示した。裁判員制度の導入以降、殺害被害者一人の場合で地裁が死刑としたのは四件目。うち二件は高裁で無期懲役に減刑され、最高裁も「過去の判例と不公平にならないよう十分配慮しなくてはいけない」と支持する決定をした。一件は本人が控訴を取り下げて死刑が確定。二〇一七年七月に死刑が執行された。

判決は、犯行の計画性はみられないが、態様から殺意は極めて強固で、計画性がないことをもって刑事責任を特に軽減すべき事情とみることはできない。被告は公判で遺族への謝罪を表明し、反省や悔悟の情がないとはいえないが、自己の身勝手さや攻撃性などの問題点に十分向き合っているとはいい難い。殺害手段の残虐性からも「生命軽視の姿勢が甚だしく顕著であれば、殺害被害者が一

最近の死刑判決と執行数

年	地裁判決数	高裁判決数	最高裁判決数	新確定数	執行数	病死等	確定者総数
1992	1	4	4	5	0	0	56
1993	4	1	5	7	7	0	56
1994	8	4	2	3	2	0	57
1995	11	4	3	3	6	0	54
1996	1	3	4	3	6	0	51
1997	3	2	4	4	4	0	51
1998	7	7	5	7	6	0	52
1999	8	4	4	4	5	1	50
2000	14	6	3	6	3	0	53
2001	10	16	4	5	2	0	56
2002	18	4	2	3	2	0	57
2003	13	17	0	2	1	2	56
2004	14	15	13	15	2	1	68
2005	13	15	10	11	1	0	78
2006	13	15	16	20	4	0	94
2007	14	14	18	23	9	1	107
2008	5	14	8	10	15	2	100
2009	9	9	16	18	7	4	107
2010	4	3	7	8	2	2	111
2011	9	2	22	24	0	3	132
2012	3	4	9	10	7	0	135
2013	4	3	6	7	8	3	131
2014	2	8	6	6	3	5	129
2015	4	1	3	3	3	1	128
2016	3	4	6	6	3	2	129

人でも死刑を選択し得る」とした。死刑を回避しない理由に遺族の処罰感情などを挙げた。慎重に検討を尽くしても、死刑を回避すべき事情は見当たらない。刑事責任は誠に重大で、死刑の選択は真にやむを得ないと認めざるをえないとした。

公判では、被害者参加制度を利用した女児の母親が女児との思い出や心情を証言し、涙を流した裁判員も複数いた。裁判員裁判での被害者感情重視の死刑判決は過去の判例と比較しても重すぎるのではないかと思われる。

※その後二〇一七年三月一〇日、大阪高裁（樋口裕晃裁判長）は死刑を破棄し、無期懲役判決を言い渡した。

□ 四月二六日最高裁第三小法廷（大橋正春裁判長）

長野一家三人殺人事件で上告棄却・死刑確定判決

長野市で二〇一〇年にあった一家三人殺人事件で強盗殺人罪などに問われ、一、二審で死刑とされた伊藤和史さん（三七歳）の上告を棄却し、死刑を確定させる判決を言い渡した。

判決は「一度に三人の命を奪った結果は誠に重大。被告は自ら率先して殺害に着手するなど、終始犯行を主導した」と指摘し、死刑はやむを得ないとした。

判決によると、被告は二〇一〇年三月、知人の男三人と共謀し、長野市の建設業者（当時六二歳）宅で、建設業者とその長男夫妻の首をロープで絞めて殺害。約四一〇万円を奪い、遺体を愛知県西尾市の資材置き場に埋めたとされる。

弁護側は「被害者の会社の従業員だった被告は、被害者らから暴力や脅迫で支配され、追い詰められていた」と死刑回避を求めたが、一審長野地裁の裁判員裁判が求刑通り死刑とし、二審東京高裁も支持した。

この事件で検察は、首謀者とする被告を含む四人を起訴。被告のほか二人が一審で死刑となり、一人は最高裁で確定、一人は無期懲役に減刑した高裁判決が最高裁で確定した。残る一人は懲役一八年が確定している。

□ 六月一三日最高裁第二小法廷（千葉勝美裁判長）

三人殺人事件で上告棄却・死刑確定判決

山形と東京で、知人男性二人の親計三人を殺害したとして殺人罪などに問われた浅山克己さん（五〇歳）に対し、上告を棄却、死刑確定判決を言い渡した。

判決は「交際相手を連れ戻したいという思いから重大犯罪を重ねたことは身勝手極まりなく、人命軽視だ」とした。弁護側は、山形の事件では明確な殺意はなかったと死刑回避を求めたが、「未必の殺意にとどまるが、刑事責任は極めて重い」と退けた。

一審東京地裁の裁判員裁判判決は「落ち度のない三人を残忍な方法で殺害した」として死刑を言い渡し、東京高裁も支持した。

判決によると、二〇一〇年一〇月、同性愛の交際相手だった男性を連れ戻すため、男性の山形市の実家に放火し両親を殺害。二〇一一年一一月には東京都内のマンションで、交際していた別の男性の母親に大型のたらいをかぶせて中で炭を燃やし、一酸化炭素中毒死させたとされる。

□ 六月一六日最高裁第一小法廷（大谷直人裁判長）

石巻三人殺傷事件で元少年の上告棄却・死刑確定判決

宮城県石巻市で二〇一〇年に起きた三人殺傷事件で、殺人罪などに問われ一、二審が死刑とした元少年（二四歳＝犯行時一八歳）の上告を棄却し、死刑確定判決を言い渡した。

永山則夫元死刑囚の死刑が確定した一九八三年以降、犯行時少年の死刑確定は七人目となる。

事件では二人が死亡、一人が重傷を負った。少年による犠牲者二人の事件で死刑となったのは、山口県光市母子殺害事件に続き二人目。重大事件では少年にも厳罰が適用される流れができつつある。

判決は元交際相手の少女を連れ去るため、妨害する者は殺害もやむなしと考えた点について「身勝手極まりない動機で、二人の命を奪った結果は誠に重大」とし、「年齢や前科がないという事情を踏まえても、深い犯罪性に根差した犯行と言うほかなく、刑事責任は極めて重い」「一八歳七カ月の少年で前科がないとはいえ、動機、態様などを総合すると深い犯罪性に根差した犯行というほかない。男性や遺族の処罰感情が厳しいのも当然だ。一定の反省の念や被害者や遺族に対する謝罪の意思を表明していることを考慮しても刑事責任は極めて重大で、死刑は是認せざるを得ない」とした。

裁判官全員一致の意見。

被告や母親らが一審の法廷で話した内容によると、五歳の時に両親が離婚し、母親に引き取られた。離婚と再婚を繰り返した母親は、付き合っていた男性から暴力を振るわれるなどしてアルコール依存症に。その後は祖母方で育った。高校は友人への暴力が原因で中退。美容師を目指したがすぐ挫折した。二〇〇九年に交際していた少女との間に子どもが生まれたが、やがて少女らに暴力を繰り返すようになり、二〇一〇年に三人殺傷事件を起こした。

事件は二〇一〇年二月一〇日、元交際相手の少女宅で、少女の姉（当時二〇歳）と、少女の友人（当時一八歳）を包丁で刺殺。居合わせた男性にも重傷を負わせ、車で少女を連れ去ったとされる。

弁護側は「精神的に未成熟な少年で、犯行に計画性もなかった」と死刑回避を求めていた。判決後に記者会見した主任弁護人は「この事件で死刑になるのはおかしい。被告の成育歴が人格形成に与えた影響などをまったく考慮していないし、その理由も説明していない」と批判した。

七月二〇日前橋地裁

高齢者三人殺傷事件で死刑判決

（鈴木秀行裁判長）

前橋市で二〇一四年、高齢者二人を殺害して一人に重傷を負わせ、現金や食料を奪ったとして強盗殺人罪などに問われた土屋和也さん（二七歳）の裁判員裁判で求刑通り死刑を言い渡した。

公判で、弁護人に「お金も食料もなく、誰かに相談しようと思わなかったか」と質問され、被告は「考えられなかった」とつぶやいた。幼少期を施設で過ごした被告が、対人関係が苦手なこともあって職を転々とし、孤立して事件に至る経緯が明らかになった。

弁護側によると、被告は両親が離婚し、四歳から中学卒業まで群馬県太田市の児童養護施設で育った。施設や学校ではいじめられ、教諭らに相談しても状況は変わらない。高校時代は福島県で祖父母、伯母と同居。伯母と不仲で、この家も「居心地が悪かった」（被告の法廷での供述）。高校卒業後に福島県内で就職した塗装会社を約八カ月で退職。かつて暮らした児童養護施設の紹介を受け、自立を援助するホームで約一〇カ月過ごした。生活保護を受給し、アパートで一人暮らしをすることもあった。二〇一〇年、前橋市のラーメン店に見習いとして就職。忙しくなるとパニックになり、ストレス解消のため携帯電話の課金ゲームに没頭した。ゲームなら他者とコミュニケーションが取れる。代金がかさみ、借金は約七〇万円になった。三年以上勤めたラーメン店を辞め二〇一四年七月、警備会社へ就職したが、約三カ月で退職。貯金や食料は底をつき、砂糖と水の生活になった。検察の取調べで被告は「飢えに我慢できなくなっていた」「まとまった金が欲しかった」と話した。児童養護施設に行くことや生活保護を再び受けることもなかった。弁護側は、被告は発達障害やパーソナリティー障害を抱えているとし、その影響で対人関係がうまく築けず困窮していた。障害のため衝動的に攻撃したもので、殺意は弱かったと主張した。

判決は「職場の不適応や借金などの問題にパーソナリティー障害が大きな影響を与えたというのは理解できる」としたが、「犯行を決意したのは障害の影響によるものでない」と退けた。「悔い改めることなく人命軽視の強盗殺人を二回行い、二人の命を奪い、一人に後遺症の残るけがを負わせた。結果は重大」「自分よりはるかに小柄で非力な高齢者に対する一方的な凶行で、卑劣かつ冷酷。稚拙だが計画的犯行で、強固な殺意に基づく執拗で残虐な殺害方法だった」とし、高齢者が多く住む住宅街で連続発生した無差別犯行で、社会的影響も大きかったとした。

判決によると、被告は二〇一四年一一月上旬、借金返済と生活苦のため強盗を計画。同月一〇日、市内の高齢女性（当時九三歳）宅に侵入して女性をバールや包丁で殺害し、現金約七千円などを強奪。同一二月一六日には高齢男性（当時八一歳）宅でリンゴ二個を盗み、男性を包丁で刺殺、その妻に重傷を負わせたとされる。

判決後、弁護人は被告について「判決を受け止め切れていない様子だった」と話した。

□ 七月二一日最高裁第一小法廷

（池上政幸裁判長）

長崎ストーカー殺人事件で上告棄却・死刑確定判決

長崎県西海市で、ストーカー被害を訴えた女性の母と祖母が殺害された事件で一、二審で死刑とされた筒井郷太さん（三一歳）の上告を棄却、死刑を確定させる判決を言い渡した。

判決は「女性を取り戻そうと一方的に執着し、障害と考えた家族を殺して排除しようとした動機に酌量の余地はない」と指摘。あらかじめインターネットで家族の住所を調べるなど計画性も高く、刑事責任は極めて重いとした。

弁護側は「警察に自白を強要された」などと無罪を主張したが、逮捕前に職務質問を受けた際、被告が凶器の包丁を所持し、衣服に被害者の血痕が付いていたことなどから、犯人と認められるとした。

判決によると、二〇一一年一二月一六日、西海市の女性の実家で、女性の母（当時五六歳）と祖母（当時七七歳）を刺殺したとされる。

被告は捜査段階で犯行を認めたが、公判では無罪を訴えた。一審長崎地裁の裁判員裁判判決は「捜査段階の自白は信用できる」と死刑判決。二審福岡高裁も支持した。

事件を巡っては当時、ストーカーの被害相談が、女性が住んでいた千葉、両親がいた長崎、被告の実家がある三重の三県警に寄せられながら、県警間の連携不備があったことが問題とされた。

□ 九月一三日広島高裁

（多和田隆史裁判長）

山口五人殺人事件で控訴棄却・死刑判決

山口県周南市の集落で住民五人を殺害したなどとして、殺人と非現住建造物等放火の罪に問われた保見光成さん（六六歳）に対し、控訴を棄却、一審山口地裁の死刑判決を支持。

判決は、第三者の犯行を疑わせる状況は見当たらず、被告が犯人との推認を妨げる事情はないと判断。「結果は極めて重大で、強固な殺意が認められる。一審の死刑判決を是認せざるを得ない」とした。

弁護側は無罪を主張し、「仮に被告が犯人だった場合でも、心神喪失か心神耗弱が認められるべきだ」としていた。被告は起訴後、精神鑑定で妄想性障害と診断されたが、判決は、犯行当時の完全責任能力を認めた一審の判断に不合理な点はないとした。

判決によると、二〇一三年七月、近所に住む夫妻（七一歳）や隣に住んでいた女性の頭などを木の棒で殴るなどして殺害。二軒に放火し、集落の別の男女二人も殺害したとされる。

□九月一四日大阪高裁（後藤真理子裁判長）

二人強盗殺人で控訴棄却・死刑判決

堺市で、元象印マホービン副社長（当時八四歳）ら二人を殺害し、金品を奪ったとして強盗殺人などの罪に問われた西口宗宏さん（五五歳）に対し、一審大阪地裁堺支部の裁判員裁判での死刑判決を支持、控訴を棄却した。弁護側は即日上告した。

判決は「身勝手で人命を軽視した犯行は強い非難に値する。計画的で強固な殺意が認められ、死刑とした一審の判断はやむを得ない」とした。

控訴審では弁護側が被告の脳に画像検査で萎縮が認められるとして「障害により心神耗弱だった可能性がある」などと新たに主張し、死刑回避を求めたが、判決は「当時の言動に異常はなく、影響を及ぼすような障害はなかった」と認定。「必要な道具などを準備して実行しており、完全責任能力が認められる」と判断した。

ラップを顔に巻き付ける殺害方法についても「被告は『ビニール袋より密着するのでラップを選んだ』と法廷で述べており、窒息死になると十分把握していた」と指摘。「死亡する可能性は分からず、成り行き任せの行為だった」との弁護側主張を退けた。

判決によると、被告は二〇一一年一一月、商業施設の駐車場で主婦（当時六七歳）を車に押し込んで現金などを強奪、ラップを顔に巻き付け殺害した。翌一二月には、知人だった元副社長宅に宅配便の配達員を装って侵入し、現金約八〇万円などを奪った後、被害者の顔にラップを巻き付けて窒息死させたとされる。

◇一〇月三日福岡地裁小倉支部（柴田寿宏裁判長）

小五女児殺人事件で無期懲役判決（死刑求刑）

福岡県豊前市で小学五年の女児（当時一〇歳）を殺害したとして、殺人や死体遺棄などの罪に問われた土建業内間利幸さん（四七歳）の裁判員裁判で、「最悪の性犯罪で刑事責任は重大」として無期懲役の判決を言い渡した。死刑求刑に対し、過去の判例との比較から「突出した残虐性、猟奇性はなく、死刑を科すほどに生命軽視の度合いが甚大とは言えない」とした。

判決は、顔見知りだった女児を言葉巧みに誘拐して暴行した上、口封じのために殺害したと指摘。「身勝手な動機に酌量の余地はない。女児の夢や希望、未来を奪い去った結果は重い」と厳しく非難した。被告には、小学生を含む女性らに対する性犯罪の前科があり「犯罪性は根深く、更生は困難」とした。

一方で、殺害に計画性はなく、過去の裁判例を見ると、同種事案では無期懲役としたケースが相当数あるとし「遺族の被害感情や社会的影響などを考慮しても、死刑とすることが相当とは認められない」とした。

検察は、被告が長期間服役し再犯防止プログラムを受けていたことを踏まえて「更生は期待できず、被害者が一人とはいえ、死刑が相当」と主張していた。

判決によると、豊前市内で二〇一五年一月三一日、わいせつ目的で女児を誘拐し、首を手で強く絞めて窒息死させ、遺体をバッグに入れて自宅に隠し、遺棄したとされる。

この判決に対して、被告・検察双方が控訴した。

◇一一月二日名古屋地裁（景山太郎裁判長）

殺人と傷害致死事件で無期懲役判決（死刑求刑）

女性を殺害して福井県の九頭竜湖に遺棄、交際相手の女性も窒息死させたとして、殺人と傷害致死の罪に問われ、死刑求刑された林圭二さん（四四歳）に対し、裁判員裁判で無期懲役判決を言い渡した。

二〇〇九年七月と一一月に二人の女性が行方不明になり、殺害された事件で、二人の女性の母親らは被害者参加制度で公判で極刑を求めていた。

被告は交際中の女性（当時二六歳）に暴力を振るい、有料サイトで金を稼ぐよう強要し、死に至らしめたとして傷害致死で起訴され、客として通った飲食店の店員（当時二七歳）を共犯者と共謀して殺害したとして殺人で起訴されていた。共犯者は懲役一四年の判決を受けた。

傷害致死事件では、二〇〇六年一二月、被告と同居していた女性から家族に「閉じ込められている。助けて」とメールが届き、両親と姉が被告の自宅から連れ戻したが、女性は数日後に「忘れ物がある」と家を出たきり戻らなかったとされる。

この判決に対し、地検は控訴せず、被告は判決を不服として控訴した。

□一一月八日名古屋高裁（山口裕之裁判長）

愛知の夫婦強盗殺人事件で控訴棄却・死刑判決

愛知県碧南市で会社役員（当時四五歳）と妻（当時三六歳）を殺害したとして、強盗殺人などの罪に問われた堀慶末さん（四一歳）に対し、一審の死刑判決を支持し控訴を棄却した。弁護側は夫婦殺害について「会社役員への殺意はなく、妻の殺害には関与していない」と主張したが、判決は殺意と妻殺害の共謀を認定。「強盗の計画、遂行に主導的な立場で、被告の関与なくしてこのような結果は生じ得なかった」とした。

被告は二〇〇七年に名古屋市の女性（当時三一歳）が殺害された闇サイト事件で、無期懲役が確定している。死刑が確定した場合、刑法の規定により無期懲役刑の執行は停止される。

一審判決によると一九九八年、男二人（強盗殺人罪などで無期懲役）と共謀して会社役員宅に侵入し、夫婦を殺害して約六万円を奪ったとされる。また二〇〇六年には名古屋市で女性の首を絞め約二万五千円を奪ったとされる。

□一一月二四日静岡地裁沼津支部（斎藤千恵裁判長）

干物店二人強盗殺人事件で死刑判決

静岡県伊東市の干物販売店で社長（当時五九歳）と従業員（当時七一歳）を殺害し現金を奪ったとして強盗殺人罪に問われた元従業員肥田公明さん（六四歳）の裁判員裁判で、「状況証拠から犯人と強く推認される。強固な殺意が認められる」として求刑通り死刑を言い渡した。

判決は「障害となる者を確実に殺害し金を奪おうとしており、非情で残虐。慎重に検討しても極刑はやむを得ない」とした。

凶器などの物的証拠がほとんどなく、被告は一貫して無罪を主張したが、判決は検察側が積み上げた状況証拠を認め、無罪主張には「不合理な弁解に終始し罪を免れることしか考えていない。反省の情は皆無」とした。

被告は公判で事件当日に店を訪ねたと認めたが「血まみれの二人を見つけて怖くなり、すぐに逃げた」と訴えていた。これについて斎藤裁判長は検察側の状況証拠を基に「二人が襲われた時刻ごろに少なくとも約四〇分間、店に滞在した。犯行に関与していないと考えるのは難しい」と退けた。

事件直後に盗まれたのとほぼ同額の現金を借金の返済などに充てたことも「偶然の一致とは考えられず干物店から持ち去ったものの可能性が高い」とした。

一方、検察側が県警のDNA型鑑定を基に、被告の服や車に付着した血痕が被害者のうちの一人のものと矛盾しないとした主張は「被害者の血液と断定できない」と認めなかった。

判決によると、二〇一二年一二月一八日、干物販売店で二人を刃物で刺した後、設定温度をマイナス四〇度に変更した店の業務用冷凍庫に閉じ込めて出血性ショックで殺害、店内にあった釣り銭用の現金や売上金など約三二万円を奪ったとされる。

最高裁は二〇一〇年、状況証拠のみの立証について「被告が犯人でなければ合理的に説明できない事実関係が含まれる必要がある」との判断基準を示した。

強盗殺人の法定刑は死刑か無期懲役だ。判決では、計画性は認められないとしたが、不合理な被告の弁解に対する遺族の被害感情の厳しさも重視された。

審理期間は二カ月に及び、裁判員は被告が無罪を訴える状況で「死刑か否か」の判断を強いられる裁判となった。

この判決に対して被告は控訴した。

◇一二月一四日岐阜地裁

（鈴木芳胤裁判長）

高齢夫婦刺殺事件で
無期懲役判決（死刑求刑）

岐阜県関市で女子中学生に対するいたずら目的で住宅に侵入し、女子中学生の祖父母（当時八一歳・七三歳）を刺殺したとして、殺人などの罪に問われ死刑を求刑された笠原真也さん（二二歳）に対する裁判員裁判で、無期懲役の判決を言い渡した。

判決は「強固な殺意による犯行。孫の成長を楽しみにしていた被害者の無念は想像するに余りある」とした。一方で死刑を回避した理由を「動機には精神障害の影響があり、強烈な不安で追い詰められたという面も完全には否定できない」とした。

被告は公判で起訴内容を認めており、弁護側は「精神障害が影響した犯行で綿密な計画性はなかった」と訴えていた。

判決によると、被告は二〇一四年一一月一一日正午ごろ、高齢夫婦と同居する中学生の孫娘にいたずらする目的で住宅に侵入。高齢夫婦の首などを牛刀で数回突き刺して死亡させたとされる。孫娘は当時家にいたが、外に逃げ出して無事だったとされる。

この判決に対して被告・検察双方とも控訴はせず、無期懲役刑が確定した。

◇一二月一九日名古屋高裁

（村山浩昭裁判長）

夫婦強盗殺人事件で
控訴棄却・無期懲役判決

愛知県碧南市で、会社役員夫婦を殺害したとして、強盗殺人などの罪に問われ、一審で無期懲役の判決を受けた建設作業員葉山輝雄さん（四七歳）に対し、一審を支持し控訴を棄却した。

弁護側は「関与は立証されていない」と無罪を主張したが、判決は「共犯とされる男らの証言は具体的で信用できる」と共謀を認定。その上で「従属的だったことや軽度の知的障害があることを考慮しても無期懲役を選択せざるを得ない」とした。

判決によると一九九八年六月、男二人と共謀し会社役員（当時四五歳）と妻（当時三六歳）の家に侵入。夫婦を殺害し現金約六万円を奪ったとされる。

共犯とされる二人のうち、堀慶末被告は死刑判決で上告中。佐藤浩受刑者は無期懲役判決が確定し受刑中。

◉二〇一六年の判決をふりかえって

二〇一六年の死刑判決は地裁で三人に、高裁で四人に、最高裁で六人にそれぞれ言い渡された。最高裁での死刑確定判決がやや多いが、死刑判決全体はこの一〇年間で減少傾向にあると言える。

地裁での判決は死刑求刑された七件はすべて裁判員裁判で、死刑判決は三件、無期懲役判決が四件と判断が分かれた。二〇一五年は死刑求刑されて無期懲役判決となった事件がゼロだったことと比較しても死刑求刑で無期懲役判決が増えていることは注目される。

三月一八日に神戸地裁で女児殺人事件で死刑判決が言い渡されたこととは対照的に、一〇月三日には福岡地裁小倉支部で女児殺人事件で無期懲役判決が言い渡されている。

神戸地裁の死刑判決は、その後の控訴審で破棄され、無期懲役判決が言い渡されている。殺された被害者が一人の事件で裁判員裁判で死刑を言い渡された四件の事件のうち三件は高裁で破棄され、無期懲役とされている。

残る一件は被告が自ら控訴を取り下げて死刑を確定させた事件であり、その確定した一件である住田紘一さんは二〇一七年七月一三日に死刑を執行された。

控訴審が維持されていたら過去の最高裁判決から見ても高裁で死刑判決が破棄された可能性は大きかったと思う。

これまでも同じような事件で死刑求刑されながら判決が死刑と無期懲役に分かれることは多かった。地裁と高裁で判断が変わることも多い。

一九八一年八月二一日の第一次永山則夫裁判控訴審での無期懲役判決（船田判決）が投げかけた死刑制度の矛盾のひとつとしてある死刑と無期懲役の決定的な差をどう考えるかは今後も大きな課題だと思う。

二〇一六年は一審の死刑判決が高裁で破棄されたり、一審の無期懲役判決が高裁で破棄されるケースは一件もなかった。

また一一月二四日の静岡地裁沼津支部での夫婦殺人事件では凶器が発見されておらず、目撃者も自白もなく、無罪を主張する被告に対して状況証拠だけで死刑判決が言い渡されたことには大きな疑問が残る。

裁判員制度がスタートしてから丸八年になるが、裁判員を選ぶ手続きへの出席率は年々低下しており、二〇一六年では六三％にまで落ち込んでいる。

とりわけ死刑求刑事件や長期裁判が予想される無罪主張事件は裁判員になることを回避する人が増えるのは当然である。

裁判員経験者の中からも死刑が予想される事件の裁判から裁判員制度を除くべきだという声があがっている。

裁判員裁判と死刑についてはもっと議論を尽くすべきだと思う。

事件当時一八歳の少年に対してはじめて裁判員裁判で死刑を言い渡した石巻事件で、最高裁は死刑を確定させる判決を出したが、光市事件に引き続き少年に対する厳罰主義傾向が強まることは重大な問題である。

二〇一六年末の確定死刑囚は袴田巖さんを含めて一二九人になるが、その七割の人が再審請求中である。今年七月一三日に金田勝年法相（当時）の命令で再審請求中の一名が死刑執行されたが、断じて許すことはできない。

過去に再審で無罪となった元死刑囚も何回目かの再審請求がようやく認められた結果、無罪となって生還したのであり、再審請求を何回申立てようとも、それは死刑確定者の権利であり、裁判所が判断していないものを法務省が勝手に判断して死刑を執行するなど絶対に許してはならない。

また死刑確定者が再審請求中に獄死する事態がここ数年続いている。二〇一六年は二名が獄死した（すでに二〇一七年も大道寺将司さんを含めて二名が獄死）。

再審を開始することなく、病死するまで拘禁し続けることは形を変えた死刑執行と言わざるをえない。

死刑と無期懲役の違いはどこにあるのか、死刑と誤判の問題、死刑と裁判員裁判と被害者参加制度など死刑をめぐる問題点が現実の裁判の中で顕在化してきたと思う。

さらに議論を深めていこう。二〇一六年一〇月に福井で開かれた日弁連人権擁護大会で死刑廃止宣言が採択されたことや国際社会の動きともつながりながら、死刑判決を減らすこと、死刑執行を許さない闘い積み上げ、死刑廃止に向けた声を広げていこう。

死刑をめぐる状況

死刑廃止運動にアクセスする

2016—2017

廃止運動団体・フォーラム・ネットワークなど

新たに寄せられた自己紹介文を掲載しています。
団体の自己紹介のないものに関しては前号あるいは前々号を参照して下さい。
今後も全国各地の情報をお寄せ下さいますようにお願いします。

● 死刑廃止連絡会・みやぎ

住所→〒980-0914　仙台市青葉区堤通雨宮町一一—一八（聖ドミニコ会北仙台修道院　相良なるみ気付）
TEL→022-273-3919
E-mail→magdarenasagara@yahoo.co.jp

● 救援連絡センター

住所→〒105-0004　東京都港区新橋二—八—一六　石田ビル五階（ＪＲ新橋駅日比谷口ＳＬ広場から徒歩三分）
TEL→03-3591-1301　FAX→03-3591-3583
E-mail→kyuen@livedoor.com
HP→http://qc.sanpal.co.jp/
郵便振替→00100-3-105440

● アムネスティ・インターナショナル日本 死刑廃止ネットワーク

アムネスティ・インターナショナルは、すべての人が人権を享受し、人間らしく自分らしく生きることのできる世界を目指して、世界規模で活動している国際人権団体です。

現地調査に基づき、さまざまな国・地域で起きている人権侵害を告発し、主に署名・はがき書きという形で世界中の市民の参画を得て、状況改善のために各国政府や組織などに働きかける、というのが運動の基本的なアプローチです。

現在、世界二〇〇の国・地域で七〇〇万人が活動に参加しています。この「数の力」と調査力で、人権侵害を受けている個人の救済から、世論の形成、人権侵害を助長する法や慣習などの廃止、人権を保護する法の導入などを成し遂げています。

また、現地調査で得た情報を活用して、国際人権法の観点から国連などの人権機関に提言をしたり、各国政府へのロビー活動などをしています。

運動の出発点は、政治的意見や信念、人種、宗教などを理由に逮捕・拘禁されている人々の釈放であり、現在ではさまざまな差別の廃止、難民・移民の保護、表現の自由、紛争下の人権侵害、拷問撲滅など、活動のテーマは多岐にわたっています。

その中で、「生きる」という基本的人権を否定する「死刑」の廃止は、根幹をなすテーマのひとつです。

死刑制度を持つ日本での活動は、毎年死刑をめぐる世界動向をメディアに発表する等の情報発信に加え、死刑廃止について考えるセミナーの開催、死刑執行時の抗議活動、関連映画の上映などを、ボランティアチームが中心となって行っています。二〇一六年にはドキュメンタリー映画『望むのは死刑ですか 考え悩む〝世論〟』の上映と長塚洋監督のトークイベントを開催し、映画さながらに死刑について参加者同士で意見を交換しました。

連絡先➡公益社団法人アムネスティ・インターナショナル日本　東京事務所
住所➡〒101-0052　東京都千代田区神田小川町二―一二―一四　晴花ビル七階
TEL➡03-3518-6777　FAX➡03-3518-6778

死刑廃止国際条約の批准を求めるフォーラム90（フォーラム90）

一九九〇年春、前年国連で「死刑廃止国際条約」が採択されたのを機に、アムネスティ・インターナショナル、死刑執行停止連絡会議、JCCDの三団体が条約批准を求める運動を通して全国の廃止論者を顕在化させるフォーラム運動を呼びかけた。賛同人は全国で約五〇〇〇人。

二〇一六年は以下の行動を行った。

一月一三日、前年一二月の執行に対する抗議集会（参議院議員会館）。

二月一三〜一九日、第六回死刑映画週間（ユーロスペース）。

三月二五日、死刑執行。記者会見、法務省前行動。

三月二六日、「ジンギスカンの末裔が死刑を廃止す」呉豪人（早稲田奉仕園）。

四月二日、「岩城光英法相の地元で映画『ふたりの死刑囚』を鑑賞し、死刑執行停止を求める集会」（いわき産業創造会館）。

四月二七日、執行抗議集会（参議院議員会館）。

七月三日、佐藤大介、米国・死刑取材現場からの報告（文京区民センター）。

一〇月六〜七日　日弁連人権大会に参加。フォーラムTシャツを着て、フォーラム・ニュース別冊を配布。

一〇月一五日、響かせあおう死刑廃止の声二〇一六「死刑と憲法」（牛込箪笥区民ホール）。

一一月三日、死刑存置派の研究者が語る死刑研究の最前線、永田憲史（東京仕事センター）。

一一月一一日、死刑執行。記者会見、法務省前行動。

一一月二六～二七日、死刑廃止全国交流合宿（築地本願寺）。

一一月二九日、執行抗議集会（参議院議員会館）。

フォーラム90のニュースレターは毎号四二〇〇部発行、二〇一七年九月末で一五五号。他に日弁連人権大会配布のため号外を発行した。

ホームページ内にある死刑廃止チャンネルには集会、映画週間のトークショーなどの動画を掲載している。

住所➡〒107-0052　東京都港区赤坂二—一四—一三　港合同法律事務所気付
TEL➡03-3585-2331　FAX➡03-3585-2330
HP➡http://www.jca.apc.org/stop-shikei/index.html
死刑廃止チャンネル➡http://forum90.net/

「死刑に異議あり！」キャンペーン

連絡先➡公益社団法人アムネスティ・インターナショナル日本
住所➡〒101-0052　東京都千代田区神田小川町二—一二—一四　晴花ビル七階
TEL➡03-3518-6777
E-mail➡abolition21@amnesty.or.jp
HP➡http://www.abolish-dp.jca.apc.org/

ユニテ

ユニテは獄外協力者と連携しつつ死刑の廃止、人権問題、処遇の改善などを目指し、罪の問い直しを自らに課し、その実現に一歩でも近づけるべく情報交換の場として機関誌『希望』を発行しております。

現在「ユニテ」では、弁護士も依頼できない仲間のため「再審学習会」を開催しており、『希望』はその活動、及び円滑化を図るため重要な役割をも担っております。

なお『希望』発行に当たりましては、皆々様の心温まる御尽力、御厚情により賄っており、今後とも、御支援、御協力のほどよろしくお願い致します

住所➡事務局　〒756-0817　山口県山陽小野田市大字小野田五五〇—三四　堀江英世気付「ユニテ」
郵便振替➡00190-0-77306「ユニテ」

被拘禁者更生支援ネットワーク麦の会

「麦の会」の活動の中心は二つです。

獄中者の心を支え、内面からの真の更生の支えとなるような文通支援、獄中と社会を結ぶ機関誌『和解』（年三回）の発行です。『和解』誌は獄内外の方からの投稿で作られ、双方が新たな気づきを得る貴重な交流の場ともなっています。

死刑廃止は『和解』誌を通して、獄中と社会の方々に呼び掛けております。

以上のような活動を継続していくために、死刑問題や更生に関心を持って下さる方にはカンパや文通支援のご協力をお願いしております。皆さまのご連絡をお待ちしています。

住所➡〒359-0023　埼玉県所沢市東所沢和田一—二六—三一　聖ペトロ・パウロ労働宣教会内　麦の会事務局代表 ジュリアーノ・デルペーロ
TEL・FAX➡04-2945-0510
E-mail➡wakainet@gmail.com

●都高教・死刑に反対する会

住所➡〒224-0007　横浜市都筑区荏田南一—二〇—一—四〇六　小笠原博綜

●死刑廃止キリスト者連絡会

HP➡http://www.jca.apc.org/haikiren/
E-mail➡haikiren@jca.apc.org/

●監獄人権センター（CPR）

刑事施設などの人権状況を国際水準に合致するよう改善していくことと、死刑制度の廃止などを目的に一九九五年に設立。

中心的事業である被収容者からの手紙相談は、二〇一六年中、約一〇〇〇件が寄せられ、ボランティアが随時対応しています。

三月の岩城光英法務大臣、一一月の金田勝年法務大臣による死刑執行に対しては抗議声明を日本語・英語で発表。アムネスティ日本、フォーラム90、死刑を止めよう宗教者ネットワークとの共同記者会見に参加しました。

そのほか、二月より公開の映画「望むのは死刑ですか～考え悩む〝世論〟」に田鎖麻衣子事務局長が出演、弊会で上映・広報協力を行いました。五月にウイーンで開催された「国連犯罪防止刑事司法委員会」に参加。六月にオスロ（ノルウェー）で開催された「第六回死刑廃止世界大会」

に、冤罪死刑囚・袴田巌さんの姉、秀子さんとともに田鎖事務局長が参加。八月、ヨハネスブルグ（南アフリカ）で開催された「国際人権連盟（ＦＩＤＨ）第三九回コングレス」に参加しました。また、一〇月に東京・四谷で人権セミナー「どうなる？どうする？死刑のない国の刑罰」を開催しました。同じく一〇月、日弁連が人権擁護大会（福井県）で「死刑制度の廃止を含む刑罰制度全体の改革を求める宣言」を発表し、海渡雄一代表が実行委員として宣言の提案理由説明を行いました。

住所➡〒160-0022　東京都新宿区新宿一—三六—五　ラフィネ新宿九〇二　アミカス法律事務所気付
TEL・FAX➡03-5379-5055
HP➡http://cpr.jca.apc.org/

◡東京拘置所のそばで死刑について考える会（そばの会）

東京拘置所の最寄駅である綾瀬駅前で毎月一度のビラ配りを続けています。二〇一六年の一年間のビラのタイトルを紹介します。

一月「弁護人は信用できませんか？／控訴を取り下げた死刑囚」、二月「どうして「嘘の自白」をするのか？／だれでも「自白」させられます！」、三月「無差別殺傷事件の動機／死刑が誘発する犯罪」、四月「法務大臣の地元（いわき市）で考える／死刑がなぜ必要なのか」、五月「憲法を守る？憲法で守る？憲法が守る？／死刑から考える憲法」、六月「冤罪は減るのか？増えるのか？／刑事訴訟法等の「改正」」、七月「心の準備はできていますか？／アメリカで死刑が廃止されたら……」、八月「目には目を、というけれど／死刑は「報復」になりますか？」、九月「死刑事件に直面するとき／加害者・被害者の思いは？」、一〇月「日弁連の人権擁護大会宣言／2020年までに死刑廃止を」、一一月「死刑判決を受け入れた人たち／執行しやすい人から

死刑判決を受け入れた人たち
執行しやすい人から執行される
死刑について考えてみませんか

東京拘置所のそばで死刑について考える会（そばの会）
東京都荒川区南千住1—59—6—302
http://sobanokai.my.coocan.jp/

衆議院議員"がねだ勝年公式サイト
漫画"がねだ勝年物語より

11月11日、死刑の執行がありました。

福岡拘置所で執行された田尻賢一さんは2011年に熊本地方裁判所の裁判員裁判で死刑判決を受け、そのわずか半年後に福岡高裁で控訴を棄却され、最高裁への上告は自ら取り下げて死刑判決が確定した人でした。

★☆★

日本の裁判は地裁、高裁、最高裁と3回もチェックがあるのだから、誤った判決が確定してしまうことはめったにないだろうと思っていませんか？　しかし、実際には、地裁や高裁だけで裁判が終わる人も少なくありません。執行された彼の場合、その期間から考えると、控訴審といっても極めて形式的に片づけられたようです。

★☆★

8月に就任したばかりの金田勝年法務大臣は、任命されるまで司法の問題には何の関係もなかった方です。そんな法務大臣が死刑の執行命令書に躊躇《ちゅうちょ》なくサインできたのは、自分で上訴を取り下げたのなら、その裁判には何の問題もなかったのだろうし、本人が反省して死刑を受け入れたのなら、その執行にも問題がないはずだ、と思われたからではないでしょうか。

おまけに、一般市民が参加する裁判員裁判の結果を尊重するというお墨付きもありました。

裁判員裁判で死刑になった人への執行は2件目になりますが、前回の執行の対象になった人も、自ら控訴を取り下げてしまった人でした。裁判員裁判で一般市民の裁判員も死刑を認め、本人も上訴せず、死刑を受け入れているという、執行しやすい人が執行されています。

★☆★

本人の精神状態や、法律や裁判に関する知識の有無などを考慮すれば、上訴を本人の意思に任せることには非常に問題があります。事件の一部を否認しながらも、さまざまな事情から、早く裁判を終わらせてしまいたいと全部を認めてしまうケースはたくさんあります。特に死刑のような重い刑罰を科す場合は、本人の意思によらず、必ず上級の裁判所でも審理されなければならないという「必要的上訴制度」（当然、弁護人が付きます）の導入こそ法務大臣には検討してほしいことです。

★緊急★死刑執行抗議集会（仮称）
11月29日（火曜）午後6時30分～
参議院議員会館B104

No. 229/2016/11/19/300

執行される」、一二月「死刑になるからと犯罪を思いとどまった人はいますか？／2020年までに死刑廃止を」。

そばの会は活動をはじめて二〇年になります。のびずに続けてきたことが評価され、第二八回多田謡子反権力人権賞を受賞しました。各地で地道に続けられている様々な死刑廃止運動全体への激励として受けとめたいと思います。

受賞発表会で壇上に紹介される「そばの会」の仲間たち
2017年12月17日／連合会館

毎月一度、駅前でお待ちしています。日時等、ホームページで御確認ください。

住所➡〒116-0003　東京都荒川区南千住一—五九—六—三〇二

HP➡http://sobanokai.my.coocan.jp/

●TOKYO1351

TOKYO1351は、二〇一六年一二月に発足した有志団体です。

これまで死刑廃止フォーラムやアムネスティで死刑廃止運動をしてきた若手のメンバーや、メディア人として長く死刑問題に取り組んできた人、死刑存置の立場から死刑問題を重要と考えている人、はたまたこれまで死刑制度に何の関心もなかったけれど最近たまたまこの問題に出会い関心を持ち始めた人……などなど、二〇代から四〇代のメンバーが中心となり活動を始めています。

TOKYO1351

活動の目的は、死刑制度についての関心と議論を、広く世の中に喚起することです。

そのために、死刑廃止に偏らず、死刑制度について開かれた議論のできる機会を多様に設けるべく活動しています。

具体的には、ネットメディアのニコニコ生放送とタイアップし、年に数回、死刑制度について深く議論する討論番組を放送し、また、下北沢の小さなライブハウスを借り切って、ミュージシャンらと共に、柔らかくフランクに死刑問題について語り合うライブやトークの機会をもっています。

これらの活動を通して、死刑廃止が劣勢なこの日本において四半世紀を超えて驚異的な持続力で維持されてきた死刑廃止運動の果実を、より多くの特に若い世代の人々と共に享受していけたらと、また、廃止運動が廃止運動のゆえになかなかリーチしづらかった死刑存置論者たちとも議論を深めながら、死刑存置八割の側に属する「多数派」の人々と、死刑について、命について、この時代と社会について、ひいてはどう生きるのかについて、共に考えまた考えていけたらと願っています。

FB ➡https://m.facebook.com/TOKYO1351/

◉真宗大谷派死刑廃止を願う会

住所➡「願う会」事務局　〒432-8021　浜松市佐鳴台五―一七―二二―A一〇六　楯《たて》泰也気付

◉死刑廃止フォーラム・金沢

住所➡〒921-8111　金沢市若草町一五―八　志村恵

TEL・FAX➡076--280-3421

◉死刑廃止フォーラム・イン静岡

住所➡〒432-8021　浜松市佐鳴台五―一七―二二―A一〇六　笹原方　死刑廃止フォーラム・イン静岡事務局

◉死刑廃止フォーラムinなごや

一九九二年九月二七日、愛知県勤労会館で、「死刑廃止フォーラムinなごや――国際条約批准の実現にむけて――」の集会が開催されました。参加した市民は約六〇〇人の大集会でした。この集会を企画した実行委員のうちの有志二〇名ほどで立ち上げた継続的活動組織が集会と同名の「死刑廃止フォーラムinなごや」です。

死刑廃止フォーラムinなごやの活動はおよそ二五年に及びます。一九九三年には後藤田法務大臣（当時）による死刑執行の再開に抗議する街頭行進をしたりもしましたが、以後の活動は、概ね、高校生を主たる対象とするサマーセミナーへの出講と春期と秋期の年二回の講演会等の開催が定例的なものでありました。死刑の執行があれば、抗議声明を発することも続けてきました。

発足後一〇年程度が経過するころから、活動メンバーの減少と固定化の傾向が避けられませんでした。毎月開催の定例会を隔月開催にしたりもしましたが、毎回の定例会に参加するメンバーが数名にまで落ち込む状態が続き、春期の企画の立案も難しくなりました。そのような状況で「細々と」活動を続けてきましたが、二年程前に、組織運営の再興を期して呼びかけたところ、幸い、約一〇名の新メ

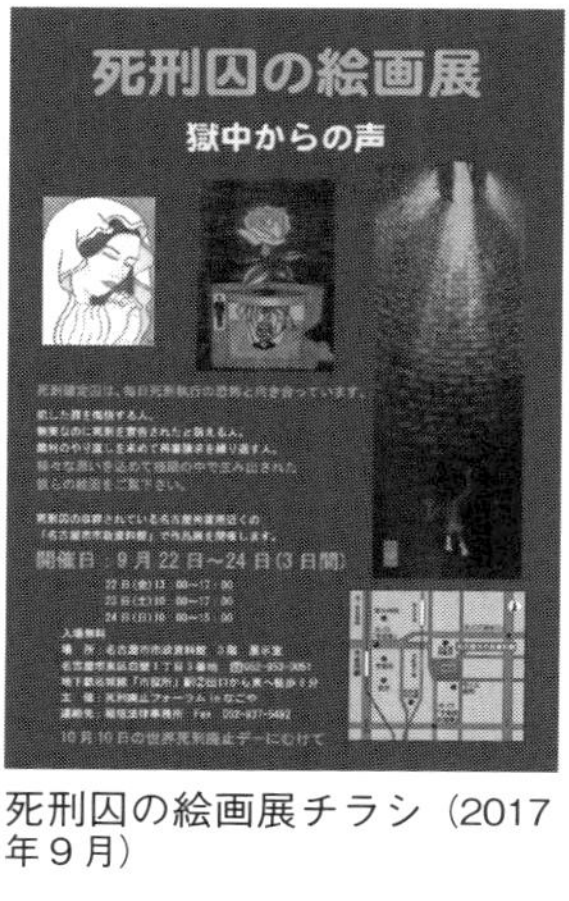

死刑囚の絵画展チラシ（2017年９月）

ンバーが得られ、昨年（二〇一六年）三月には、新メンバーを含めた一三名で死刑制度の問題点を深く論じ合う内部的な勉強会を開くことができました。

新メンバーのエネルギーを得て、昨年一〇月一〇日、死刑廃止デーにちなむ企画として、愛知県立大学の川畑ゼミと提携し、元法務大臣平岡秀夫氏を講師とする講演会、長塚洋監督の映画「望むのは死刑ですか」の上映会を同時に開催しました。講演や映画の上映を受けて、参加者の自由討議では活発な発言が続き、会場は熱気に包まれました。

私たちは死刑制度の廃止に向け、一歩一歩、丁寧な歩みを続けます。

住所：〒461-0023 名古屋市東区徳川町1310 稲垣法律事務所
住所➡〒461-0023　名古屋市東区徳川町一三一〇　稲垣法律事務所

「死刑を止めよう」宗教者ネットワーク

発足の経緯

イタリアの聖エジディオ共同体が主催した死刑廃止セミナー『生命のために連帯を』（二〇〇三年五月、東京・四谷）に参加した宗教者が、「死刑の執行を停止させ、死刑についての議論を広く行い、命について考える機会をできるだけ多く設けよう」という目的のもと、①情報交換や共同行動を行う、②一年に数回集会を行う―ことを目指して、二〇〇三年六月、超教派のネットワークを発足しました。

私たちの考え

私たちは各宗教に共通する「命を大切にする価値観」に基づき、死刑に関わるさまざまな方々（死刑囚、被害者遺族、刑務官、教誨師など）のお話から学んで、死刑について次のように考えています。

▽どんな人の命も人の手で奪うことは許されないと考えます。

▽どんな罪を犯した人であっても、悔い改める可能性があり、その機会を奪うことはできないと考えます。

▽被害者の癒しは応報的な刑罰によってではなく、被害者への心理的・社会的支援に向けた努力によってなされるべきだと考えます。

▽犯罪は、力によって押さえ込むのではなく、罪を犯した背景を考え、更生を社会全体で支えていくことによってこそ、抑止できると考えます。

マスコミによって連日のように凶悪犯罪が報道され、死刑判決が激増し、死刑の大量執行が定着しようとしている今こそ、少し立ち止まって、死刑について、罪とゆるし、癒しと和解について共に考える機会を提供できればと考え、活動しています。

◇二〇一六年度活動内容（二〇一六年四月〜二〇一七年三月）

死刑廃止セミナー（年二回）

◎第23回セミナー「えん罪救済センター

を立ち上げて―膨大な情報から浮かびあがる えん罪の真実」九月一日京都真宗教化センターしんらん交流館。講演・稲葉光行さん（立命館大学政策科学部・教授、えん罪救済センター・代表）

◎第24回セミナー「２０２０―死刑廃止へ！ 死刑廃止のために何を為すべきか」一七年二月一四日、京都真宗教化センターしんらん交流館。講演・高山佳奈子さん（京都大学大学院法学研究科・教授）

死刑執行停止を求める―諸宗教の祈りの集い（年一回）

二〇一六年一二月一三日、京都 日本キリスト教団室町教会

各宗派・団体から死刑執行停止を求めるメッセージと祈り（仏教・神道・キリスト教・市民団体など）、ミニコンサート（ウード奏者 常見裕司さん）、献灯

署名・要請文・集会参加

◎「死刑執行の停止を求める声明」を法務大臣に提出。二〇一六年一一月一一日

◎死刑執行抗議集会、共催。

◎「第26回死刑廃止全国交流合宿」に参加、一一月二六～二七日、築地本願寺

◎聖エジディオ共同体「ともに死刑を考える国際シンポジウム―いのちなきところ正義なし」に参加、一〇月一五日、東京イタリア文化会館

住所➡〒600-8164 京都市下京区上柳町199 しんらん交流館 真宗大谷派（東本願寺）解放運動推進本部内「死刑を止めよう」宗教者ネットワーク事務局／
雨森慶為 amemorikeii@hotmail.com
TEL➡075-371-9247 FAX➡075-371-9224

死刑廃止を求める京都にんじんの会

京都でも、一般の映画館で死刑に関する映画を上映し、ふだん死刑制度について深く考える機会がない人にも死刑のいろいろな側面を知ってもらい、考えるきっかけにしてほしいと、これまで二回の死刑映画週間を行ってきました。

しかし、来場者が多くて入場できずに帰ってもらうことがあったり、入場者が少ないとフィルムを借りる費用がかさんでしまうなど、解決が難しい事態に直面してきました。

さらに、映画館を借りる条件も徐々にきびしくなり、映画館ではなく一般の公共施設で上映する形に変えるか、新たなミニシアターでの上映を追求するかという、方針転換を迫られています。

既存・新設のミニシアターにはエレベーターがなく、高齢のかた、車いすを使っているかたの入場が難しいなどの課題があり、一般の公共施設での上映では死刑について深く考えるきっかけに出会ってもらうという本来の目的が希薄になってしまうなど、いろいろと逡巡している状態です。

興味深い映画の発見や、型破りなメンバーの登場など、少しの刺激があれば活発に動き出せるはずなのです。

京都では、「死刑を止めよう」宗教者

ネットワーク、「京都から死刑制度の廃止をめざす弁護士の会」と連係をはかっていますが、死刑制度の是非について鋭く世に問う動きを作り出すまでには至っていないのが現状です。

かたつむりの会

かたつむりの会は一九七九年、「死刑廃止関西連絡センター」を前身として発足。一九八九年芝居仕立ての集会「絞められて殺されて」、一九九一年「寒中死刑大会」、一九九二年からの連続講座が『殺すことと殺されること』『死刑の文化を問いなおす』インパクト出版会から書籍化。二〇〇八年「死刑廃止！ 殺すな！一〇五人デモ」等、その他学習会への参加など。大阪拘置所での死刑執行が予想される時の夜回りや、死刑執行された日の夜には大拘前に集まって、形に囚われない各自思い思いの抗議（絶叫・読経・祈り・太鼓など）、死刑囚への激励を行なっています。毎年四月には大拘近く、大川沿いの桜のある公園で死刑廃止の横断幕を広げ皆で恒例のお花見（花より酒！）&夜回り。十月の世界死刑廃止デーの頃にも梅田にて死刑廃止を訴えてビラ配り、拘置所前夜回りをしています。

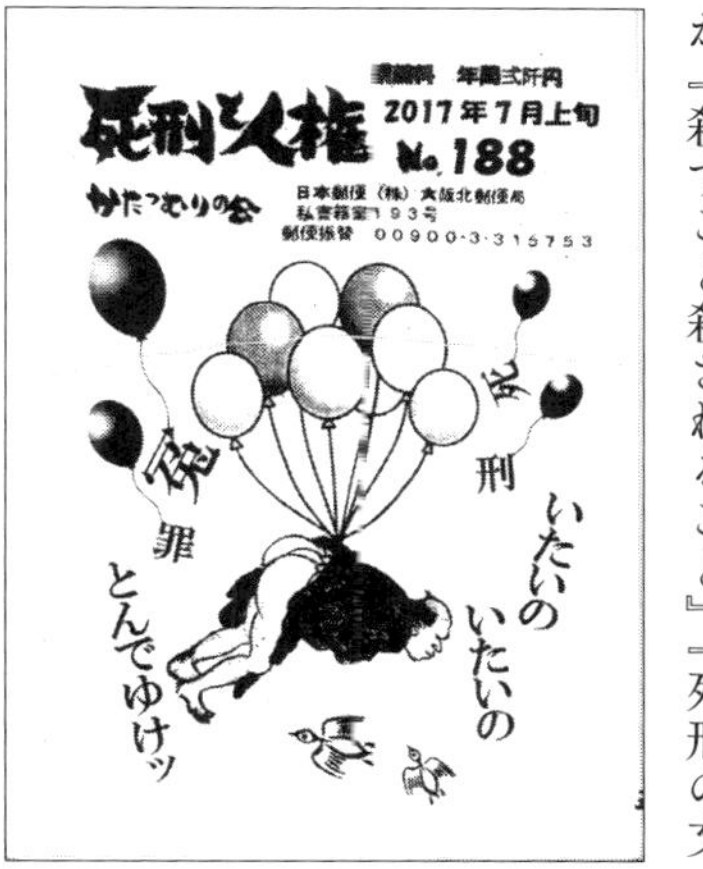

会誌として年五回「死刑と人権」という冊子を編集・発行しています。全国の刑事収容施設に収監され不当な処遇を受けている当事者からの訴えや、その他の方々の寄稿から広く人権問題や学習会などの活動記録も掲載しています。冤罪で国家から迫害されて殺されていく人達がいてる現実。日本に住んでいる限り誰しもが、いつ冤罪死刑囚として死刑制度の生贄にされるかも知れません。死刑制度を維持し殺人を犯した人々を抹殺していくなら確率は低いにせよ私たち無実の人々が殺されなければならない。それが死刑制度の大きな欠点なんや。

「死刑と人権」購読料➡年間二千円（年五回発行）
郵便振替➡00900-3-315753
連絡先➡日本郵便（株）大阪北郵便局　私書箱室一九三号
E-mail➡saitoon@sea.plala.or.jp（齋藤）

死刑廃止フォーラムinおおさか

一九九五年に死刑廃止の七つの運動体のネットワークとしてできた。

二〇一六年は二月に死刑廃止！ 市民の集い『前を訪う』と題し、真宗大谷派・南溟寺住職の戸次公正さんに節談説教『鹿ヶ谷縁起』と講演：高木顕明の大逆事件―二つの弾圧から見えてくるものをしていただき、浄土宗應典院さんに会場協力を貰い、寒い中結構な人数の方々に集って貰えました。

三月はアムネスティとの共同主催で高橋哲哉さんと岡野八代さんの対談講演をエル大阪でしました。

その後、大阪拘置所で死刑執行の抗議、大阪拘置所前での花見、夏には和歌山カレー事件集会。一〇月には世界死刑廃止デー行動。

毎月一回定例会をし、その時に大阪拘置所の死刑囚の方々に有志でハガキを書いて送ってます。

一二月は越年カンパとして、一人一人に千円札、絵ハガキ、官製ハガキ、一言コメントを添えて、外部交通権の向上を願ってやってます。

ご興味のあるかたは是非連絡ください。

住所➡〒530-0047　大阪市北区西天満一―一一―二〇　イトーピア西天満ソアーズタワー九〇四　中道法律事務所気付

公益社団法人アムネスティ・インターナショナル日本・死刑廃止ネットワークセンター大阪

アムネスティ・インターナショナルの大阪事務所を拠点として、死刑廃止を目指して一人でも多くの方に死刑制度の現状を知っていただき、関心を持っていただくために活動しているチームです。

毎月の定例ミーティングで各メンバーや他団体の活動状況とそれぞれの課題や計画を情報共有して今後の活動に生かしています。

定期的な活動としては、毎月第三木曜日と第三土曜日に、大阪事務所で誰でも参加できる「死刑廃止を考える入門セミナー」を開催しています。また、半年ごとに死刑に関する世界の最新ニュースをはじめ、死刑の問題を扱った映画評や書評、様々な方からの寄稿を掲載した小冊子「死刑廃止ニュース・スペシャル」を発行しており、今年の五月発行分が第54号となりました。

また、毎年死刑廃止をテーマにした講演会などのイベントも開いています。

昨年(一六年)は三月に死刑廃止フォーラムinおおさかと共催で高橋哲哉さんと岡野八代さんの対談講演会「死刑廃止への道」を開催し、六月にはドキュメンタリー映画「望むのは死刑ですか考え悩む〝世論〟」の自主上映と長塚洋監督によるトークセッションを行いましたが、多くの参加者に来ていただいてとても意義深い時間を共有することができました。

今年は一月に開催した池田浩士さんの講演会「ファシズムと死刑」に続いて、九月には中村一成さんによる死刑を考える講演会「虚構で究極のリアルを考える」を開催します。

究極の人権侵害である死刑制度の廃止について、関心をお持ちの方はぜひお声がけいただいて一緒に考え活動しましょう。

連絡先➡公益社団法人　アムネスティ・インターナショナル日本　大阪事務所・死刑廃止ネットワークセンター大阪
〒541-0045　大阪市中央区道修町三―三―一〇　大阪屋道修町ビル三〇二
TEL➡06-6227-8991　FAX➡06-6227-8992
E-mail➡shihaiamnesty@yahoo.co.jp

フォーラムひろしま

住所➡〒733-0011　広島市西区横川町一―一〇―一八―二〇五　猪原薫方
TEL・FAX➡082-294-2953
E-mail➡ino-bri@cap.ocn.ne.jp

死刑廃止国際条約の批准を求める四国フォーラム

住所➡〒791-0129　愛媛県松山市川の郷町今治谷
TEL・FAX➡089-977-5340
E-mail➡imabaridani@river.ocn.ne.jp

死刑廃止・タンポポの会

私たち「死刑廃止・タンポポの会」は、福岡の地で一九八〇年代から死刑廃止の活動を継続しています。

主な活動としては、①月に一回の例会を持ち、②年に数回、『わたげ通信』（今回一七年七月を持って通算六九号）、を発行し、③一〇月一〇日世界死刑廃止デーの近辺で集会を開催し、④死刑執行があった時には、天神で抗議のビラ情宣を行い、福岡で執行が為された時には福岡拘置所に抗議申し入れに行き、⑤福岡拘置所に在監死刑囚との外部交通を目論み、年末には、福岡拘置所在監死刑囚に

現金を差入れたり、⑥福岡拘置所在監死刑囚の再審請求支援の活動をしたりしています。

今年(二〇一七年)の世界死刑廃止デーの取り組みとしては、一〇月七日一四時より「無実の死刑囚、金川一さんのことを知っていますか?」と題して、永年「金川さんとともにあゆむ会」の活動をして来られた庄山功さんに、事件のこと、金川さんの近況について、お話していただきます。会場では、金川さんが獄中で描かれた絵の展示もする予定です。

死刑執行抗議関連では、二〇一六年一一月一一日福岡拘置所在監の田尻賢一さんの死刑執行が強行され、福岡拘置所に抗議の申し入れに行きました。拘置所側の対応としては、いつものように所長が出てこず、内山庶務課長と係長の事務的な受け取りという不誠実は対応でした。その後、天神で執行抗議のビラ撒き情宣行動を行いました。

また、今年の七月一三日大阪拘置所の西川正勝さんと広島拘置所の住田紘一さんの死刑執行が強行されたことに対し、天神でビラ撒き情宣行動を行いました。西川さんは、再審請求中にも拘わらず死刑執行されてしまったのです。再審請求中の死刑執行は、司法の判断を尊重すべき行政が、司法の最終判断を待たずに執行を強行したという二重の意味で許されないものです。安倍政権は、そこまで踏み込んで世界の趨勢に逆らい死刑を強行したのです。到底、許されません。

再審支援活動としては、倉吉政隆さんの再審支援のカンパを呼びかけ、山崎弁護士を選任し、第三次再審請求に取り組むことが出来ました。今なお、倉吉さんに対する切手や現金の差入れ等の外部交通は続けています。

住所➡〒812-0024 福岡市博多区網場町九—二八—七〇三 山崎方
TEL・FAX➡092-291-7896

◉個人救援会は除いています。今後も各地の情報をお寄せくださいますようにお願い申し上げます。

93年3.26以降の死刑確定囚（アミは被執行者及び獄死者）　（作成・フォーラム90）

氏名　　拘置先 判決日	事件名（事件発生日） 生年月日	備　考
尾田　信夫　　福岡 70.11.12 最高裁 70. 3.20 福岡高裁 68.12.24 福岡地裁	川端町事件 （66.12.5） 1946年9月19日生まれ	死因の一つとされる放火を否認して再審請求中。98.10.29 最高裁は再審請求棄却に対する特別抗告を棄却、その中で「一部無罪」も再審請求は可能と判断。
奥西　　勝（享年89歳） 15.10. 4 八王子医療刑務所で病死 72. 6.15 最高裁 69. 9.10 名古屋高裁　死刑 64.12.23 津地裁　無罪	名張毒ぶどう酒事件 （61.3.28） 1926年1月1日生まれ	一審無罪、高裁で逆転死刑に。05年4月、7次再審が認められたが、検察の異議申立で06年12月再審開始取消決定。10年4月最高裁、名古屋高裁へ差戻決定。12年5月名古屋高裁、再審開始取消決定。13年10月最高裁特別抗告棄却。15年第9次再審請求中に病死。同年11月6日、妹が第10次再審請求。
冨山　常喜（享年86歳） 03. 9. 3 東京拘置所で病死 76. 4. 1 最高裁（藤林益三） 73. 7. 6 東京高裁（堀義次） 71.12.24 水戸地裁土浦支部 （田上輝彦）	波崎事件 （63.8.26） 1917年4月26日生まれ	物証も自白も一切なし。 再審請求中に病死。
大濱　松三　　東京 77. 4.16 控訴取下げ 75.10.20 横浜地裁小田原支部	ピアノ殺人事件 （74.8.28） 1928年6月4日生まれ	精神鑑定次第で減刑もありえた。本人控訴取下げで死刑確定。
近藤　清吉（享年55歳） 93. 3.26 仙台拘置支所にて執行 80. 4.25 最高裁（栗木一夫） 77. 6.28 仙台高裁 74. 3.29 福島地裁白河支部	山林売買強殺事件等 （70.7/71.5）	1件を否認、4回にわたって自力で再審請求。
袴田　　巌　　釈放 80.11.19 最高裁（宮崎梧一） 76. 5.18 東京高裁（横川敏雄） 68. 9.11 静岡地裁（石見勝四）	袴田事件 （66.6.30） 1936年生まれ	一審以来無実を主張。14年3月27日静岡地裁再審開始決定。同日釈放。ニュースとして「さいしん」「無罪」「袴田ネット通信」などがある。
小島　忠夫（享年61歳） 93.11.26 札幌拘置支所にて執行 81. 3.19 最高裁（藤崎万里） 77. 8.23 札幌高裁 75. 9.　釧路地裁	釧路一家殺人事件 （74.8.7）	責任能力の認定等で再審請求、棄却。
小野　照男（享年62歳） 99.12.17 福岡拘置所にて執行 81. 6.16 最高裁（環昌一） 79. 9.　福岡高裁 78. 9.　長崎地裁	長崎雨宿り殺人事件 （77.9.24）	最高裁から無実を主張、自力で18年にわたり再審請求。初めて弁護人がつき、再審請求を申し立てた4日後に執行。
立川修二郎（享年62歳） 93. 3.26 大阪拘置所にて執行 81. 6.26 最高裁（木下忠良） 79.12.18 高松高裁 76. 2.18 松山地裁	保険金目当実母殺人事件等 （71.1/72.7）	一部無実を主張。

関　幸生（享年47歳） 93.11.26 東京拘置所にて執行 82. 9. 東京高裁（内藤丈夫） 79. 5.17 東京地裁（金隆史）	世田谷老女強殺事件 （77.12.3）	上告せず確定。
藤岡　英次（享年40歳） 95. 5.26 大阪拘置所にて執行 83. 4.14 徳島地裁（山田真也）	徳島老人殺人事件等 （78.11/12.16）	控訴せず確定。
出口　秀夫（享年70歳） 93.11.26 大阪拘置所にて執行 84. 4.27 最高裁（牧圭次） 80.11.28 大阪高裁 78. 2.23 大阪地裁（浅野芳朗）	大阪電解事件 （74.7.10/10.3）	
坂口　徹（享年56歳） 93.11.26 大阪拘置所にて執行 84. 4.27 最高裁（牧圭次） 80.11.18 大阪高裁 78. 2.23 大阪地裁（浅野芳朗）	大阪電解事件 （74.7.10/10.3）	
川中　鉄夫（享年48歳） 93. 3.26 大阪拘置所にて執行 84. 9.13 最高裁（矢口洪一） 82. 5.26 大阪高裁（八木直道） 80. 9.13 神戸地裁（高橋通延）	広域連続殺人事件 （75.4.3 〜）	精神病の疑いがあるにもかかわらず執行。
安島　幸雄（享年44歳） 94.12. 1 東京拘置所にて執行 85. 4.26 最高裁（牧圭次） 80. 2.20 東京高裁（岡村治信） 78. 3. 8 前橋地裁（浅野達男）	群馬3女性殺人事件 （77.4.16）	養父母との接見交通禁止に対しての国賠訴訟中の処刑。
佐々木和三（享年65歳） 94.12. 1 仙台拘置支所にて執行 85. 6.17 青森地裁	青森旅館主人他殺人事件 （84.9.9）	弁護人控訴の翌日、本人取下げで確定。
須田　房雄（享年64歳） 95. 5.26 東京拘置所にて執行 87. 1　控訴取下げ確定 86.12.22 東京地裁（高島英世）	裕士ちゃん誘拐殺人事件 （86.5.9）	本人の控訴取下げで確定。
大道寺将司（享年68歳） 17. 5.24 東京拘置所にて病死 87. 3.24 最高裁（伊藤正己） 82.10.29 東京高裁（内藤丈夫） 79.11.12 東京地裁（簑原茂広）	連続企業爆破事件 （71.12 〜 75.5） 1948年6月5日生まれ	「共犯」は「超法規的措置」により国外へ。交流誌「キタコブシ」。著書『死刑確定中』、句集『鴉の目』『棺一基』『残の月』などがある。
益永　利明　東京 87. 3.24 最高裁（伊藤正己） 82.10.29 東京高裁（内藤丈夫） 79.11.12 東京地裁（簑原茂広）	連続企業爆破事件 （71.12 〜 75.5） 1948年6月1日生まれ	旧姓片岡。「共犯」は「超法規的措置」により国外へ。国賠多数提訴。交流誌「ごましお通信」が出ていた。著書『爆弾世代の証言』がある。
井田　正道（享年56歳） 98.11.19 名古屋拘置所にて執行 87. 4.15 上告せず確定 87. 3.31 名古屋高裁（山本卓） 85.12. 5 名古屋地裁 （鈴木雄八郎）	名古屋保険金殺人事件 （79.11 〜 83.12） 1942年6月27日生まれ	上告せず確定。「共犯」の長谷川は93年に確定。
木村　修治（享年45歳） 95.12.21 名古屋拘置所にて執行 87. 7. 9 最高裁（大内恒夫） 83. 1.26 名古屋高裁（村上悦夫） 82. 3.23 名古屋地裁（塩見秀則）	女子大生誘拐殺人事件 （80.12.2） 1950年2月5日生まれ	恩赦出願したが、その決定が代理人に通知されないままの処刑。著書に『本当の自分を生きたい』がある。

秋山　芳光（享年77歳） 06.12.25 東京拘置所にて執行 87. 7.17 最高裁（香川保一） 80. 3.27 東京高裁（千葉和郎） 76.12.16 東京地裁	秋山兄弟事件 （75.8.25）	殺人未遂等を否認して再審請求。棄却。
田中　重穂（享年69歳） 95. 5.26 東京拘置所にて執行 87.10.23 最高裁（香川保一） 81. 7. 7 東京高裁（市川郁雄） 77.11.18 東京地裁八王子支部	東村山署警察官殺人事件 （76.10.18） 1929年7月13日生まれ	旧姓・小宅。
平田　直人（享年63歳） 95.12.21 福岡拘置所にて執行 87.12.18 最高裁（牧圭次） 82. 4.27 福岡高裁（平田勝雅） 80.10. 2 熊本地裁（辻原吉勝）	女子中学生誘拐殺人事件 （79.3.28） 1932年1月1日生まれ	事実誤認があるとして再審請求、棄却。
浜田　武重（享年90歳） 17. 6.26 福岡拘置所にて病死 88. 3. 8 最高裁（伊藤正己） 84. 6.19 福岡高裁（山本茂） 82. 3.29 福岡地裁（秋吉重臣）	3連続保険金殺人事件 （78.3 ～ 79.5） 1927年3月10日生まれ	3件中2件については無実を主張。
杉本　嘉昭（享年45歳） 96. 7.11 福岡拘置所にて執行 88. 4.15 最高裁（香川保一） 84. 3.14 福岡高裁（緒方誠哉） 82. 3.16 福岡地裁小倉支部 （佐野精孝）	福岡病院長殺人事件 （79.11.4）	被害者1人で2名に死刑判決。自力で再審請求をしていたらしいが、詳細は不明。
横山　一美（享年59歳） 96. 7.11 福岡拘置所にて執行 88. 4.15 最高裁（香川保一） 84. 3.14 福岡高裁（緒方誠哉） 82. 3.16 福岡地裁小倉支部 （佐野精孝）	福岡病院長殺人事件 （79.11.4）	被害者1人で2名に死刑判決。再審請求を準備していた。
綿引　　誠（享年74歳） 13. 6.23 東京拘置所にて病死 88. 4.28 最高裁（角田礼次郎） 83. 3.15 東京高裁（菅野英男） 80. 2. 8 水戸地裁（大関隆夫）	日立女子中学生誘拐殺人事件 （78.10.16） 1939年3月25日生まれ	再審請求中に病死。
篠原徳次郎（享年68歳） 95.12.21 東京拘置所にて執行 88. 6.20 最高裁（奥野久之） 85. 1.17 東京高裁（小野慶二） 83.12.26 前橋地裁（小林宣雄）	群馬2女性殺人事件 （81.10、82.7）	無期刑の仮釈放中の事件。
渡辺　　清　　　　大阪 88. 6. 2 最高裁（高島益郎） 78. 5.30 大阪高裁　死刑 （西村哲夫） 75. 8.29 大阪地裁　無期 （大政正一）	4件殺人事件 （67.4.24 ～ 73.3） 1948年3月17日生まれ	一審は無期懲役判決。4件中2件は無実と主張。
石田三樹男（享年48歳） 96. 7.11 東京拘置所にて執行 88. 7. 1 最高裁（奥野久之） 84. 3.15 東京高裁（寺沢栄） 82.12. 7 東京地裁（大関規雄）	神田ビル放火殺人事件 （81.7.6）	起訴から高裁判決まで1年半というスピード裁判。

日高　安政（享年 54 歳） 97. 8. 1 札幌拘置支所にて執行 88.10.11 控訴取下げ 87. 3. 9 札幌地裁（鈴木勝利）	保険金目当て放火殺人事件 （84.5.5） 1944 年生まれ	恩赦を期待して控訴を取り下げた。放火は認めているが、殺意は否認。
日高　信子（享年 51 歳） 97. 8. 1 札幌拘置支所にて執行 88.10.11 控訴取下げ 87. 3. 9 札幌地裁（鈴木勝利）	保険金目当て放火殺人事件 （84.5.5） 1947 年生まれ	恩赦を期待して控訴を取り下げた。放火は認めているが、殺意は否認。
平田　光成（享年 60 歳） 96.12.20 東京拘置所にて執行 88.10.22 上告取下げ 82. 1.21 東京高裁（市川郁雄） 80. 1.18 東京地裁（小野幹雄）	銀座ママ殺人事件他 （78.5.21/6.10）	恩赦を期待して上告取下げ、死刑確定。「共犯」野口は 90 年 2 月死刑確定。
今井　義人（享年 55 歳） 96.12.20 東京拘置所にて執行 88.10.22 上告取下げ 85.11.29 東京高裁（内藤丈夫） 84. 6. 5 東京地裁（佐藤文哉）	元昭石重役一家殺人事件 （83.1.29）	事件から二審判決まで 2 年。恩赦を期待してか上告取下げ、死刑確定。
西尾　立昭（享年 61 歳） 98.11.19 名古屋拘置所にて執行 89. 3.28 最高裁（安岡満彦） 81. 9.10 名古屋高裁 80. 7. 8 名古屋地裁	日建土木事件 （77.1.7） 1936 年 12 月 18 日生まれ	「共犯」とされる山根は無実を主張したが、最高裁で異例の無期懲役に減刑判決。
石田　富蔵（享年 92 歳） 14. 4.19 東京拘置所にて病死 89. 6.13 最高裁（坂上寿夫） 82.12.23 東京高裁（菅間英男） 80. 1.30 浦和地裁（杉山英巳）	2 女性殺人事件 （73.8.4/74.9.13） 1921 年 11 月 13 日生まれ	1 件の強盗殺人事件の取り調べ中に他の傷害致死事件を自ら告白、これが殺人とされた。前者の強殺事件は冤罪を主張。再審請求中に病死。
藤井　政安　　　　東京 89.10.13 最高裁（貞家克己） 82. 7. 1 東京高裁（船田三雄） 77. 3.31 東京地裁（林修）	関口事件 （70.10 ～ 73.4） 1942 年 2 月 23 日生まれ	旧姓関口。
神田　英樹（享年 43 歳） 97. 8. 1 東京拘置所にて執行 89.11.20 最高裁（香川保一） 86.12.22 東京高裁（萩原太郎） 86. 5.20 浦和地裁（杉山忠雄）	父親等 3 人殺人事件 （85.3.8）	控訴から二審判決まで半年、上告後 3 年で死刑確定。
宇治川　正（享年 62 歳） 13.11.15 東京拘置所にて病死 89.12. 8 最高裁（島谷六郎） 83.11.17 東京高裁（山本茂） 79. 3.15 前橋地裁（浅野達男）	2 女子中学生殺人事件等 （76.4.1） 1951 年 6 月 29 日生まれ	旧姓田村。覚醒剤の影響下での事件。再審請求中に病死。交流誌「ひよどり通信」。
野口　悟（享年 50 歳） 96.12.20 東京拘置所にて執行 90. 2. 1 最高裁（四ツ谷巌） 82. 1.21 東京高裁（市川郁雄） 80. 1.18 東京地裁（小野幹雄）	銀座ママ殺人事件他 （78.5.21/6.10）	「共犯」の平田光成は上告取下げで 88 年に確定。
金川　一　　　　福岡 90. 4. 3 最高裁（安岡満彦） 83. 3.17 福岡高裁 死刑（緒方誠哉） 82. 6.14 熊本地裁八代支部 無期（河上元康）	主婦殺人事件 （79.9.11） 1950 年 7 月 7 日生まれ	一審途中から無実を主張、一審は無期懲役判決。客観的証拠なし。

永山　則夫（享年48歳） 97. 8. 1 東京拘置所にて執行 90. 4.17 最高裁（安岡満彦） 87. 3.18 東京高裁　死刑 （石田穣一） 83. 7. 8 最高裁　無期破棄差戻 （大橋進） 81. 8.21 東京高裁　無期 （船田三雄） 79. 7.10 東京地裁　死刑	連続射殺事件 （68.10.11 ～ 11.5） 1949年6月27日生まれ	犯行時19歳。『無知の涙』『人民をわすれたカナリアたち』『愛か無か』『動揺記』『反―寺山修司論』『木橋』『ソオ連の旅芸人』『捨て子ごっこ』『死刑の涙』『なぜか、海』『異水』『日本』『華』など多数の著作がある。没後永山子ども基金設立。ペルーの貧しい子どもたちに支援をつづける。
村竹　正博（享年54歳） 98. 6.25 福岡拘置所にて執行 90. 4.27 最高裁（藤島昭） 85.10.18 福岡高裁　死刑 （桑原宗朝） 83. 3.30 長崎地裁佐世保支部 無期（亀井義朗）	長崎3人殺人事件等 （78.3.21） 1944年3月30日生まれ	一審の情状をくんだ無期判決が高裁で逆転、死刑判決に。
晴山　広元（享年70歳） 04. 6. 4 札幌刑務所で病死 90. 9.13 最高裁（角田礼次郎） 79. 4.12 札幌高裁　死刑 76. 6.24 札幌地裁岩見沢支部 無期	空知2女性殺人事件等 （72.5 ～ 74.5） 1934年5月8日生まれ	自白のみで物証もなく、違法捜査による自白として無実を主張。一審は無期懲役判決。再審請求中に病死。
荒井　政男（享年82歳） 09. 9. 3 東京拘置所にて病死 90.10.16 最高裁（坂上寿夫） 84.12.18 東京高裁（小野慶二） 76. 9.25 横浜地裁横須賀支部 （秦不二雄）	三崎事件 （71.12.21） 1927年2月4日生まれ	一審以来無実を主張。再審請求中に病死。家族が再審を引きつぐ。救援会の機関誌「潮風」。
武安　幸久（享年66歳） 98. 6.25 福岡拘置所にて執行 90.12.14 最高裁（中島敏次郎） 86.12. 2 福岡高裁 （永井登志彦）	直方強盗女性殺人事件 （80.4.23） 1932年6月20日生まれ	無期刑の仮釈放中の事件。
諸橋　昭江（享年75歳） 07. 7.17 東京拘置所にて病死 91. 1.31 最高裁（四ツ谷巌） 86. 6. 5 東京高裁（寺沢栄） 80. 5. 6 東京地裁（小林充）	夫殺人事件他 （74.8.8/78.4.24） 1932年3月10日生まれ	夫殺しは無実を主張。再審請求中に病死。
島津　新治（享年66歳） 98. 6.25 東京拘置所にて執行 91. 2. 5 最高裁（可部恒雄） 85. 7. 8 東京高裁（柳瀬隆治） 84. 1.23 東京地裁（田尾勇）	パチンコ景品商殺人事件 （83.1.16） 1931年12月28日生まれ	無期刑の仮釈放中の事件。
津田　　暎（享年59歳） 98.11.19 広島拘置所にて執行 91. 6.11 最高裁（園部逸夫） 86.10.21 広島高裁（久安弘一） 85. 7.17 広島地裁福山支部 （雑賀飛龍）	学童誘拐殺人事件 （84.2.13） 1939年8月15日生まれ	刑確定後、俳句の投稿を禁止された。
佐川　和男（享年48歳） 99.12.17 東京拘置所にて執行 91.11.29 最高裁（藤島昭） 87. 6.23 東京高裁（小野慶二） 82. 3.30 浦和地裁（米沢敏雄）	大宮母子殺人事件 （81.4.4） 1951年3月21日生まれ	「共犯」者は逃亡中に病死。

佐々木哲也　東京 92. 1.31 最高裁（大堀誠一） 86. 8.29 東京高裁（石丸俊彦） 84. 3.15 千葉地裁（太田浩）	両親殺人事件 （74.10.30） 1952 年 9 月 14 日生まれ	無実を主張。
佐藤　真志（享年 62 歳） 99. 9.10 東京拘置所にて執行 92. 2.18 最高裁（可部恒雄） 85. 9.17 東京高裁（寺沢栄） 81. 3.16 東京地裁（松本時夫）	幼女殺人事件 （79.7.28） 1937 年 3 月 12 日生まれ	無期刑の仮釈放中の事件。
高田　勝利（享年 61 歳） 99. 9.10 仙台拘置支所にて執行 92. 7　控訴せず確定 92. 6.18 福島地裁郡山支部 （慶田康男）	飲食店女性経営者殺人事件 （90.5.2） 1938 年 4 月 27 日生まれ	無期刑の仮釈放中の事件。控訴せず確定。
森川　哲行（享年 69 歳） 99. 9.10 福岡拘置所にて執行 92. 9.24 最高裁（大堀誠一） 87. 6.22 福岡高裁（浅野芳朗） 86. 8. 5 熊本地裁（荒木勝己）	熊本母娘殺人事件 （85.7.24） 1930 年 4 月 10 日生まれ	無期刑の仮釈放中の事件。
名田　幸作（享年 56 歳） 07. 4.27 大阪拘置所にて執行 92. 9.29 最高裁（貞家克己） 87. 1.23 大阪高裁（家村繁治） 84. 7.10 神戸地裁姫路支部（藤原寛）	赤穂同僚妻子殺人事件 （83.1.19） 1950 年 6 月 17 日生まれ	
坂口　弘　東京 93. 2.19 最高裁（坂上寿夫） 86. 9.26 東京高裁（山本茂） 82. 6.18 東京地裁（中野武男）	連合赤軍事件 （71 ～ 72.2） 1946 年 11 月 12 日生まれ	「共犯」は「超法規的措置」により国外へ。著書『坂口弘歌稿』『あさま山荘 1972』、歌集『常しへの道』『暗黒世紀』など。
永田　洋子（享年 65 歳） 11. 2. 6 東京拘置所にて病死 93. 2.19 最高裁（坂上寿夫） 86. 9.26 東京高裁（山本茂） 82. 6.18 東京地裁（中野武男）	連合赤軍事件 （71 ～ 72.2） 1945 年 2 月 8 日生まれ	「共犯」は「超法規的措置」により国外へ。著書『十六の墓標』『私生きてます』など多数。再審請求中に病死。
澤地　和夫（享年 69 歳） 08.12.16 東京拘置所にて病死 93. 7　上告取下げ 89. 3.31 東京高裁（内藤丈夫） 87.10.30 東京地裁（中山善房）	山中湖連続殺人事件 （84.10） 1939 年 4 月 15 日生まれ	上告を取下げて、確定。『殺意の時』『東京拘置所　死刑囚物語』『なぜ死刑なのですか』など著書多数。「共犯」の猪熊は 95 年 7 月確定。再審請求中に病死。
藤波　芳夫（享年 75 歳） 06.12.25 東京拘置所にて執行 93. 9. 9 最高裁（味村治） 87.11.11 東京高裁（岡田満了） 82. 2.19 宇都宮地裁（竹田央）	覚醒剤殺人事件 （81.3.29） 1931 年 5 月 15 日生まれ	覚醒剤と飲酒の影響下で、元妻の家族を殺害。
長谷川敏彦（享年 51 歳） 01.12.27 名古屋拘置所にて執行 93. 9.21 最高裁（園部逸夫） 87. 3.31 名古屋高裁（山本卓） 85.12. 5 名古屋地裁 （鈴木雄八郎）	名古屋保険金殺人事件 （79.11 ～ 83.12）	旧姓竹内。「共犯」の井田は上告せず 87 年確定。最高裁判決で大野正男裁判官の補足意見が出る。事件の被害者遺族が死刑執行をしないでと上申書を提出して恩赦出願したが、98 年に不相当。

牧野　　正（享年58歳） 09. 1.29 福岡拘置所にて執行 93.11.16 控訴取下げ 93.10.27 福岡地裁小倉支部 （森田富人）	北九州母娘殺人事件 （90.3） 1950年3月18日生まれ	無期刑の仮釈放中の事件。一審弁護人控訴を本人が取下げ、確定。二審弁護人不在のまま本人が取り下げたことが問題。公判再開請求が最高裁で棄却。
太田　勝憲（享年55歳） 99.11. 8 札幌拘置支所で自殺 93.12.10 最高裁（大野正男） 87. 5.19 札幌高裁（水谷富茂人） 84. 3.23 札幌地裁（安藤正博）	平取猟銃一家殺人事件 （79.7.18）	自殺。
藤原　清孝（享年52歳） 00.11.30 名古屋拘置所にて執行 94. 1.17 最高裁（小野幹雄） 88. 5.19 名古屋高裁 （吉田誠吾） 86. 3.24 名古屋地裁（橋本享典）	連続殺人113号事件 （72.9 ～ 82.10） 1948年8月29日生まれ	旧姓、勝田。著書に『冥晦に潜みし日々』がある。
宮脇　　喬（享年57歳） 00.11.30 名古屋拘置所にて執行 94. 3.18 上告取下げ 90. 7.16 名古屋高裁 （吉田誠吾） 89.12.14 岐阜地裁（橋本達彦）	先妻家族3人殺人事件 （89.2.14） 1943年7月26日生まれ	事件から二審判決まで1年4か月というスピード判決。3人のうち2人は傷害致死を主張。上告を取下げ確定。
大森　勝久　　　　札幌 94. 7.15 最高裁（大西勝也） 88. 1.21 札幌高裁 （水谷富茂人） 83. 3.29 札幌地裁（生島三則）	北海道庁爆破事件 （76.3.2） 1949年9月7日生まれ	一貫して無実を主張。
大石　国勝（享年55歳） 00.11.30 福岡拘置所にて執行 95. 4.21 最高裁（中島敏次郎） 89.10.24 福岡高裁（丸山明） 87. 3.12 佐賀地裁（早船嘉一）	隣家親子3人殺人事件 （82.5.16） 1945年1月10日生まれ	事件当時「精神障害」だったとして責任能力について争ったが認められず。
藤島　光雄（享年55歳） 13.12.12 東京拘置所にて執行 95. 6. 8 最高裁（高橋久子） 88.12.15 東京高裁（石丸俊彦） 87. 7. 6 甲府地裁（古口満）	2連続殺人事件 （86.3.6/3.11） 1958年4月22日生まれ	事件から1年数か月で一審判決という拙速裁判。
猪熊　武夫　　　　東京 95. 7. 3 最高裁（大西勝也） 89. 3.31 東京高裁（内藤丈夫） 87.10.30 東京地裁（中山善房）	山中湖連続殺人事件 （84.10） 1949年7月2日生まれ	「共犯」澤地は上告取下げで、93年7月に死刑確定、08年病死。
池本　　登（享年75歳） 07.12.07 大阪拘置所にて執行 96. 3. 4 最高裁（河合伸一） 89.11.28 高松高裁　死刑 （村田晃） 88.3.22 徳島地裁　無期 （山田真也）	猟銃近隣3人殺人事件 （86.6.3） 1932年12月22日生まれ	一審は無期懲役判決、高裁で死刑判決。
山野静二郎　　　　大阪 96.10.25 最高裁（福田博） 89.10.11 大阪高裁（西村清治） 85. 7.22 大阪地裁（池田良兼）	不動産会社連続殺人事件 （82.3） 1938年7月31日生まれ	重大な事実誤認を主張。著書『死刑囚の祈り』『死刑囚の叫び』。支援会誌「オリーブ通信」。

朝倉幸治郎（享年 66 歳） 01.12.27 東京拘置所にて執行 96.11.14 最高裁（高橋久子） 90. 1.23 東京高裁（高木典雄） 85.12.20 東京地裁（柴田孝夫）	練馬一家 5 人殺人事件 （83.6.28）	
向井　伸二（享年 42 歳） 03. 9.12 大阪拘置所にて執行 96.12.17 最高裁（尾崎行信） 90.10. 3 大阪高裁（池田良兼） 88. 2.26 神戸地裁（加藤光康）	母子等 3 人殺人事件 （85.11.29/12.3） 1961 年 8 月 17 日生まれ	
中元　勝義（享年 64 歳） 08. 4.10 大阪拘置所にて執行 97. 1.28 最高裁（可部恒雄） 91.10.27 大阪高裁（池田良兼） 85. 5.16 大阪地裁堺支部 （重富純和）	宝石商殺人事件 （82.5.20） 1943 年 12 月 24 日生まれ	殺人については無実を主張。再審請求、棄却。
松原　正彦（享年 63 歳） 08. 2. 1 大阪拘置所にて執行 97. 3. 7 最高裁（根岸重治） 92. 1.23 高松高裁（村田晃） 90. 5.22 徳島地裁（虎井寧夫）	2 主婦連続強盗殺人事件 （88.4.18/88.6.1） 1944 年 3 月 19 日生まれ	
大城　英明　　福岡 97. 9.11 最高裁（藤井正雄） 91.12. 9 福岡高裁（雑賀飛龍） 85. 5.31 福岡地裁飯塚支部 （松信尚章）	内妻一家 4 人殺人事件 （76.6.13） 1942 年 3 月 10 日生まれ	旧姓秋好。4 人のうち 3 人殺害は内妻の犯行と主張。島田荘司著『秋好事件』『秋好英明事件』。HP は「WS 刊島田荘司」上にある。
神宮　雅晴　　大阪 97.12.19 最高裁（園部逸夫） 93. 4.30 大阪高裁 （村上保之助） 88.10.25 大阪地裁（青木暢茂）	警察庁指定 115 号事件 （84.9.4 他） 1943 年 1 月 5 日生まれ	旧姓廣田。無実を主張。
春田　竜也（享年 36 歳） 02. 9.18 福岡拘置所にて執行 98. 4.23 最高裁（遠藤光男） 91. 3.26 福岡高裁（前田一昭） 88. 3.30 熊本地裁（荒木勝己）	大学生誘拐殺人事件 （87.9.14 ～ 9.25） 1966 年 4 月 18 日生まれ	旧姓田本。一審は異例のスピード審理。
浜田　美輝（享年 43 歳） 02. 9.18 名古屋拘置所にて執行 98. 6. 3 控訴取下げ 98. 5.15 岐阜地裁（沢田経夫）	一家 3 人殺人事件 （94.6.3）	本人控訴取り下げ、死刑確定。
宮崎　知子　　名古屋 98. 9. 4 最高裁（河合伸一） 92. 3.31 名古屋高裁金沢支部 （浜田武律） 88. 2. 9 富山地裁（大山貞雄）	富山・長野 2 女性殺人事件 （80.2.23 ～ 3.6）	真犯人は別人と主張。
柴嵜　正一　　東京 98. 9.17 最高裁（井嶋一友） 94. 2.24 東京高裁（小林充） 91. 5.27 東京地裁（中山善房）	中村橋派出所 2 警官殺人事件 （89.5.16） 1969 年 1 月 1 日生まれ	
村松誠一郎　　東京 98.10. 8 最高裁（小野幹雄） 92. 6.29 東京高裁（新谷一信） 85. 9.26 浦和地裁（林修）	宮代事件等 （80.3.21） 1956 年 5 月 17 日生まれ	宮代事件は無実を主張。

松本美佐雄　東京 98.12. 1 最高裁（元原利文） 94. 9.29 東京高裁（小林充） 93. 8.24 前橋地裁高崎支部（佐野精孝）	2人殺人1人傷害致死、死体遺棄事件 （90.12/91.7） 1965年2月20日生まれ	1件の殺人について否認。他の1件については共犯者の存在を主張。
高田和三郎　東京 99. 2.25 最高裁（小野幹雄） 94. 9.14 東京高裁（小泉祐康） 86. 3.28 浦和地裁（杉山忠雄）	友人3人殺人事件 （72.2 ～ 74.2） 1932年8月17日生まれ	真犯人は別人と主張。
嶋﨑　末男（享年59歳） 04. 9.14 福岡拘置所にて執行 99. 3. 9 最高裁（千種秀夫） 95. 3.16 福岡高裁　死刑（池田憲義） 92. 11.30 熊本地裁　無期	熊本保険金殺人事件	一審は無期懲役判決。高裁で死刑判決。
福岡　道雄（享年64歳） 06.12.25 大阪拘置所にて執行 99. 6.25 最高裁（福田博） 94. 3. 8 高松高裁（米田俊昭） 88. 3. 9 高知地裁（田村秀作）	3件殺人事件 （78.12/80.4/81.1） 1942年7月13日生まれ	無実を主張。
松井喜代司　東京 99. 9.13 最高裁（大出峻郎） 95.10. 6 東京高裁（小泉祐康） 94.11. 9 前橋地裁高崎支部（佐野精孝）	安中親子3人殺人事件 （94.2.13） 1948年1月23日生まれ	
北川　晋（享年58歳） 05. 9.16 大阪拘置所にて執行 00. 2. 4 最高裁（北川弘治） 95. 3.30 高松高裁（米田俊昭） 94. 2.23 高知地裁（隅田景一）	高知・千葉殺人事件 （83.8.16/86.2.6） 1947年5月21日生まれ	
日高　広明（享年44歳） 06.12.25 広島拘置所にて執行 00. 2. 9 広島地裁（戸倉三郎）	4女性強盗殺人事件 （96）	控訴せず確定。
小田　義勝（享年59歳） 07. 4.27 福岡拘置所にて執行 00. 3.15 福岡地裁（陶山博生）	2件保険金殺人事件	弁護人の控訴を00年3月30日に本人が取下げ確定。
松本　健次　大阪 00. 4. 4 最高裁（奥田昌道） 96. 2.21 大阪高裁（朝岡智幸） 93. 9.17 大津地裁（土井仁臣）	2件強盗殺人事件 （90.9/91.9） 1951年2月3日生まれ	「主犯」の兄は事件後自殺。
田中　政弘（享年42歳） 07. 4.27 東京拘置所にて執行 00. 9. 8 最高裁（河合伸一） 95.12.20 東京高裁（佐藤文哉） 94. 1.27 横浜地裁（上田誠治）	4人殺人事件 （84.11/88.3/89.6/91.3） 1964年9月12日生まれ	旧姓宮下。4人のうち2人の殺人を否認。再審請求が棄却され恩赦出願を準備中に執行。
竹澤一二三（享年69歳） 07. 8.23 東京拘置所にて執行 00.12. 11 東京高裁（高橋省吾） 98. 3.24 宇都宮地裁（山田公一）	栃木県3人殺人事件 （90.9.13/93.7.28）	嫉妬妄想による犯行と弁護側主張。上告せず死刑が確定。

瀬川　光三（享年 60 歳） 07. 8.23 名古屋拘置所にて執行 01. 1.30 最高裁（元原利文） 97. 3.11 名古屋高裁金沢支部（高木實） 93. 7.15 富山地裁（下山保男）	富山夫婦射殺事件 （91.5.7）	
岩本　義雄（享年 63 歳） 07. 8.23 東京拘置所にて執行 01. 2. 1 東京地裁（木村烈）	2 件強盗殺人事件 （96.6/97.7）	弁護人が控訴したが、本人が控訴を取下げ、死刑確定。
上田　大（享年 33 歳） 03. 2.28 名古屋拘置所で病死 01. 9.20 最高裁（藤井正雄） 96. 7. 2 名古屋高裁（松本光雄） 94. 5.25 名古屋地裁一宮支部（伊藤邦晴）	愛知 2 件殺人事件 （93.2.16/3.3）	
S・M　東京 01.12. 3 最高裁（亀山継夫） 96. 7. 2 東京高裁（神田忠治） 94. 8. 8 千葉地裁（神作良二）	市川一家 4 人殺人事件 （92.3.5） 1973 年 1 月 30 日生まれ	犯行時 19 歳の少年。
萬谷　義幸（享年 68 歳） 08. 9.11 大阪拘置所にて執行 01.12. 6 最高裁（深沢武久） 97. 4.10 大阪高裁（内匠和彦） 91. 2. 7 大阪地裁（米田俊昭）	地下鉄駅短大生殺人事件 （88.1.15） 1940 年 1 月 24 日生まれ	無期刑の仮釈放中の事件。
陳　代　偉　東京 02. 6.11 最高裁（金谷利広） 98. 1.29 東京高裁（米沢敏雄） 95.12.15 東京地裁八王子支部（豊田建）	パチンコ店強盗殺人事件 （92.5.30） 1961 年 2 月 13 日生まれ	中国国籍。定住以外の外国人の死刑確定は戦後初めて。主犯格国外逃亡中。取調べ時拷問を受け、自白を強要された。強盗殺人の共謀と殺意の不在を主張。通訳の不備が問題となる。
何　力　東京 02. 6.11 最高裁（金谷利広） 98. 1.29 東京高裁（米沢敏雄） 95.12.15 東京地裁八王子支部（豊田建）	パチンコ店強盗殺人事件 （92.5.30） 1964 年 10 月 3 日生まれ	同上。
横田　謙二　東京 02.10. 5 上告取下げ 02. 9.30 東京高裁（高橋省吾） 01. 6.28 さいたま地裁　無期	知人女性殺人事件 （99.1） 1949 年 5 月 23 日生まれ	無期刑の仮釈放中の事件。一審は無期懲役判決。弁護人の上告を本人が取下げ。
府川　博樹（享年 42 歳） 07.12. 7 東京拘置所にて執行 03. 1. 5 上告取下げ 01.12.19 東京高裁（高橋省吾） 01. 3.21 東京地裁（木村烈）	江戸川老母子強盗殺人事件 （99.4）	異例のスピード裁判。上告を取下げ死刑確定。
宅間　守（享年 40 歳） 04. 9.14 大阪拘置所にて執行 03. 9.26 控訴取下げ 03. 8.28 大阪地裁（川合昌幸）	池田小児童殺傷事件 （01.6.8）	一審弁護人の控訴を本人が取下げて、死刑確定。確定から執行までわずか 1 年。
黄　奕　善　東京 04. 4.19 最高裁（島田仁郎） 98. 3.26 東京高裁（松本時夫） 96. 7.19 東京地裁（阿部文洋）	警視庁指定 121 号事件 （93.10.27 ～ 12.20） 1968 年 12 月 14 日生まれ	中国系のマレーシア国籍。「共犯」の松沢は 05 年 9 月確定。強盗殺人の共謀と殺意の不存在を主張。

石橋　栄治（享年 72 歳） 09.10.27 東京拘置所にて病死 04. 4.27 最高裁（藤田宙靖） 99. 4.28 東京高裁　死刑 （佐藤文哉） 96. 3. 8 横浜地裁小田原支部 無期　（萩原孟）	神奈川 2 件強盗殺人事件 （88.12.28/89.1.1） 1937 年 10 月 25 日生まれ	一審では、2 件のうち 1 件を無罪として無期懲役判決。再審請求中に病死。
藤間　静波（享年 47 歳） 07.12. 7 東京拘置所にて執行 04. 6.15 最高裁（濱田邦夫） 00. 1.24 東京高裁（荒木友雄） 88. 3.10 横浜地裁（和田保）	母娘他 5 人殺人事件 （81.5/82.5/82.6） 1960 年 8 月 21 日生まれ	本人が控訴を取下げたが弁護人が異議申立。特別抗告が認められ「控訴取下は無効」とされ、控訴審が再開された。
岡﨑　茂男（享年 60 歳） 14. 6.24 東京拘置所にて病死 04. 6.25 最高裁（北川弘治） 98. 3.17 仙台高裁（泉山禎治） 95. 1.27 福島地裁 （井野場明子）	警察庁指定 118 号事件 （86.7/89.7/91.5） 1953 年 6 月 30 日生まれ	殺人の被害者 2 人で 3 人に死刑判決。再審請求中に病死。
迫　康裕（享年 73 歳） 13. 8.15 仙台拘置支所にて病死 04. 6.25 最高裁（北川弘治） 98. 3.17 仙台高裁（泉山禎治） 95. 1.27 福島地裁 （井野場明子）	警察庁指定 118 号事件 （86.7/89.7/91.5） 1940 年 7 月 25 日生まれ	殺人の被害者 2 人で 3 人に死刑判決。殺人に関しては無罪主張。再審請求中に病死。
熊谷　昭孝（享年 67 歳） 11. 1.29 入院先の病院で病死 04. 6.25 最高裁（北川弘治） 98. 3.17 仙台高裁（泉山禎治） 95. 1.27 福島地裁 （井野場明子）	警察庁指定 118 号事件 （86.7/89.7/91.5） 1943 年 2 月 10 日生まれ	殺人の被害者 2 人で 3 人に死刑判決。再審請求中に病死。
名古　圭志（享年 37 歳） 08. 2. 1 福岡拘置所にて執行 04. 8.26 控訴取下げ 04. 6.18 鹿児島地裁（大原英雄）	伊仙母子殺傷事件 （02.8.16） 1970 年 5 月 7 日生まれ	本人控訴取下げで死刑確定。
中村　正春（享年 61 歳） 08. 4.10 大阪拘置所にて執行 04. 9. 9 最高裁（島田仁郎） 99.12.22 大阪高裁（河上元康） 95. 5.19 大津地裁（中川隆司）	元同僚ら 2 人殺人事件 （89.10.10/12.26） 1947 年 3 月 11 日生まれ	
岡本　啓三　　大阪 04. 9.13 最高裁（福田博） 99. 3. 5 大阪高裁（西田元彦） 95. 3.23 大阪地裁（谷村允祐）	コスモ・リサーチ殺人事件 （88.1.29） 1958 年 9 月 3 日生まれ	旧姓河村。著書に『こんな僕でも生きてていいの』『生きる』『落伍者』がある。
末森　博也　　大阪 04. 9.13 最高裁（福田博） 99. 3. 5 大阪高裁（西田元彦） 95. 3.23 大阪地裁（谷村允祐）	コスモ・リサーチ殺人事件 （88.1.29） 1951 年 9 月 16 日生まれ	
持田　孝（享年 65 歳） 08. 2. 1 東京拘置所にて執行 04.10.13 最高裁（滝井繁男） 00. 2.28 東京高裁　死刑 （仁田陸郎） 99. 5.27 東京地裁　無期 （山室恵）	前刑出所後、被害届を出した女性への逆恨み殺人事件 （97.4） 1942 年 5 月 15 日生まれ	一審は無期懲役判決。

坂本　正人（享年 41 歳） 08. 4.10 東京拘置所にて執行 04.11.13 上告せず確定 04.10.29 東京高裁死刑（白木勇） 03.10.09 前橋地裁　無期 （久我泰博）	群馬女子高生誘拐殺人事件 （02.7.19） 1966 年 5 月 19 日生まれ	一審は無期懲役判決。上告せず、死刑確定。被害者は 1 名。
坂本　春野（享年 83 歳） 11. 1.27 大阪医療刑務所にて病死 04.11.19 最高裁（津野修） 00. 9.28 高松高裁（島敏男） 98. 7.29 高知地裁（竹田隆）	2 件保険金殺人事件 （87.1.17/92.8.19） 1927 年 6 月 21 日生まれ	確定判決時 77 歳。無実を主張。病死。
倉吉　政隆　　福岡 04.12. 2 最高裁（泉徳治） 00. 6.29 福岡高裁（小出錞一） 99. 3.25 福岡地裁（仲家暢彦）	福岡・大牟田男女 2 人殺人事件他 （95.4） 1951 年 7 月 2 日生まれ	
森本　信之　　名古屋 04.12.14 最高裁（金谷利広） 01. 5.14 名古屋高裁 （堀内信明） 00. 3. 1 津地裁（柴田秀樹）	フィリピン人 2 女性殺人事件 （98.12） 1953 年 12 月 14 日生まれ	旧姓澤本。2 人の共犯のうち、1 人は公判途中で死亡。もう 1 人は二審で無期懲役に減刑。
山崎　義雄（享年 73 歳） 08. 6.17 大阪拘置所にて執行 05. 1.25 最高裁（上田豊三） 00.10.26 高松高裁死刑（島敏男） 97. 2.18 高松地裁　無期 （重古孝郎）	保険金殺人事件（仙台・高松） （85.11/90.3） 1935 年 6 月 10 日生まれ	一審は無期懲役判決。
間中　博巳　　東京 05. 1.27 最高裁（才口千晴） 01. 5. 1 東京高裁（河辺義正） 94. 7. 6 水戸地裁下妻支部 （小田部米彦）	同級生 2 人殺人事件 （89.8/9.13） 1967 年 12 月 6 日生まれ	
秋永　香（享年 61 歳） 08. 4.10 東京拘置所にて執行 05. 3. 3 最高裁（泉徳治） 01. 5.17 東京高裁死刑(吉本徹也) 99. 3.11 東京地裁　無期 （山崎学）	資産家老女ら 2 人殺人事件 （89.10） 1946 年 12 月 14 日生まれ	旧姓岡下。一審は無期懲役判決。1 件については否認。歌集に『終わりの始まり』がある。
宮前　一明　　東京 05. 4. 7 最高裁（島田仁郎） 01.12.13 東京高裁（河辺義正） 98.10.23 東京地裁（山室恵）	坂本弁護士一家殺人事件等 （89.11.4 他） 1960 年 10 月 8 日生まれ	旧姓佐伯→岡﨑。自首は認めたが減刑せず。
西川　正勝（享年 61 歳） 17. 7.13 大阪拘置所にて執行 05. 6. 7 最高裁（浜田邦夫） 01. 6.20 大阪高裁（河上元康） 95. 9.12 大阪地裁（松本芳希）	警察庁指定 119 号事件 （91.11.13 ～ 92.1.5） 1956 年 1 月 14 日生まれ	強盗殺人は否認、強盗殺人未遂は殺意を否認。再審請求中の執行。
鎌田　安利（享年 75 歳） 16. 3.25 大阪拘置所にて執行 05. 7. 8 最高裁（福田博） 01. 3.27 大阪高裁（福島裕） 99. 3.24 大阪地裁（横田伸之）	警察庁指定 122 号事件 5 人女性殺人 （85 ～ 94） 1940 年 7 月 10 日生まれ	2 件に分けてそれぞれに死刑判決。一部無実を主張。
高根沢智明　　東京 05. 7.13 控訴取下げ 04. 3.26 さいたま地裁 （川上拓一）	パチンコ店員連続殺人事件 （03.2.23/4.1）	「共犯」の小野川は 09 年 6 月確定。本人の控訴取下げに弁護人が異議申立。05 年 11 月 30 日に確定。

松沢　信一　　　　東京 05. 9.16 最高裁（中川了滋） 01. 5.30 東京高裁（龍岡資晃） 98. 5.26 東京地裁（阿部文洋）	警視庁指定 121 号事件 （93.10.27 ～ 12.20）	旧姓下山。判決では主導的役割を認定された。「共犯」の黄は 04 年 4 月確定。
堀江　守男　　　　仙台 05. 9.26 最高裁（今井功） 91. 3.29 仙台高裁（小島達彦） 88. 9.12 仙台地裁（渡辺建夫）	老夫婦殺人事件 （86.2.20） 1950 年 12 月 29 日生まれ	被告が心神喪失状態にあるか否かが争点となり、5 年の公判停止後、訴訟能力ありとして公判が再開された。
陸田　真志（享年 37 歳） 08. 6.17 東京拘置所にて執行 05.10.17 最高裁（泉徳治） 01. 9.11 東京高裁（高木俊夫） 98. 6. 5 東京地裁（岩瀬徹）	ＳＭクラブ連続殺人事件 （95.12.21） 1970 年 9 月 24 日生まれ	著書に『死と生きる―獄中哲学対話』（池田晶子と共著）がある。
上田　宜範　　　　大阪 05.12.15 最高裁（横尾和子） 01. 3.15 大阪高裁（栗原宏武） 98. 3.20 大阪地裁（湯川哲嗣）	愛犬家ら 5 人連続殺人事件 （92 ～ 93） 1954 年 8 月 14 日生まれ	無実を主張。
宮崎　　勤（享年 45 歳） 08. 6.17 東京拘置所にて執行 06. 1.17 最高裁（藤田宙靖） 01. 6.28 東京高裁（河辺義正） 97. 4.14 東京地裁（田尾健二郎）	埼玉東京連続幼女殺人事件 （88.8 ～ 89.6） 1962 年 8 月 21 日生まれ	著書に『夢のなか』『夢のなか、いまも』がある。
田中　毅彦　　　　大阪 06. 2.14 最高裁（上田豊三） 01.12.25 大阪高裁　死刑 （池田真一） 00. 3.16 大阪地裁　無期 （古川博）	右翼幹部らと 2 人殺人事件 （92.2/94.4） 1963 年 7 月 13 日生まれ	一審は無期懲役判決。旧姓久堀。
山口　益生　　　　名古屋 06. 2.24 最高裁（今井功） 01. 6.14 名古屋高裁　死刑 （小島裕史） 99. 6.23 津地裁差戻審　無期 （柴田秀樹） 97. 9.25 名古屋高裁（土川孝二） 死刑判決破棄差戻し 97. 3.28 津地裁四日市支部 死刑（柄多貞介）	古美術商ら 2 人殺人事件 （94.3 ～ 95.3） 1949 年 11 月 16 日生まれ	「共犯」は、02 年、上告中に病死。第 1 次名古屋高裁判決は、利害の反する 2 人の被告に 1 人の弁護人では訴訟手続上不備として、支部判決を破棄、差戻審は無期懲役判決。その後第 2 次名古屋高裁判決で 2 人に死刑判決。
豊田　義己　　　　名古屋 06. 3. 2 最高裁（横尾和子） 02. 2.28 名古屋高裁（堀内信明） 00. 7.19 名古屋地裁（山本哲一）	静岡、愛知 2 女性殺害事件 （96.8/97.9） 1944 年 1 月 31 日生まれ	静岡の事件は否認。
山本　峰照（享年 68 歳） 08. 9.11 大阪拘置所にて執行 06. 3.21 控訴取下げ 06. 3.20 神戸地裁（笹野明義）	老夫婦強盗殺人事件 （04.7.22） 1940 年 4 月 2 日生まれ	期日間整理手続きが適用され 4 回の公判で死刑判決。弁護人が控訴したが、翌日本人が取り下げ。06 年 4 月 4 日に確定。
高橋　和利　　　　東京 06. 3.28 最高裁（堀籠幸男） 02.10.30 東京高裁（中西武夫） 95. 9. 7 横浜地裁（上田誠治）	横浜金融業夫婦殺人事件 （88.6.20） 1934 年 4 月 28 日生まれ	無罪を主張。「死刑から高橋和利さんを取り戻す会」の会報がある。著書に『「鶴見事件」抹殺された真実』がある。

川村　幸也（享年 44 歳） 09. 1.29 名古屋拘置所にて執行 06. 6. 9 最高裁（今井功） 03. 3.12 名古屋高裁（川原誠） 02. 2.21 名古屋地裁（片山俊雄）	2 女性ドラム缶焼殺事件 （00.4.4） 1964 年 3 月 23 日生まれ	4 人に死刑求刑、2 名は無期懲役。再審請求、棄却。
佐藤　哲也（享年 39 歳） 09. 1.29 名古屋拘置所にて執行 06. 6. 9 最高裁（今井功） 03. 3.12 名古屋高裁（川原誠） 02. 2.21 名古屋地裁（片山俊雄）	2 女性ドラム缶焼殺事件 （00.4.4） 1969 年 10 月 17 日生まれ	旧姓野村。4 人に死刑求刑、2 名は無期懲役。08 年 7 月、再審請求取り下げ。
中山　　進（享年 66 歳） 14. 5.15 大阪拘置所にて病死 06. 6.13 最高裁（堀籠幸男） 03.10.27 大阪高裁（浜井一夫） 01.11.20 大阪地裁（氷室真）	豊中 2 人殺人事件 （98.2.19） 1948 年 1 月 13 日生まれ	無期刑の仮釈放中の事件。再審請求中に病死。
陳　　徳通（享年 40 歳） 09. 7.28 東京拘置所にて執行 06. 6.27 最高裁（藤田宙靖） 03. 2.20 東京高裁（須田賢） 01. 9.17 横浜地裁川崎支部 （羽渕清司）	川崎中国人 3 人殺人事件 （99.5.25） 1968 年 4 月 20 日生まれ	中国国籍。重大な事実誤認があり、強盗殺人の殺意の不在を主張。
平野　　勇（享年 61 歳） 08. 9.11 東京拘置所にて執行 06. 9. 1 最高裁（中川了滋） 02. 7. 4 東京高裁（安弘文夫） 00. 2.17 宇都宮地裁 （肥留間健一）	夫婦殺人放火事件 （94.12） 1948 年 2 月 10 日生まれ	放火と殺意について否認。
江東　　恒　　　　大阪 06. 9. 7 最高裁（甲斐中辰夫） 03. 1.20 大阪高裁（那須彰） 01. 3.22 大阪地裁堺支部 （湯川哲嗣）	堺夫婦殺人事件 （97.10.30） 1942 年 7 月 21 日生まれ	
久間三千年（享年 70 歳） 08. 10.28 福岡拘置所にて執行 06. 9. 8 最高裁（滝井繁男） 01.10.10 福岡高裁（小出錞一） 99. 9.29 福岡地裁（陶山博生）	飯塚 2 女児殺人事件 （92.2） 1938 年 1 月 9 日生まれ	一貫して無実を主張。09 年 10 月、家族が再審請求。
松本智津夫　　　　東京 06. 9.15 最高裁特別抗告棄却 06. 5.29 東京高裁異議申立棄却 06. 3.27 東京高裁控訴棄却決定 （須田賢） 04. 2.27 東京地裁（小川正持）	坂本事件、松本・地下鉄サリン事件等 （89.2 ～ 95.3）	オウム真理教「教祖」麻原彰晃。弁護団の控訴趣意書の提出遅延を理由に、抜き打ちで控訴棄却決定。一審の審理のみで死刑が確定。
石川　恵子　　　　福岡 06. 9.21 最高裁（甲斐中辰夫） 03. 3.27 福岡高裁宮崎支部 （岩垂正起） 01. 6.20 宮崎地裁（小松平内）	宮崎 2 女性殺人事件 （96.8/97.6） 1958 年 5 月 23 日生まれ	一部無罪を主張。
小林　　薫（享年 44 歳） 13. 2. 21 大阪拘置所にて執行 06.10.10 控訴取下げ 06. 9.26 奈良地裁（奥田哲也）	奈良市女児誘拐殺人事件 （04.11.17） 1968 年 11 月 30 日生まれ	本人控訴取下げ。弁護人が 07 年 6 月 16 日控訴取下げ無効の申立。08 年 4 月棄却。恩赦不相当の 2 週間後の執行。

長　勝久　　　東京 06.10.12 最高裁（才口千晴） 03. 9.10 東京高裁（白木勇） 01.12.18 宇都宮地裁 （比留間健一）	栃木・妻と知人殺人事件 （88.10 ～ 89.11） 1966 年 9 月 11 日生まれ	無実を主張。
高橋　義博　　　東京 06.10.26 最高裁（島田仁郎） 03. 4.15 東京高裁（須田贒） 00. 8.29 横浜地裁（矢村宏）	医師ら 2 人強盗殺人事件 （92.7） 1949 年 9 月 16 日生まれ	殺人に関しては無罪を主張。実行犯 3 人は無期懲役。
朴　日光（享年 61 歳） 09. 1. 4 福岡拘置所にて病死 06.11.24 最高裁（中川了滋） 03. 3.28 福岡高裁（虎井寧夫） 99. 6.14 福岡地裁（仲家暢彦）	タクシー運転手殺人事件他 （95.1.12/1.28） 1946 年 12 月 7 日生まれ	名古屋の事件は知人の犯行、福岡の事件は薬物の影響による心神喪失等を主張。再審請求中に病死。
高塩　正裕（享年 55 歳） 08. 10.28 仙台拘置支所にて執行 06.12.20 上告取下げ 06.12. 5 仙台高裁（田中亮一） 死刑 06. 3.22 福島地裁いわき支部 （村山浩昭）無期	いわき市母娘強盗殺人事件 （04.3.18）	一審は無期懲役判決。上告を取り下げて確定。
西本正二郎（享年 32 歳） 09. 1.29 東京拘置所にて執行 07. 1.11 控訴取下げ 06. 5.17 長野地裁（土屋靖之）	愛知・長野連続殺人事件 （04.1.13 ～ 9.7） 1976 年 10 月 22 日生まれ	本人控訴取下げ。
松本　和弘　　　名古屋 07. 1.30 最高裁（上田豊三） 03. 7. 8 名古屋高裁（小出錞一） 02. 1.30 名古屋地裁一宮支部 （丹羽日出夫）	マニラ連続保険金殺人事件 （94.12 ～ 95.6） 1954 年 6 月 25 日生まれ	双子の兄弟と友人の 3 人が共謀したとされるが、3 人とも「病死」を主張してマニラの事件を否認。
松本　昭弘（享年 61 歳） 16. 1.22 名古屋拘置所にて病死 07. 1.30 最高裁（上田豊三） 03. 7. 8 名古屋高裁（小出錞一） 02. 1.30 名古屋地裁一宮支部 （丹羽日出夫）	マニラ連続保険金殺人・長野殺人事件 （94.12 ～ 96.5） 1954 年 6 月 25 日生まれ	同上。病死。
下浦　栄一　　　大阪 07. 1.30 最高裁（上田豊三） 03. 7. 8 名古屋高裁（小出錞一） 02. 1.30 名古屋地裁一宮支部 （丹羽日出夫）	マニラ連続保険金殺人・長野殺人事件 （94.12 ～ 96.5） 1971 年 3 月 9 日生まれ	同上。
松田　康敏（享年 44 歳） 12. 3.29 福岡拘置所にて執行 07. 2. 6 最高裁（那須弘平） 04. 5.21 福岡高裁宮崎支部 （岡村稔） 03. 1.24 宮崎地裁（小松平内）	宮崎 2 女性強盗殺人事件 （01.11.25/12.7） 1968 年 2 月 23 日生まれ	
篠澤　一男（享年 59 歳） 10. 7.28 東京拘置所にて執行 07. 2.20 最高裁（那須弘平） 03. 4.23 東京高裁（高橋省吾） 02. 3.19 宇都宮地裁 （比留間健一）	宇都宮宝石店 6 人放火殺人事件 （00.6.11） 1951 年 3 月 13 日生まれ	

加納　恵喜（享年 62 歳） 13. 2.21 名古屋拘置所にて執行 07. 3.22 最高裁（才口千晴） 04. 2. 6 名古屋高裁　死刑 （小出錞一） 03. 5.15 名古屋地裁　無期 （伊藤新一）	名古屋スナック経営者殺人事件 （02.3.14） 1950 年 3 月 12 日生まれ	旧姓武藤。一審は無期懲役判決。
小林　光弘（享年 56 歳） 14. 8.29 仙台拘置支所にて執行 07. 3.27 最高裁（上田豊三） 04. 2.19 仙台高裁（松浦繁） 03. 2.12 青森地裁（山内昭善）	弘前武富士放火殺人事件 （01.5.8） 1958 年 5 月 19 日生まれ	3 次再審特別抗告棄却 3 週間後の執行。
西山　省三　　　　広島 07. 4.10 最高裁（堀籠幸男） 04. 4.23 広島高裁　死刑 （久保真人） 99.12.10 最高裁、検事上告を受けて高裁に差し戻し 97. 2. 4 広島高裁　無期 94. 9.30 広島地裁　無期	老女殺人事件 （92.3.29） 1953 年 1 月 13 日生まれ	無期刑の仮釈放中の事件。一・二審は無期懲役判決。97 ～ 98 年の 5 件の検察上告中、唯一高裁差し戻しとなったケース。
造田　　博　　　　東京 07. 4.19 最高裁（横尾和子） 03. 9.29 東京高裁（原田国男） 02. 1.18 東京地裁 （大野市太郎）	東京・池袋「通り魔」殺傷事件 （99.9.8）	
山地悠紀夫（享年 25 歳） 09. 7.28 大阪拘置所にて執行 07. 5.31 控訴取下げ 06.12.13 大阪地裁（並木正男）	大阪市姉妹強盗殺人事件 （05.11.17） 1983 年 8 月 21 日生まれ	本人控訴取下げ。
中原　澄男　　　　福岡 07. 6.12 最高裁（上田豊三） 05. 4.12 福岡高裁（虎井寧夫） 03. 5. 1 福岡地裁（林秀文）	暴力団抗争連続殺人事件 （97.10.6/10.13） 1947 年 6 月 3 日生まれ	無罪を主張。
薛　　　松　　　　東京 07. 6.19 最高裁（藤田宙靖） 04. 1.23 東京高裁（白木勇） 02. 2.22 さいたま地裁 （川上拓一）	春日部中国人夫婦殺人事件 （00.9）	中国国籍。事実誤認あり、量刑不当を主張。
浜川　邦彦　　　　名古屋 07. 7. 5 最高裁（甲斐中辰夫） 04. 3.22 名古屋高裁（小出一） 02.12.18 津地裁（天野登喜治）	三重男性 2 人射殺事件 （94.7.19/11.20） 1960 年 4 月 10 日生まれ	無実を主張。
前上　　博（享年 40 歳） 09. 7.28 大阪拘置所にて執行 07. 7. 5 控訴取下げ 07. 3.28 大阪地裁（水島和男）	自殺サイト利用 3 人連続殺人事件（05.2.19 ～ 6 月） 1968 年 8 月 20 日生まれ	本人控訴取下げ。
尾形　英紀（享年 33 歳） 10. 7.28 東京拘置所にて執行 07. 7.18 控訴取下げ 07. 4.26 さいたま地裁 （飯田喜信）	熊谷男女 4 人拉致殺傷事件 （03.8.18） 1977 年 7 月 20 日生まれ	本人控訴取下げ。
横山　真人　　　　東京 07. 7.20 最高裁（中川了滋） 03. 5.19 東京高裁（原田国男） 99. 9.30 東京地裁（山崎学）	地下鉄サリン事件等 （95.3.20 他）	

後藤　良次　　　　東京 07. 9.28 最高裁（津野修） 04. 7. 6 東京高裁（山田利夫） 03. 2.24 宇都宮地裁（飯渕進）	宇都宮・水戸殺人事件 （00.7.30/8.20） 1958 年 7 月 24 日生まれ	05 年 10 月に、99 ～ 00 年に他の 3 件の殺人事件に関わったと上申書で告白。その事件では 09 年 6 月 30 日水戸地裁で懲役 20 年、12 年最高裁で確定。
端本　　悟　　　　東京 07.10.26 最高裁（津野修） 03. 9.18 東京高裁（仙波厚） 00. 7.25 東京地裁（永井敏雄）	坂本弁護士一家殺人事件 松本サリン事件等 （89.11/95.3.20 他）	
畠山　鐵男（享年 74 歳） 17. 9.16 東京拘置所にて病死 07.11. 1 控訴取下げ 07. 3.22 千葉地裁（根本渉）	警視庁指定 124 号事件 （04.8.5 ～ 11.22） 1943 年 4 月 17 日生まれ	旧姓小田島。控訴を取下げ確定。「共犯」の守田は 11 年 11 月に死刑確定。
庄子　幸一　　　　東京 07.11. 6 最高裁（藤田宙靖） 04. 9. 7 東京高裁（安広文夫） 03. 4.30 横浜地裁（田中亮一）	大和連続主婦殺人事件 （01.8.29/9.19） 1954 年 10 月 28 日生まれ	共犯者は無期判決（死刑求刑）。
古澤　友幸（享年 46 歳） 12. 3.29 東京拘置所にて執行 07.11.15 最高裁（甲斐中辰夫） 05. 5.24 東京高裁（安広文夫） 04. 3.30 横浜地裁（小倉正三）	横浜一家 3 人刺殺事件 （02.7.31） 1965 年 4 月 7 日生まれ	
宇井鋑次（享年 68 歳） 08. 2. 7 大阪医療刑務所で病死 07.11.15 最高裁（甲斐中辰夫） 04. 2.25 広島高裁岡山支部 （安原浩） 03. 5.21 岡山地裁（榎本巧）	女性殺人事件 （01.8.9）	無期刑の仮釈放中の事件。病死。
外尾　計夫　　　　福岡 08. 1.31 最高裁（涌井紀夫） 04. 5.21 福岡高裁（虎井寧夫） 03. 1.31 長崎地裁（山本恵三）	父子保険金殺人事件 （92.9.11/98.10.27） 1947 年 7 月 11 日生まれ	「共犯」は一審死刑判決だったが、高裁で無期に。
小池　泰男　　　　東京 08. 2.15 最高裁（古田佑紀） 03.12. 5 東京高裁（村上光鵄） 00. 6.29 東京地裁（木村烈）	松本・地下鉄サリン事件等 （94.6.27/95.3.20 他） 1957 年 12 月 15 日生まれ	旧姓林。
服部　純也（享年 40 歳） 12. 8. 3 東京拘置所にて執行 08. 2.29 最高裁（古田佑紀） 05. 3.29 東京高裁　死刑 （田尾健二郎） 04. 1.15 静岡地裁沼津支部 無期（高橋祥子）	三島短大生焼殺事件 （02.1.23） 1972 年 2 月 21 日生まれ	一審は無期懲役判決。
長谷川静央　　　　東京 08. 3.17 上告取下げ 07. 8.16 東京高裁（阿部文洋） 07. 1.23 宇都宮地裁 （池本寿美子）	宇都宮実弟殺人事件 （05.5.8） 1942 年 8 月 6 日生まれ	無期刑の仮釈放中の事件。上告を取下げ確定。
松村恭造（享年 31 歳） 12. 8. 3 大阪拘置所にて執行 08. 4. 8 控訴取下げ 08. 3.17 京都地裁（増田耕兒）	京都・神奈川親族殺人事件 （07.1.16/1.23） 1981 年 8 月 3 日生まれ	控訴を取下げ確定。

山本　開一（享年 62 歳） 10. 1. 2 東京拘置所にて病死 08. 4.24 最高裁（才口千晴） 06. 9.28 東京高裁（阿部文洋） 05. 9. 8 さいたま地裁 （福崎伸一郎）	組員 5 人射殺事件 （03.12.14） 1947 年 4 月 2 日生まれ	病死。
加賀　聖商　東京 08. 6. 5 最高裁（才口千晴） 05. 7.19 東京高裁（須田贒） 04. 2. 4 横浜地裁（小倉正三）	伊勢原母子殺人事件 （01.8.4） 1961 年 4 月 30 日生まれ	
上部　康明（享年 48 歳） 12. 3.29 広島拘置所にて執行 08. 7.11 最高裁（今井功） 05. 6.28 広島高裁（大渕敏和） 02. 9.20 山口地裁下関支部 （並木正男）	下関駅 5 人殺害 10 人傷害事件 （99.9.29） 1964 年 3 月 6 日生まれ	一審の精神鑑定では、心神耗弱とするものと責任能力があるとするものと 2 つに結果が分かれたが、判決は責任能力を認めた。
八木　茂　東京 08. 7.17 最高裁（泉徳治） 05. 1.13 東京高裁（須田贒） 02.10. 1 さいたま地裁 （若原正樹）	埼玉保険金殺人（2 件） 同未遂事件（1 件） （95.6.3 ～ 99.5.29） 1950 年 1 月 10 日生まれ	無実を主張。共犯者の調書が有罪の証拠とされた。
江藤　幸子（享年 65 歳） 12. 9. 27 仙台拘置支所にて執行 08. 9.16 最高裁（藤田宙靖） 05.11.22 仙台高裁（田中亮一） 02. 5.10 福島地裁（原啓）	福島県祈祷による信者 6 人殺人事件（94.12 ～ 95.6） 1947 年 8 月 21 日生まれ	
藁科　稔（享年 56 歳） 09. 5. 2 入院先の病院で死亡 09. 1.22 最高裁（涌井紀夫） 06. 2.16 名古屋高裁金沢支部 （安江勤） 04. 3.26 富山地裁（手崎政人）	高岡組長夫婦射殺事件 （00.7.13）	旧姓伊藤。「首謀者」として死刑求刑された副組長は、06 年 11 月一審で無罪判決。病死。
幾島　賢治（享年 67 歳） 14. 7.16 名古屋拘置所にて病死 09. 3.23 最高裁（今井功） 06.10.12 名古屋高裁金沢支部 （安江勤） 05. 1.27 富山地裁（手崎政人）	高岡組長夫婦射殺事件 （00.7.13） 1947 年 3 月 15 日生まれ	旧姓大田。「共犯」の藁科は病死。「首謀者」として死刑求刑された副組長は、06 年 11 月一審で無罪判決。再審請求中に病死。
松田　幸則（享年 39 歳） 12. 9.27 福岡拘置所にて執行 09. 4. 3 上告取下げ 07.10. 3 福岡高裁（仲家暢彦） 06. 9.21 熊本地裁（松下潔）	熊本県松橋町男女強盗殺人事件（03.10.16） 1973 年 5 月 26 日生まれ	上告を取り下げ確定。
神田　司（享年 44 歳） 15. 6.25 名古屋拘置所にて執行 09. 4.13 控訴取下げ 09. 3.18 名古屋地裁（近藤宏子）	名古屋闇サイト殺人事件 （07.8.24 ～ 25） 1971 年 3 月 9 日生まれ	一審では被害者 1 人で 2 人に死刑判決。控訴を取り下げ確定。共犯者は 11 年 4 月無期に減刑。
林　眞須美　大阪 09. 4.21 最高裁（那須弘平） 05. 6.28 大阪高裁（白井万久） 02.12.11 和歌山地裁（小川育央）	和歌山毒カレー事件等 （98.7.25 他） 1961 年 7 月 22 日生まれ	一審は黙秘。二審ではカレー事件について無実を主張。著書に『死刑判決は「シルエット・ロマンス」を聴きながら』『和歌山カレー事件――獄中からの手紙』（共著）。

関根　元（享年75歳） 17. 3.27 東京拘置所にて病死 09. 6. 5 最高裁（古田佑紀） 05. 7.11 東京高裁（白木勇） 01. 3.21 浦和地裁（須田賢）	埼玉連続4人殺人事件 （93） 1942年1月2日生まれ	病死。
風間　博子　東京 09. 6. 5 最高裁（古田佑紀） 05. 7.11 東京高裁（白木勇） 01. 3.21 浦和地裁（須田賢）	埼玉連続4人殺人事件 （93） 1957年2月19日生まれ	殺人には関与していないと主張。交流誌「ふうりん通信」。
小野川光紀　東京 09. 6. 9 最高裁（堀籠幸男） 06. 9.29 東京高裁（白木勇） 04. 3.26 さいたま地裁 （川上拓一）	パチンコ店員連続殺人事件 （03.2.23/4.1） 1977年4月20日生まれ	「共犯」の高根沢は控訴を取下げ05年に確定。
宮城　吉英（享年56歳） 13. 4.26 東京拘置所にて執行 09. 6.15 最高裁（今井功） 06.10. 5 東京高裁（池田修） 05.12.12 千葉地裁（金谷暁）	市原ファミレス2人射殺事件 （05.4.25） 1956年8月15日生まれ	「共犯」の濱崎は11年12月に死刑確定。
高橋　秀　仙台 09. 6.23 最高裁（堀籠幸男） 05. 7.26 仙台高裁（田中亮一） 04. 3.25 仙台地裁（本間栄一）	貸金業者ら2人殺人事件 （01.1.8/2.3） 1963年6月10日生まれ	旧姓石川。
小日向将人　東京 09. 7.10 最高裁（竹内行夫） 06. 3.16 東京高裁（仙波厚） 05. 3.28 前橋地裁（久我泰博）	前橋スナック乱射事件 （03.1.25） 1969年8月18日生まれ	「共犯」の山田は13年6月、矢野は14年3月に確定。
早川紀代秀　東京 09. 7.17 最高裁（中川了滋） 04. 5.14 東京高裁（中川武隆） 00. 7.28 東京地裁（金山薫）	坂本弁護士一家殺人事件等 （89.11 ～） 1949年7月14日生まれ	
豊田　亨　東京 09.11.6 最高裁（竹内行夫） 04. 7.28 東京高裁（高橋省吾） 00. 7.18 東京地裁（山崎学）	地下鉄サリン事件等 （95.3.20他）	
広瀬　健一　東京 09.11.6 最高裁（竹内行夫） 04. 7.28 東京高裁（高橋省吾） 00. 7.18 東京地裁（山崎学）	地下鉄サリン事件等 （95.3.20他） 1964年6月12日生まれ	
窪田　勇次　札幌 09.12. 4 最高裁（古田佑紀） 05.12. 1 札幌高裁（長島孝太郎） 04. 3. 2 釧路地裁北見支部 （伊東顕）	北見夫婦殺人事件 （88.10） 1945年1月1日生まれ	13年余逃亡し時効成立の10か月前に逮捕された。無罪を主張。
井上　嘉浩　東京 09.12.10 最高裁（金築誠志） 04. 5.28 東京高裁　死刑 （山田利夫） 00. 6. 6 東京地裁　無期 （井上弘道）	地下鉄サリン事件、仮谷事件等 （94.1 ～ 95.3） 1969年12月28日生まれ	一審は無期懲役判決。
菅　峰夫　福岡 09.12.11 最高裁（古田佑紀） 06. 5.24 福岡高裁（虎井寧夫） 04. 3.11 福岡地裁（林秀文）	福岡庄内連続殺人事件 （96.6.8/11.19） 1950年10月4日生まれ	

手柴　勝敏（享年66歳） 10. 4.14 福岡拘置所にて病死 09.12.11 最高裁（古田佑紀） 06. 5.24 福岡高裁　死刑 （虎井寧夫） 04. 3.11 福岡地裁　無期 （林秀文）	福岡庄内連続殺人事件 （96.6.8/11.19）	一審は無期懲役判決。病死。
金川真大（享年29歳） 13. 2.21 東京拘置所にて執行 09.12.28 控訴取り下げ 09.12.18 水戸地裁（鈴嶋晋一）	土浦連続殺傷事件 （08.3.19～3.23） 1983年10月13日生まれ	控訴を取り下げ、確定。
新實　智光　　　東京 10. 1.19 最高裁（近藤崇晴） 06. 3.15 東京高裁（原田国男） 02. 6.26 東京地裁 （中谷雄二郎）	坂本弁護士一家殺人事件、松本・地下鉄サリン事件等 （89.11/94.6.27/95.3.20他） 1964年3月9日生まれ	
大橋　健治　　　大阪 10. 1.29 最高裁（竹内行夫） 07. 4.27 大阪高裁（陶山博生） 06.11. 2 大阪地裁（中川博之）	大阪・岐阜連続女性強盗殺人事件 （05.4.27/5.11） 1940年12月3日生まれ	
吉田　純子（享年56歳） 16. 3.25 福岡拘置所にて執行 10. 1.29 最高裁（金築誠志） 06. 5.16 福岡高裁（浜崎裕） 04. 9.24 福岡地裁（谷敏行）	看護師連続保険金殺人事件 （98.1.24～99.3.27） 1959年7月10日生まれ	
高尾　康司　　　東京 10. 9.16 最高裁（横田尤孝） 06. 9.28 東京高裁（須田賢） 05. 2.21 千葉地裁（土屋靖之）	千葉館山連続放火事件 （03.12.18） 1963年10月3日生まれ	
藤崎　宗司　　　東京 10.10.14 最高裁（桜井龍子） 06.12.21 東京高裁（河辺義正） 05.12.22 水戸地裁（林正彦）	鉾田連続強盗殺人事件 （05.1.21～1.28） 1961年8月31日生まれ	
尾崎　正芳　　　福岡 10.11. 8 最高裁（須藤正彦） 07. 1.16 福岡高裁（浜崎裕） 05. 5.16 福岡地裁小倉支部 （野島秀夫）	替え玉保険金等殺人事件 （02.1.8～31） 1974年5月16日生まれ	旧姓竹本。一部無罪を主張。
原　　正志　　　福岡 10.11. 8 最高裁（須藤正彦） 07. 1.16 福岡高裁（浜崎裕） 05. 5.16 福岡地裁小倉支部 （野島秀夫）	替え玉保険金等殺人事件 （02.1.8～31） 1957年8月12日生まれ	旧姓竹本。
土谷　正実　　　東京 11. 2.15 最高裁（那須弘平） 06. 8.18 東京高裁（白木勇） 04. 1.30 東京地裁（服部悟）	松本・地下鉄サリン事件等 （94.6～95.3） 1965年1月6日生まれ	
熊谷　徳久（享年73歳） 13. 9.12 東京拘置所にて執行 11. 3. 1 最高裁（田原睦夫） 07. 4.25 東京高裁（高橋省吾） 死刑 06. 4.17 東京地裁（毛利晴光） 無期	横浜中華街店主銃殺事件等 （04.5.29） 1940年5月8日生まれ （戦災孤児で、もう一つの戸籍では、1938年1月25日生まれ）	一審は無期懲役判決。著書に『奈落――ピストル強盗殺人犯の手記』がある。

鈴木　泰徳　　　　福岡 11. 3. 8 最高裁（岡部喜代子） 07. 2. 7 福岡高裁（正木勝彦） 06.11.13 福岡地裁（鈴木浩美）	福岡3女性連続強盗殺人事件（04.12.12 ～ 05.1.18）	
小林　正人　　　　東京 11. 3.10 最高裁（桜井龍子） 05.10.14 名古屋高裁（川原誠） 01. 7. 9 名古屋地裁 （石山容示）	木曽川・長良川殺人事件 （94.9 ～ 10） 1975年3月19日生まれ	少年3人に死刑が求刑され、他の2人には一審では無期懲役判決、二審で3人に死刑判決。
黒澤　　淳　　　　名古屋 11. 3.10 最高裁（桜井龍子） 05.10.14 名古屋高裁　死刑 （川原誠） 01. 7. 9 名古屋地裁　無期 （石山容示）	木曽川・長良川殺人事件 （94.9 ～ 10） 1975年7月21日生まれ	旧姓小森。一審は無期懲役、高裁で死刑判決。複数の少年に死刑が確定するのは初めて。
K・T　　　　　　名古屋 11. 3.10 最高裁（桜井龍子） 05.10.14 名古屋高裁　死刑 （川原誠） 01. 7. 9 名古屋地裁　無期 （石山容示）	木曽川・長良川殺人事件 （94.9 ～ 10） 1975年10月23日生まれ	一審は無期懲役、高裁で死刑判決。複数の少年に死刑が確定するのは初めて。
片岡　　清（享年84歳） 16. 2.14 広島拘置所にて病死 11. 3.24 最高裁（桜井龍子） 08. 2.27 広島高裁岡山支部 （小川正明）死刑 06. 3.24 岡山地裁（松野勉） 無期	広島・岡山強盗殺人事件 （03.9.28/04.12.10）	一審は無期懲役判決。病死。
小林　竜司　　　　大阪 11. 3.25 最高裁（千葉勝美） 08. 5.20 大阪高裁（若原正樹） 07. 5.22 大阪地裁（和田真）	東大阪大生リンチ殺人事件 （06.6.19 ～ 20） 1984年12月22日生まれ	
大倉　　修　　　　東京 11. 4.11 最高裁（古田佑紀） 08. 3.25 東京高裁（安広文夫） 07. 2.26 静岡地裁（竹花俊徳）	同僚・妻連続殺人事件 （04.9.16/05.9.9）	旧姓滝。
渕上　幸春　　　　福岡 11. 4.19 最高裁（田原睦夫） 07. 1.23 福岡高裁宮崎支部 （竹田隆） 03. 5.26 宮崎地裁（小松平内）	宮崎連続殺人事件 （99.3.25/9.20） 1969年1月23日生まれ	1件は無罪、1件は事実誤認を主張。現在進行性筋ジストロフィーで自力歩行も困難。
大山　清隆　　　　広島 11. 6. 7 最高裁（大谷剛彦） 07.10.16 広島高裁（楢崎康英） 05. 4.27 広島地裁（岩倉広修）	広島連続殺人事件 （98.10/00.3.1）	
津田寿美年（享年63歳） 15.12.18 東京拘置所にて執行 11. 7. 4 控訴取下げ 11. 6.17 横浜地裁（秋山敬）	川崎アパート3人殺人事件 （09.5.30）	裁判員裁判。控訴取下げで確定。裁判員裁判での死刑確定者で初の執行。
北村　真美　　　　福岡 11.10.3 最高裁（須藤正彦） 07.12.25 福岡高裁（正木勝彦） 06.10.17 福岡地裁久留米支部 （高原正良）	大牟田市4人連続殺人事件 （04.9.16 ～ 17）	共犯の北村実雄被告、孝被告とは分離して公判。

井上　孝紘　　　　福岡 11.10.3 最高裁（須藤正彦） 07.12.25 福岡高裁（正木勝彦） 06.10.17 福岡地裁久留米支部（高原正良）	大牟田市 4 人連続殺人事件 （04.9.16 ～ 17）	旧姓北村。共犯の北村実雄被告、孝被告とは分離して公判。
北村　実雄　　　　広島 11.10.17 最高裁（白木勇） 08. 3.27 福岡高裁（正木勝彦） 07. 2.27 福岡地裁久留米支部（高原正良）	大牟田市 4 人連続殺人事件 （04.9.16 ～ 17）	共犯の北村真美被告、井上孝紘被告とは分離して公判。
北村　　孝　　　　大阪 11.10.17 最高裁（白木勇） 08. 3.27 福岡高裁（正木勝彦） 07. 2.27 福岡地裁久留米支部（高原正良）	大牟田市 4 人連続殺人事件 （04.9.16 ～ 17）	共犯の北村真美被告、井上孝紘被告とは分離して公判。
魏　巍　　　　　　福岡 11.10.20 最高裁（白木勇） 07. 3. 8 福岡高裁（浜崎裕） 05. 5.19 福岡地裁（川口宰護）	福岡一家 4 人殺害事件 （03.6.20）	共犯のうち 2 名は中国で逮捕・訴追され、王亮被告は無期懲役、楊寧被告は 05 年 7 月 12 日死刑執行。
中川　智正　　　　東京 11.11.18. 最高裁（古田佑紀） 07. 7.13 東京高裁（植村立郎） 03.10.29 東京地裁（岡田雄一）	坂本弁護士一家殺人事件、松本・地下鉄サリン事件等（89.11 ～ 95.3） 1962 年 10 月 25 日生まれ	二審鑑定で入信直前から犯行時に解離性障害ないし祈祷性精神病と診断。判決は完全責任能力を認定。
遠藤　誠一　　　　東京 11.11.21 最高裁（金築誠志） 07. 5.31 東京高裁（池田修） 02.10.11 東京地裁（服部悟）	松本・地下鉄サリン事件等 （94.5/94.6.27/95.3.20 他）	
守田　克実　　　　東京 11.11.22 最高裁（寺田逸郎） 08. 3. 3 東京高裁（中川武隆） 06.12.19 千葉地裁（根本渉）	警視庁指定 124 号事件 （05.8.5 ～ 11.22）	「共犯」の畠山は控訴を取下げて 07 年 11 月確定。
兼岩　幸男　　　　名古屋 11.11.29 最高裁（那須弘平） 08. 9.12 名古屋高裁（片山俊雄） 07. 2.23 岐阜地裁（土屋哲夫）	交際 2 女性バラバラ殺人事件 （99.8.15/03.5.25） 1957 年 10 月 30 日生まれ	
松永　　太　　　　福岡 11.12.12 最高裁（宮川光治） 07. 9.26 福岡高裁（虎井寧夫） 05. 9.28 福岡地裁小倉支部（若宮利信）	北九州 7 人連続殺人事件 （96.2.26 ～ 98.6.7）	「共犯」は二審で無期に減刑。
濱崎　勝次（享年 64 歳） 13. 4.26 東京拘置所にて執行 11.12.12 最高裁（横田尤孝） 08. 9.26 東京高裁（安広文夫） 07.10.26 千葉地裁（古田浩）	市原ファミレス 2 人射殺事件 （05.4.25） 1948 年 9 月 18 日生まれ	確定から執行まで 1 年 4 か月。「共犯」の宮城は 09 年 6 月に死刑確定。
若林　一行（享年 39 歳） 15.12.18 仙台拘置支所にて執行 12. 1.16 最高裁（宮川光治） 09. 2. 3 仙台高裁（志田洋） 07. 4.24 盛岡地裁（杉山慎治）	岩手県洋野町母娘強盗殺人事件（06.7.19）	二審から無罪を主張。

Ｆ・Ｔ　　広島 12. 2.20 最高裁（金築誠志） 08. 4.22 広島高裁（楢崎康英） 死刑 06. 5.20 最高裁（浜田邦夫） 高裁差し戻し 02. 3.14 広島高裁（重吉孝一郎） 無期 00. 3.22 山口地裁（渡辺了造） 無期	光市事件 （99.4.14） 1981 年 3 月 16 日生まれ	犯行当時 18 歳。一審・二審無期。検察上告により最高裁が広島高裁に差戻し。差戻し審で死刑。
岩森　稔　　東京 12. 3. 2 最高裁（竹内行夫） 09. 3.25 東京高裁（若原正樹） 死刑 08. 3.21 さいたま地裁 （飯田喜信）無期	埼玉本庄夫婦殺害事件 （07.7.21） 1945 年 4 月 28 日生まれ	一審は無期懲役判決。
川﨑　政則（享年 68 歳） 14. 6.26 大阪拘置所にて執行 12. 7.12 最高裁（白木勇） 09.10.14 高松高裁（柴田秀樹） 09. 3.16 高松地裁（菊地則明）	坂出祖母孫 3 人殺人事件 （07.11.16） 1946 年 1 月 20 日生まれ	
加賀山領治（享年 63 歳） 13.12.12 大阪拘置所にて執行 12. 7.24 最高裁（寺田逸郎） 09.11.11 大阪高裁（湯川哲嗣） 09. 2.27 大阪地裁（細井正弘）	中国人留学生強盗殺人事件 ＤＤハウス事件 （00.7.29/08.2.1） 1950 年 1 月 3 日生まれ	確定から執行まで 1 年 4 か月。
池田　容之　　東京 12. 7　　確定 11. 6.16 本人控訴取下げ 10.11.16 横浜地裁（朝山芳史）	横浜沖バラバラ強殺事件他（09.6.18 ～ 19）	裁判員裁判で初の死刑判決。控訴取下げに対し弁護人による審理継続申立。2012 年 7 月確定処遇に。
田尻　賢一（享年 45 歳） 16.11.11 福岡拘置所にて執行 12. 9.10 上告取下げ確定 12. 4.11 福岡高裁（陶山博生） 11.10.25 熊本地裁（鈴木浩美）	熊本２人強盗殺人事件 （04. 3.13、11. 2.23）	裁判員裁判での死刑判決。上告を取り下げ死刑確定。
謝　依　俤　　東京 12.10.19 最高裁（須藤正彦） 08.10. 9 東京高裁（須田賢） 06.10. 2 東京地裁（成川洋司）	品川製麺所夫婦強殺事件 （02.8.31） 1977 年 9 月 7 日生まれ	中国国籍。
高見澤　勤（享年 59 歳） 14. 8.29 東京拘置所にて執行 12.10.23 最高裁（大谷剛彦） 08.12.12 東京高裁（安広文夫） 08. 2. 4 前橋地裁（久我泰博）	暴力団 3 人殺害事件 （01.11 ～ 05.9） 1955 年 4 月 20 日生まれ	
阿佐　吉廣　　東京 12.12.11 最高裁（日原睦夫） 08. 4.21 東京高裁（中川武隆） 06.10.11 甲府地裁（川島利夫）	都留市従業員連続殺人事件 （97.3/00.5.14） 1949 年 5 月 21 日生まれ	無罪を主張。
野崎　浩　　東京 12.12.14 最高裁（小貫芳信） 10.10. 8 東京高裁（長岡哲次） 死刑 09.12.16 東京地裁（登石郁朗） 無期	フィリピン女性 2 人殺人事件 （99.4.22/08.4.3）	一審は無期懲役判決。

渡辺　純一　　　　東京 13. 1.29 最高裁（岡部喜代子） 09. 3.19 東京高裁（長岡哲次） 死刑 07. 8. 7 千葉地裁（彦坂孝孔） 無期	架空請求詐欺グループ仲間割れ事件（04.10.13 ～ 16）	一審は無期懲役判決。一部無実を主張。
清水　大志　　　　東京 13. 1.29 最高裁（岡部喜代子） 09. 5.12 東京高裁（長岡哲次） 07. 8. 7 千葉地裁（彦坂孝孔）	架空請求詐欺グループ仲間割れ事件（04.10.13 ～ 16）	
伊藤　玲雄　　　　東京 13. 2.28 最高裁（桜井龍子） 09. 8.28 東京高裁（長岡哲次） 07. 5.21 千葉地裁（彦坂孝孔）	架空請求詐欺グループ仲間割れ事件（04.10.13 ～ 16）	
住田　紘一（享年 34 歳） 17. 7.13 広島拘置所にて執行 13. 3.28 控訴取り下げ 13. 2.14 岡山地裁（森岡孝介）	**岡山元同僚女性殺人事件（11.9.30） 1982 年 9 月 29 日生まれ**	**裁判員裁判。被害者 1 名。本人控訴取り下げ、確定。**
山田健一郎　　　　東京 13. 6. 7 最高裁（千葉勝美） 09. 9.10 東京高裁（長岡哲次） 08. 1.21 前橋地裁（久我泰博）	前橋スナック乱射事件（03.1.25） 1966 年 8 月 23 日生まれ	「共犯」の小日向は 09 年 7 月、矢野は 14 年 3 月に死刑確定。
高柳　和也　　　　大阪 13.11.25 最高裁（金築誠志） 10.10.15 大阪高裁（湯川哲嗣） 09. 3.17 神戸地裁姫路支部（松尾嘉倫）	姫路 2 女性殺人事件（05.1.9） 1966 年 1 月 10 日生まれ	
沖倉　和雄（享年 66 歳） 14. 7. 2 東京拘置所にて病死 13.12.17 最高裁（木内道祥） 10.11.10 東京高裁（金谷曉） 09. 5.12 東京地裁立川支部（山崎和信）	**あきる野市資産家姉弟強盗殺人事件（08.4.9 ～ 13）**	**病死。**
小川　和弘　　　　大阪 14. 3. 6 最高裁（横田尤孝） 11. 7.26 大阪高裁（的場純男） 09.12. 2 大阪地裁（秋山敬）	大阪個室ビデオ店放火事件（08.10.2）	
矢野　　治　　　　東京 14. 3.14 最高裁（鬼丸かおる） 09.11.10 東京高裁（山崎学） 07.12.10 東京地裁（朝山芳史）	組長射殺事件、前橋スナック乱射事件等（02.2 ～ 03.1） 1948 年 12 月 20 日生まれ	「共犯」の小日向は 09 年 7 月、山田は 13 年 6 月に死刑確定。17 年 4 月 10 日、7 月 4 日、それぞれ別の殺人容疑で逮捕。
小泉　　毅　　　　東京 14. 6.13 最高裁（山本庸幸） 11.12.26 東京高裁 (八木正一) 10. 3.30 さいたま地裁（伝田喜久）	元厚生次官連続殺傷事件（08.11.17 ～ 11.18） 1962 年 1 月 26 日生まれ	
松原　智浩　　　　東京 14. 9. 2 最高裁（大橋正春） 12. 3.22 東京高裁（井上弘通） 11. 3.25 長野地裁（高木順子）	長野一家 3 人強殺事件（10. 3.24 ～ 25）	裁判員裁判で死刑判決を受け、最高裁で確定したのは初めて。
奥本　章寛　　　　福岡 14.10.16 最高裁（山浦善樹） 12. 3.22 福岡高裁宮崎支部（榎本巧） 10.12. 7 宮崎地裁（高原正良）	宮崎家族 3 人殺人事件（10.3.1） 1988 年 2 月 13 日生まれ	裁判員裁判。

桑田　一也　　　　東京 14.12. 2 最高裁（大谷剛彦） 12. 7.10 東京高裁（山崎学） 11. 6.21 静岡地裁沼津支部 （片山隆夫）	交際女性・妻殺人事件 （05.10.26、10. 2.23） 1966 年 6 月 26 日生まれ	裁判員裁判。
加藤　智大　　　　東京 15. 2. 2 最高裁（桜井龍子） 12. 9.12 東京高裁（飯田喜信） 11. 3.24 東京地裁（村山浩昭）	秋葉原無差別殺傷事件 （08. 6. 8） 1982 年 9 月 28 日生まれ	著書に『解』『解＋』『東拘永夜抄』『殺人予防』がある。
藤城　康孝　　　　大阪 15. 5.25 最高裁（千葉勝美） 13. 4.26 大阪高裁（米山正明） 09. 5.29 神戸地裁（岡田信）	加古川 7 人殺人事件 （04.8.2）	
新井　竜太　　　　東京 15.12. 4 最高裁（鬼丸かおる） 13. 6.27 東京高裁（井上弘通） 12. 2.24 さいたま地裁（田村真）	埼玉深谷男女 2 人殺害事件（08.3.13/09.8. 7）	裁判員裁判。
高見　素直　　　　大阪 16. 2.23 最高裁（和田真） 13. 7.31 大阪高裁（中谷雄二郎） 11.10.31 大阪地裁（和田真）	大阪パチンコ店放火殺人事件（09.7.5） 1968 年 1 月 4 日生まれ	裁判員裁判。絞首刑違憲論が争われる。
高橋　明彦　　　　仙台 16. 3. 8 最高裁（木内道祥） 14. 6. 3 仙台高裁（飯渕進） 13. 3.14 福島地裁郡山支部 （有賀貞博）	会津美里夫婦殺人事件 （12.7.26） 1966 年 9 月 12 日生まれ	裁判員裁判。旧姓横倉。
伊藤　和史　　　　東京 16. 5.26 最高裁（大橋正春） 14. 2.20 東京高裁（村瀬均） 11.12.27 長野地裁（高木順子）	長野一家 3 人殺人事件 （10.3.24 ～ 25） 1979 年 2 月 16 日生まれ	裁判員裁判。
浅山　克己　　　　東京 16. 6.13 最高裁（千葉勝美） 14.10. 1 東京高裁（八木正一） 13. 6.11 東京地裁（平木正洋）	山形・東京連続放火殺人事件（10.10.2/11.11.24）	裁判員裁判。
C・Y　　　　　　仙台 16. 6.16 最高裁（大谷直人） 14. 1.31 仙台高裁（飯渕進） 10.11.25 仙台地裁（鈴木信行）	石巻 3 人殺傷事件 （10.2.10） 1991 年 7 月 2 日生まれ	裁判員裁判。 事件当時 18 歳 7 か月。
筒井　郷太　　　　福岡 16. 7.21 最高裁（池上政幸） 14. 6.24 福岡高裁（古田浩） 13. 6.14 長崎地裁（重富朗）	長崎ストーカー殺人事件 （11.12.16） 1984 年 11 月 4 日生まれ	裁判員裁判。無罪を主張。
土井　佳苗　　　　東京 17. 4.14 最高裁（大貫芳信） 14. 3.12 東京高裁（八木正一） 12. 4.13 さいたま地裁 （大熊一之）	首都圏連続不審死事件等 （08. 9 ～ 09. 9） 1974 年 11 月 27 日生まれ	裁判員裁判。無罪を主張。旧姓木嶋。
上田美由紀　　　　広島 17. 7.27 最高裁（小池裕） 13. 3.20 広島高裁松江支部 （塚本伊平） 12.12. 4 鳥取地裁（野口卓志）	鳥取連続不審死事件 （09.4.23/10.6） 1973 年 12 月 21 日生まれ	裁判員裁判。無罪を主張。

最高裁係属中の死刑事件

氏名　拘置先 判決日	事件名（事件発生日） 生年月日	備　考
鈴木　勝明　大阪 14.12.19 大阪高裁（笹野明義） 13. 6.26 大阪地裁堺支部（畑山靖）	大阪ドラム缶遺体事件 （04.12.3） 1967年5月13日生まれ	裁判員裁判。無罪を主張。
林　振華　名古屋 15.10.14 名古屋高裁（石山容示） 15. 2.20 名古屋地裁（松田俊哉）	愛知県蟹江町母子殺傷事件 （09.5.1）	中国籍。裁判員裁判。
渡辺　剛　東京 16. 3.16 東京高裁（藤井敏明） 14. 9.19 東京地裁（田辺美保子）	資産家夫婦殺人事件 （12.12.7）	裁判員裁判。殺害は否認。
保見　光成　広島 16. 9.13 広島高裁（多和田隆史） 15. 7.28 山口地裁（大寄淳）	周南市連続殺人放火事件 （13.7.21 ～ 22）	裁判員裁判。
西口　宗宏　大阪 16. 9.14 大阪高裁（後藤真理子） 14. 3.10 大阪地裁堺支部（森浩史）	堺市連続強盗殺人事件 （11.11.5 ～ 12.1） 1961年8月26日生まれ	裁判員裁判。
堀　慶末　名古屋 16.11. 8 名古屋高裁（山口裕之） 15.12.15 名古屋地裁（景山太郎）	碧南市夫婦強盗殺人事件 （98.6.28）、守山強盗傷害事件（06.7.20）	闇サイト殺人事件で無期懲役判決が確定後に発覚した事件。

高裁係属中の死刑事件

氏名　拘置先 判決日	事件名（事件発生日） 生年月日	備　考
土屋　和也　東京 16. 7.20 前橋地裁（鈴木秀行）	前橋連続強盗殺傷事件 （14.11.10/11.16）	裁判員裁判。
肥田　公明　東京 16.11.24 静岡地裁沼津支部（斎藤千恵）	伊東市干物店強盗殺人事件 （12.12.18）	裁判員裁判。無実を主張。
平野　達彦　大阪 17. 3.22 神戸地裁（長井秀典）	洲本5人刺殺事件 （15.3.9）	裁判員裁判。
岩間　俊彦 17. 8.25 甲府地裁（丸山哲巳）	マニラ邦人保険金殺人事件 （14.10/15.8 ～ 9）	裁判員裁判。

※礒飛《いそひ》京三さん（2015年6月25日、大阪地裁で死刑判決）は、2017年3月9日、大阪高裁（中川博之）で一審破棄、無期懲役に。検察、被告ともに上告中。
※君野康弘さん（2016年3月18日、神戸地裁で死刑判決）は、2017年3月10日、大阪高裁（樋口裕晃）で一審破棄、無期懲役に。検察は上告した。

死刑確定者の獄死者

死亡年月日	名前	年齢	拘置所
2003年 2月28日	上田　大	33歳	名古屋
2003年 9月 3日	冨山常喜	86歳	東京
2004年 6月 4日	晴山広元	70歳	札幌刑務所
2007年 7月17日	諸橋昭江	75歳	東京
2008年 2月 7日	宇井鋑次	68歳	大阪医療刑務所
2008年12月16日	澤地和夫	69歳	東京
2009年 1月 4日	朴　日光	61歳	福岡
2009年 5月 2日	藁科　稔	56歳	名古屋の病院で
2009年 9月 3日	荒井政男	82歳	東京
2009年10月27日	石橋栄治	72歳	東京
2010年 1月 2日	山本開一	62歳	東京
2010年 4月14日	手柴勝敏	66歳	福岡
2011年 1月27日	坂本春野	83歳	大阪医療刑務所
2011年 1月29日	熊谷昭孝	67歳	仙台市内の病院で
2011年 2月 6日	永田洋子	65歳	東京
2013年 6月23日	綿引　誠	74歳	東京
2013年 8月15日	迫　康裕	73歳	仙台
2013年11月15日	宇治川正	62歳	東京
2014年 4月19日	石田富蔵	92歳	東京
2014年 5月15日	中山　進	66歳	大阪
2014年 6月24日	岡﨑茂男	60歳	東京
2014年 7月 2日	沖倉和雄	66歳	東京
2014年 7月16日	幾島賢治	67歳	名古屋
2015年10月 4日	奥西　勝	89歳	八王子医療刑務所
2016年 1月22日	松本昭弘	61歳	名古屋
2016年 2月14日	片岡　清	84歳	広島
2017年 3月27日	関根　元	75歳	東京
2017年 5月24日	大道寺将司	68歳	東京
2017年 6月26日	浜田武重	90歳	福岡
2017年 9月16日	畠山鐵男	74歳	東京

死刑確定者の自殺者

1999年11月 8日	太田勝憲	55歳	札幌

（2017年9月22日現在）

※事件時未成年で、実名表記の了解の得られなかった方についてはイニシャルにしました。

法務大臣別死刑執行記録

この表は死刑の執行がどのような政治的、社会的状況下で行われているかを分析するための資料として製作された。1993年以前の記録は不備な項目もあるが参考までに掲載した。

※法務大臣就任時に〔衆〕は衆議院議員、〔参〕は参議院議員であることを、〔民間〕は国会議員でないことを示す。

首相	法相（就任年月日）	執行年月日（曜日）	死刑囚名	年齢	拘置所	執行前後の状況	年間執行数
中曽根康弘	住 栄作〔衆〕（83・12・27）	84・10・30（火）	中山 実		東京		84年＝1人
	嶋崎 均〔参〕（84・11・1）	85・5・31（木）	大島 卓士		名古屋		85年＝3人
			古谷 惣吉		大阪		
		85・7・25（木）	阿部 利秋		福岡		
	鈴木 省吾〔参〕（85・12・28）	86・5・20（火）	木村 繁治		東京		86年＝2人
			徳永 励一		東京		
	遠藤 要〔参〕（86・7・22）	87・9・30（水）	大坪 清隆		大阪		87年＝2人
			矢部 光男		東京		
竹下 登	林田悠紀夫〔参〕（87・11・6）	88・6・16（木）	松田 吉孔		大阪		88年＝2人
			渡辺 健一		大阪		
	長谷川 峻〔衆〕（88・12・27）	―				＊リクルートからの政治献金が発覚し、在任期間4日で辞任。	
	高辻 正己〔民間〕（88・12・30）	―				＊73～80年最高裁判事。法相就任前は国家公安委員会委員。	
宇野 宗佑	谷川 和穂〔衆〕（89・6・3）	―				＊宇野内閣が69日で退陣になり、法相退任。	
海部 俊樹	後藤 正夫〔参〕（89・8・10）	89・11・10（金）	近藤 武数		福岡		89年＝1人
	長谷川 信〔参〕（90・2・28）	―				＊病気のため任期途中で辞任。10月死去。	90年＝0人
	梶山 静六〔衆〕（90・9・13）	―					91年＝0人
	左藤 恵〔衆〕（90・12・29）	―				＊第2次海部内閣の改造内閣で就任。真宗大谷派の僧侶。	92年＝0人

首相	法務大臣	執行日	氏名	年齢	拘置所	備考	年計
宮澤 喜一	田原 隆〔衆〕（91・11・5）	―					
	後藤田正晴〔衆〕（92・12・12）	93・3・26（金）	立川修二郎	62	大阪	執行再開。26年ぶりの3名同時執行。川中氏は精神分裂症。法相「このままでは法秩序が維持できない。（執行しなかった法相は）怠慢である」と発言。	
			川中 鉄夫	48	大阪		
			近藤 清吉	55	仙台		
細川 護熙	三ケ月 章〔民間〕（93・8・9）	93・11・26（金）	出口 秀夫	70	大阪	戦後初の4人同時執行。出口氏は70歳の高齢者。11月5日国連規約人権委員会から日本政府への勧告が出たばかり。9月21日の最高裁死刑判決で大野正男判事の補足意見。	93年＝7人
			坂口 徹	56	大阪		
			関 幸生	47	東京		
			小島 忠夫	61	札幌		
羽田 孜	永野 茂門〔参〕（94・4・28）	―				*「南京大虐殺はでっち上げ」発言が問題となり、在任期間11日で辞任。	
	中井 洽〔衆〕（94・5・8）	―				*羽田内閣が64日で総辞職になったため法相退任。	
村山 富市	前田 勲男〔参〕（94・6・30）	94・12・1（木）	安島 幸雄	44	東京	執行ゼロの年を回避。自社さ連立政権下の執行。11月7日国連総会で死刑廃止が議題に。11月26日に世論調査発表。	94年＝2人
			佐々木和三	65	仙台		
		95・5・26（金）	藤岡 英次	40	大阪	オウム事件を背景にした執行。	
			須田 房雄	64	東京		
			田中 重穂	69	東京		
	田沢 智治〔参〕（95・8・8）	―					
	宮澤 弘〔参〕（95・10・9）	95・12・21（木）	木村 修治	45	名古屋	オウム破防法手続き問題の時期。	95年＝6人
			平田 直人	63	福岡		
			篠原徳次郎	68	東京		
橋本龍太郎	長尾 立子〔民間〕（96・1・11）	96・7・11（木）	石田三樹男	48	東京	麻原彰晃（松本智津夫氏）全17件の事件が審理入り。オウム解散を公安審査委員会に請求。	
			横山 一美	59	福岡		
			杉本 嘉昭	45	福岡		
	松浦 功〔参〕（96・11・7）	96・12・20（金）	今井 義人	55	東京	法務大臣就任1カ月半後の執行。執行の有無を記者に答えると明言。ペルー大使館占拠事件（12月17日〜）。	96年＝6人
			平田 光成	60	東京		
			野口 悟	50	東京		

	松浦　功〔参〕	97・8・1（金）	日高　安政	54	札幌	執行の事実を法務大臣認める。	97年＝4人
			日高　信子	51	札幌	神戸小学生殺傷事件、オウム事件を背景にした執行。	
			永山　則夫	48	東京	奈良県月ヶ瀬村中2生徒殺害事件で被疑者供述。	
			神田　英樹	43	東京		
	下稲葉耕吉〔参〕（97・9・11）	98・6・25（木）	島津　新治	66	東京	国会終了直後。参議院選挙公示日。	98年＝6人
			村竹　正博	54	福岡		
			武安　幸久	66	福岡		
小渕　恵三	中村正三郎〔衆〕（98・7・30）	98・11・19（木）	津田　暎	59	広島	法務省から執行の事実・人数を公表。	
			西尾　立昭	61	名古屋	11月4日の記者会見で執行の事実を公表すると表明していた。	
			井田　正道	56	名古屋		
	陣内　孝夫〔参〕（99・3・8）	99・9・10（金）	佐藤　真志	62	東京	法務省が記者クラブに「本日9月10日（金）死刑確定囚3名に対して死刑の執行をしました」と初めてFAX。3名とも仮釈放後の再殺人で死刑。	99年＝5人
			高田　勝利	61	仙台	人身保護請求を行い、8月に棄却後の執行。	
			森川　哲行	69	福岡		
	臼井日出男〔衆〕（99・10・5）	99・12・17（金）	佐川　和男	48	東京	佐川氏人身保護請求中。小野氏再審請求中。法相「再審請求は重要な理由だが、幾度もやっている場合は考慮しきれない」。	
			小野　照男	62	福岡	＊小渕首相が緊急入院したための「居抜き内閣」。	
森　喜朗	臼井日出男〔衆〕（00・4・5）	—					00年＝3人
	保岡　興治〔衆〕（00・7・4）	00・11・30（木）	勝田　清孝	52	名古屋	臨時国会閉会前日の執行であり、内閣改造直前のかけ込み執行。	
			宮脇　喬	57	名古屋		
			大石　国勝	55	福岡		
	高村　正彦〔衆〕（00・12・5）	—					
小泉純一郎	森山　眞弓〔衆〕（01・4・26）	01・12・27（木）	朝倉幸治郎	66	東京	仕事納め前日の執行。宅間守被告初公判。	01年＝2人
			長谷川敏彦	51	名古屋	オウム関連被告への求刑日。	
		02・9・18（水）	田本　竜也	36	福岡	小泉首相が訪朝するという大きな報道の中での執行。国会閉会中。水曜日の執行は93年3月以降、初めて。	02年＝2人
			浜田　美輝	43	名古屋		
		03・9・12（金）	向井　伸二	42	大阪	宅間守被告への死刑判決直後の執行。	03年＝1人
	野沢　太三〔参〕（03・9・22）	04・9・14（火）	嶋﨑　末男	59	福岡	法相引退直前。火曜日の執行は93年3月以降初めて。	04年＝2人
			宅間　守	40	大阪	宅間氏、自ら控訴を取り下げ。確定後一年未満、異例の早期執行。	

小泉純一郎	南野知恵子〔参〕（04・9・27）	05・9・16（金）	北川 晋	58	大阪	退任直前、国会閉会中。異例の1人のみの執行。	05年＝1人
	杉浦 正健〔衆〕（05・10・31）	―				＊真宗大谷派の信徒であることから就任時に「死刑執行のサインはしない」と発言（直後に撤回）。	
安倍晋三	長勢 甚遠〔衆〕（06・9・26）	06・12・25（月）	秋山 芳光	77	東京	執行ゼロの年を作らぬため。確定死刑囚98人時点での4人執行。藤波氏は車椅子生活。77歳、75歳の高齢者の執行。クリスマスの執行。	06年＝4人
			藤波 芳夫	75	東京		
			福岡 道雄	64	大阪		
			日高 広明	44	広島		
		07・4・27（金）	名田 幸作	56	大阪	国会会期中の執行。	
			小田 義勝	59	福岡		
			田中 政弘	42	東京		
		07・8・23（木）	竹澤一二三	69	東京	法相退陣直前の執行。二桁執行を公言。	
			瀬川 光三	60	名古屋		
			岩本 義雄	63	東京		
	鳩山 邦夫〔衆〕（07・8・27）	―				＊第1次安倍改造内閣で就任したが約30日で内閣総辞職となり退任。	
福田康夫	鳩山 邦夫（07・9・26）	07・12・7（金）	池本 登	75	大阪	被執行者の氏名や事件内容を法務省が初めて発表する。法相、9月25日に「法相が署名をしなくても死刑執行できる方法を考えるべきだ」、ベルトコンベアー発言が問題に。	07年＝9人
			府川 博樹	42	東京		
			藤間 静波	47	東京		
		08・2・1（金）	松原 正彦	63	大阪	前夜に執行予定の情報が流れる。	
			名古 圭志	37	福岡		
			持田 孝	65	東京		
		08・4・10（木）	中元 勝義	64	大阪	4月22日には光市事件差戻控訴審判決。	
			中村 正春	61	大阪		
			坂本 正人	41	東京		
			秋永 香	61	東京		
		08・6・17（火）	山崎 義雄	73	大阪	7月洞爺湖サミットを前にしての執行。	
			陸田 真志	37	東京		
			宮崎 勤	45	東京		

	保岡 興治〔衆〕（08・8・2）	08・9・11（木）	萬谷 義幸	68	大阪	法相就任1カ月での執行。9月1日には福田首相が辞意を表明していた。	
			山本 峰照	68	大阪		
			平野 勇	61	東京		
麻生太郎	森 英介〔衆〕（08・9・24）	08・10・28（火）	久間三千年	70	福岡	無実主張、足利事件DNA鑑定で釈放直後の執行。	08年＝15人
			高塩 正裕	55	仙台	一審無期、二審で死刑判決。上告取り下げ確定。	
		09・1・29（木）	牧野 正	58	福岡	公判再開請求が最高裁で棄却後の執行。	
			川村 幸也	44	名古屋	前年12月、再審請求棄却後の執行。	
			佐藤 哲也	39	名古屋	本人が再審請求を取り下げ。	
			西本正二郎	32	東京	控訴取り下げにより確定。	
		09・7・28（火）	陳 徳通	41	東京	中国国籍。政権交代直前の駆け込み執行。	
			前上 博	40	大阪	控訴取り下げにより確定。	
			山地悠紀夫	25	大阪	控訴取り下げにより確定。	
鳩山由紀夫	千葉 景子〔参〕（09・9・16）	―					09年＝7人
菅 直人	千葉 景子〔参〕（10・6・8）	10・7・28（水）	篠澤 一男	59	東京	政権交代後初の執行、法相執行に立ち会う。元廃止議連メンバー。	
			尾形 英紀	33	東京	控訴取り下げにより確定。	
	柳田 稔〔参〕（10・9・17）	―				＊「法務大臣は二つ覚えておけばいい。『個別の事案についてはお応えを差し控えます』と『法と秩序に基づいて適切にやっている』だ」と発言して辞任。	
	仙谷 由人〔衆〕（10・11・22）	―					10年＝2人
	江田 五月〔参〕（11・1・14）	―					
野田佳彦	平岡 秀夫〔衆〕（11・9・2）	―					11年＝0人
	小川 敏夫〔参〕（12・1・13）	12・3・29（木）	松田 康敏	44	福岡	2011年は執行ゼロだったが、年度内ギリギリで執行。	
			上部 康明	48	広島		
			古澤 友幸	46	東京		
	滝 実〔衆〕（12・6・4）	12・8・3（金）	服部 純也	40	東京	法相就任2カ月での執行。	
			松村 恭造	31	大阪		

野田佳彦	滝　実	12・9・27（木）	松田　幸則	39	福岡	内閣改造で退任希望を表明した直後の執行。	12年＝7人
			江藤　幸子	65	仙台		
	田中　慶秋〔衆〕（12・10・1）	―				＊法相就任から3週間で「体調不良」を理由に辞任。	
	滝　実〔衆〕（12・10・24）	―					
安倍晋三	谷垣　禎一〔衆〕（12・12・26）	13・2・21（木）	金川　真大	29	東京	法相就任2カ月足らずでの執行。金川・小林氏は一審のみで死刑に。加納氏は一審無期。	13年＝8人
			小林　薫	44	大阪		
			加納　惠喜	62	名古屋		
		13・4・26（金）	宮城　吉英	56	東京	濱崎氏は確定から1年4カ月での執行。	
			濱崎　勝次	64	東京		
		13・9・12（木）	熊谷　徳久	73	東京	オリンピック東京招致決定直後の執行。	
		13・12・12（木）	藤島　光雄	55	東京		
			加賀山領治	63	大阪		
		14・6・26（木）	川崎　正則	68	大阪		14年＝3人
		14・8・29（金）	小林　光弘	56	仙台	法相退任直前の執行。再審請求準備中の二人の執行。	
			高見澤　勤	59	東京		
	松島みどり〔衆〕（14・9・3）	―				＊法相就任後「うちわ」配布が問題となり辞任。	
	上川　陽子〔衆〕（14・10・21）	15・6・25（木）	神田　司	44	名古屋		15年＝3人
	岩城　光英〔参〕（15・10・7）	15・12・18（金）	津田寿美年	63	東京	法相就任2カ月余りでの執行。裁判員裁判で死刑判決を受けた者（津田氏）への初の執行	
			若林　一行	39	仙台		
		16・3・25（金）	鎌田　安利	75	大阪	岩城光英法相は7月の参議院選挙で落選。	16年＝3人
			吉田　純子	56	福岡		
	金田　勝年〔衆〕（16・8・3）	16・11・11（金）	田尻　賢一	45	福岡		
		17・7・13（木）	西川　正勝	61	大阪	西川氏は再審請求中の執行。法相「再審請求を行っているから執行しないという考えはとっていない」。住田氏は被害者一人、一審のみで確定。	17年＝2人
			住田　紘一	34	広島		
	上川　陽子〔衆〕（17・8・3）						

死刑をめぐる状況 2016—2017

死刑廃止年表 二〇一六

死刑をめぐる動き

一月

二二日 名古屋拘置所で死刑確定者の松本昭弘さんが八王子医療刑務所で病死（六一歳）

二月

五日 名古屋地裁（景山太郎裁判長）は死刑を求刑されていた佐藤浩さんに無期懲役判決

一四日 広島拘置所で死刑確定者の片岡清さんが病死（八四歳）。

二三日 最高裁第三小法廷（山崎敏充裁判長）は、高見素直さんの上告棄却、死刑確定へ

三月

八日 最高裁第三小法廷（木内道祥裁判長）は、高橋明彦さんの上告を棄却、死刑確定へ

一六日 東京高裁（藤井敏明裁判長）は渡辺剛さんの控訴を棄却、死刑判決

一八日 神戸地裁（佐茂剛裁判長）は君野康弘さんに死刑判決

死刑廃止への動き

一月

一三日 執行抗議集会 参議院議員会館

二月

六日 死刑を考える日・京都 杉浦正健・平岡秀夫

一三日〜一九日 第五回死刑映画週間 ユーロスペース

一三日 袴田再審無罪全国集会 韓国YMCA

二七日 死刑廃止！市民の集い 戸次公正 應典院 主催：かたつむりの会・フォーラムinおおさか

三月

一二日 高橋哲哉・岡野八代 対談講演会 エル大阪 主催：AI・フォーラムinおおさか

一三日 地下鉄サリン事件から二一年の集い「死刑についてオウム事件を考える」江川紹子・藤田庄市・小川原優之

一七日 地下鉄サリン事件被害者の会代表世話人の高橋シズヱさ

二五日　岩城光英法務大臣、鎌田安利さん（大阪拘置所）、吉田純子さん（福岡拘置所）の死刑執行

二八日　札幌地裁（田尻克已裁判長）は大森勝久さんの第二次再審請求を棄却

んは、死刑囚との面会や執行の立ち会いなどを求める法相宛ての要望書を提出。

一八日　「死刑冤罪とDNA鑑定」TKC東京本社　主催：えん罪救援センター

二〇日　「えん罪救済の新たな幕開け」立命館大学大阪いばらきキャンパス　コロキアム　主催：えん罪救援センター

二五日　執行抗議記者会見・法務省前行動（東京）、大阪拘置所前抗議行動、執行抗議ビラ撒き（福岡）

二六日　「ジンギスカンの末裔が死刑を廃止す　モンゴルの死刑廃止に関する法社会「史」的分析」呉豪人・早稲田奉仕園　主催：フォーラム90

二六日　死刑を考える日（大阪）「「7番房の奇跡」を鑑賞して死刑制度を考える」

四月

二日　「岩城光英法務大臣の地元で死刑について考える集い」安田純治弁護士・安田好弘弁護士、「ふたりの死刑囚」上映　いわき産業創造会館、

九日　奥西勝さんを偲ぶ会、ウインクあいち

一〇日　大阪駅前アピール行動、大阪拘置所前花見

二三日、二四日　「死刑囚風間博子さし絵原画展」トークイベント：蜷川泰司・深笛義也　フリースペース無何有（むかう）　主催：風間博子さん支援会

二七日　執行抗議集会　参議院議員会館

二九日→八月二九日　大道寺幸子・赤堀政夫基金「極限芸術二～死刑囚は描く～」クシノテラス

五月

一三日　米製薬大手のファイザーは自社製品が死刑執行に用いられないように、流通を規制すると発表

一五日　フィリピン大統領選で勝利したロドリゴ・ドゥテルテ、死刑制度の復活を目指す意向を明らかにする。

二六日　最高裁第三小法廷（大橋正春裁判長）は伊藤和史さんの上告棄却、死刑確定へ

六月

一三日　最高裁第二小法廷（千葉勝美裁判長）は、浅山克己さんの上告棄却、死刑確定へ

一六日　最高裁第一小法廷（大谷直人裁判長）で、石巻事件の元少年の上告棄却、死刑確定へ

七月

二〇日　前橋地裁（鈴木秀行裁判長）は土屋和也さんに死刑判決

二一日　最高裁第一小法廷（池上政幸裁判長）は筒井郷太さんの上告を棄却、死刑確定へ

五月

二一日　「東アジア反日武装戦線と私たちの来た道、行く道 虹の彼方へ 第四回「直接行動」という「暴力」をめぐって」酒井隆史 日本キリスト教会館 主催：支援連

五月二一日→六月五日　「冤罪を叫び続ける死刑囚の絵展」同時展示：『迷宮の飛翔』さし絵原画展 アビエルト（広島）

六月

一日　ハンセン病で無実を訴えながら死刑を執行された「菊池事件」（藤本事件）で、再審弁護団が、検察官が自ら再審請求するよう熊本地検に要望。

六日　「芥川賞作家・平野啓一郎さんと安田好弘弁護士が語り合う 被害者遺族と死刑」早稲田大学 主催：CAP～罪と罰について考える会

二二日　袴田秀子さん、ノルウェーのオスロの「死刑廃止世界大会」に参加。

七月

三日　「米国・死刑取材現場からの報告」佐藤大介　文京区民センター3A 主催：フォーラム90

四日　「死刑も終身刑もない国スペインの刑罰制度にまなぶ」主催：第二東京弁護士会

一六日　「真島事件」裁判報告会 長野市もんぜんぷら座801

二三日　「和歌山カレー事件再審請求のいま そして これから パー

トII」

三〇日　「永山子ども基金第一三回チャリティコンサート」ＹＭＣＡアジア青少年センタースペースＹ

八月

二〇日　「えん罪と死刑廃止を考える　映画「ふたりの死刑囚」を観て」大阪弁護士会二階ホール　主催：近畿弁護士連合会

九月

一三日　広島高裁（多和田隆史裁判長）は保見光成さんの控訴を棄却、死刑判決

一四日　大阪高裁（後藤真理子裁判長）は西口宗宏さんの控訴を棄却、死刑判決

三日　「死刑廃止を考える　連続シンポジウム」笹倉香奈・海渡雄一・石塚伸一　アクロス福岡四階国際会議場　主催：福岡県弁護士会

一三日　韓国の死刑廃止運動家、車亨根弁護士死去

一五日　「被害者遺族と死刑制度の在り方を考える　シンポジウム」高橋シズヱ・井田良　クレオＢＣ　主催：東京弁護士会

二九日　滋賀弁護士会は死刑制度の廃止を求める決議案を臨時総会で可決。全国初。

一〇月

三日　福岡地裁小倉支部（柴田寿宏裁判長）は死刑を求刑されていた内間利幸さんに無期懲役判決

七日　金田勝年法相は閣議後会見で、死刑制度の在り方について「さまざまな議論があるのは承知しているが、国民世論に十分配慮しつつ、慎重に検討すべき問題だ」と述べる

二〇日　午後、中国広東省東莞において宮崎敦司さんの死刑執行

六日～七日　日弁連人権大会「二〇二〇年までに死刑制度の廃止を目指し、終身刑の導入を検討する」とする宣言を採択。日弁連宣言採択に、ＥＵ駐日代表部や加盟国の駐日大使らは「歓迎すべき進展だ」と共同声明を発表。

一〇日　「死刑廃止デー福岡　冤罪死刑囚の〝今〟を通して、死刑制度を考えたい」「ふたりの死刑囚」上映　筒井修　ふくふくプラザ　主催：死刑廃止・タンポポの会

一〇日　「平岡秀夫元法務大臣と観て・話して・考える日本の死刑制度」「望むのは死刑ですか」上映　主催：フォーラムinなごや

一五日　響かせあおう死刑廃止の声二〇一六「死刑と憲法」牛込箪笥区民ホール　主催：フォーラム90

一六日　世界死刑廃止デー行動（大阪駅前）

二九日　「どうなる？どうする？　死刑がない国の刑罰制度」新倉修・海渡双葉　聖イグナチオ協会岐部ホール　主催：監獄人権センター

一一月

二日　名古屋地裁（景山太郎裁判長）は死刑を求刑されていた林圭二さんに無期懲役判決

八日　法務省は無期懲役刑服役中の受刑者のうち、昨年中に仮釈放されたのは九人だったことを明らかにした。九人の服役から釈放までの平均期間は三一年六カ月。昨年新たに無期懲役で服役したのは二五人。昨年末時点の無期懲役の受刑者数は一八三五人。うち三割は服役期間が二〇年以上で、五〇年以上も一二人。昨年の服役中の死亡者は二二人。

八日　名古屋高裁は堀慶末さんの控訴棄却、死刑判決。

八日　米国の死刑制度の是非を問う住民投票で、カリフォルニア州、ネブラスカ州、オクラホマ州ともに死刑支持が多数

一一日　金田勝年法相、田尻賢一さん（福岡）の死刑を執行

一一日　田尻賢一さんの死刑執行を受け、犯罪被害者支援弁護士

三日　「死刑存置派の研究者が語る死刑研究の最前線」永田憲史、東京しごとセンター講堂　主催：フォーラム90

五日　早稲田祭『死刑弁護人』アフタートーク安田好弘×ジョー横溝、早稲田キャンパス一四号館四〇一教室、共催・CAP（罪と罰について考える会）

一一日　執行抗議記者会見・法務省前行動（東京）、福岡拘置所へ抗議、天神ビラ撒き（福岡）

一七日　「シンポジウム「死刑について議論しよう」小川原優之・高橋正人　駐日EU代表部 講堂　主催：駐日EU代表部

一八日、一九日　「ある死刑囚の手紙 軽井沢演劇部朗読会」一八日トーク加賀乙彦、キッド・アイラック・ホール

二六日～二七日　死刑廃止全国交流合宿　大澤真幸　築地本願寺会館振風道場

二一日～二月二八日　一路多彩――アートをいただく「命みつめて～描かずにはいられない」にしぴりかの美術館

フォーラムは「法に定められた死刑の執行は当然だ」と声明

二四日　静岡地裁沼津支部（斎藤千恵裁判長）は肥田公明さんに死刑判決

二九日　金田勝年法務大臣の死刑執行に抗議する集会　参議院議員会館

一二月

一四日　岐阜地裁（鈴木芳胤裁判長）は死刑を求刑されていた笠原真也さんに無期懲役判決

七日　「死刑のある国ニッポン　殺人という罪　死刑という罰」森達也・藤井誠二・楠信生　札幌別院大谷ホール

一七日　第28回多田謡子反権力人権賞で「東京拘置所のそばで死刑について考える会」（そばの会）を含む三団体が受賞、発表会　連合会館

編集後記

昨年8月から一年間、金田勝年衆議院議員が法務大臣だった。その間、共謀罪の質疑で法相が法案を理解しておらず自力で答えることができない、彼は法務大臣にふさわしくないということが誰の目にも明らかになったのだった。彼は今年8月の内閣改造で任を解かれるまでに2回、3名の死刑執行命令を出している。あろうことか、その一人は再審請求中だったのである。こんな法相が、死刑執行命令を出すというのは理解しがたい。かつて鳩山邦夫法相が、法相が命令をしなくてもベルトコンベアーのように執行したいと言ったが、金田法相は上がってきた命令書に機械的に判をついただけだ。死刑の不条理をこの法相は身をもって晒したのである。

ところで獄死する死刑確定者が増えている。確定者数がこの四半世紀で2・3倍に増えたこと、高齢化が進んでいることもあるが、拘置所の建替えにより閉塞感が強まり、処遇がきつくなりストレスが増大したことと。病にかかることは無関係ではないだろう。今年はすでに関根元さん、大道寺将司さん、浜田武重さん、畠山鐵男さんの四人が獄死を強いられた。本書で大道寺さんの追悼を小特集としたのは日本死刑囚会議・麦の会の活動を担い今日に続く死刑廃止運動の流れの一つを作り出した一人だからだ。当時の麦の会には浜田さんも所属し、『死刑囚からあなたへ』に「私の人生体験」という文章を書いている。3件の事件のうち2件に関しては冤罪を主張していた。

また畠山さんは大道寺幸子・赤堀政夫基金表現展に2015年に初めて短歌を応募し、「晩詠」三四首でその年の優秀賞を受賞した。今年応募の「殘影」十首から三首を紹介しておきたい。

泥に伏す野犬のごとき我が一生嘲罵のはてにくびられて果つ

いとし子の中学生となる年に手術不能のガン告知受く

五月雨の降る音細しガン我の命を刻む音としも聞く

本誌は通巻21号、いまなら全巻揃うのでぜひお買い求めを。倉庫料削減のため、大幅に断裁中だ。なお本書は死刑囚全員に差し入れている。（深田卓）

ポピュリズムと死刑
年報・死刑廃止 2017
2017年10月15日　第1刷発行

編集委員
岩井 信
可知 亮
笹原 恵
島谷直子
高田章子
永井 迅
安田好弘
（以上50音順）
深田卓［インパクト出版会］

装幀・本文レイアウト
宗利淳一デザイン

協力
死刑廃止国際条約の批准を求めるフォーラム90
死刑廃止のための大道寺幸子基金
深瀬暢子
国分葉子
岡本真菜

宣伝ビデオ作成
可知亮

編集
年報・死刑廃止編集委員会

発行
インパクト出版会
東京都文京区本郷 2-5-11　服部ビル
TEL03-3818-7576　FAX03-3818-8676
E-mail：impact@jca.apc.org
郵便振替 00110-9-83148

本書からの無断転載を禁じます

インパクト出版会刊

逆徒 —「大逆事件」の文学 池田浩士 編・解説
インパクト選書① 2800円十税
「事件」の本質に迫る上で重要な諸作品の画期的なアンソロジー。

蘇らぬ朝 —「大逆事件」以後の文学 池田浩士 編・解説
インパクト選書② 2800円十税
「事件」の翳をとりわけ色濃く映し出している諸作品を選んだアンソロジー。

私は前科者である 橘外男著 野崎六助解説
インパクト選書③ 2000円十税
刑務所出所後、1910年代の大東京の底辺の労働現場を流浪し描いた自伝的文学。

俗臭 織田作之助［初出］作品集 織田作之助著 悪麗之介編・解説
インパクト選書④ 2800円十税
織田作之助は「夫婦善哉」だけではない。作家の実像を読みかえる蔵出しヴァージョン。

天変動く 大震災と作家たち 悪麗之介編・解説
インパクト選書⑤ 2300円十税
1896年の三陸沖大津波、1923年の関東大震災を表現者はどう捉えたか。

少年死刑囚 中山義秀著 池田浩士解説
インパクト選書⑥ 1600円十税
死刑か無期か。翻弄される少年殺人者の心の動きを描いた死刑文学。

人耶鬼耶 黒岩涙香著 池田浩士校訂・解説
インパクト選書⑦ 2300円十税
誤認逮捕と誤判への警鐘を鳴らし、人権の尊さを訴えた最初の死刑廃止小説。

日本の少年小説 「少国民」のゆくえ 相川美恵子編・解題
インパクト選書③ 『文学史を読みかえる』研究会企画・監修 2800円十税
「少国民」はどのように生み出され、育てられたのか。

李朝残影 梶山季之朝鮮小説集
川村湊編 4000円十税
梶山季之が生まれ育った「ふるさと」植民地下朝鮮を描く作品群。

憎しみの海・怨の儀式 安達征一郎南島小説集
川村湊編・解説 4000円十税
紺碧の南の海の上を舞台に繰り広げられる原色で描かれた南島の惨劇。

グワラニーの森の物語 増山朗作品集 —移民の書いた移民小説
川村湊編 4000円十税
開拓者と冒険者と原住民が、太古の森と大河に挑むアルゼンチンの日本語文学。

3.11後を生き抜く力声を持て
神田香織 著 1800円十税
訴えは明るく楽しくしつっこく。講談師・神田香織が指南します。

インパクト出版会刊

マンガで見る大韓民国臨時政府
白武鉉 著 梁東準訳 1200 円＋税
韓国時事マンガの第一人者が描く抗日 27 年間の疾風怒濤の独立闘争。

横浜事件と再審裁判　治安維持法との終わりなき闘い
横浜事件第三次再審請求弁護団編著 3000 円＋税
戦時下未曾有の出版・知識人弾圧事件、いま、再審裁判をとおして検証する。

資料集成 横浜事件と再審裁判　治安維持法との終わりなき闘い
横浜事件第三次再審請求弁護団編著 4600 円＋税
12 年に及ぶ裁判闘争の重要書面を時系列で掲載。年表や写真によっても記録した。

新版　下山事件全研究
佐藤一著 6000 円＋税
浅薄な謀略論を排し、事件の真実を解明した下山事件研究の金字塔。

みるく世や やがて　沖縄・名護からの発信
浦島悦子 著 2300 円＋税
沖縄の未来は沖縄が決める。埋め立てでなく、生活できる海を取り戻そう。

紙の砦 自衛隊文学論
川村湊 著 2000 円＋税
自衛隊は文学・映画にどのように描かれてきたか。

震災・原発文学論
川村湊 著 1900 円＋税
3.11 以前・以降の原発文学を徹底的に読み解く。

［極私的］60 年代追憶　精神のリレーのために
太田昌国 著 2000 円＋税
過去を振り返り、現在を問い、未来を見通す、渾身の長篇論考。

「橋下現象」徹底検証　さらば、虚構のトリックスター
橋下現象研究会編著 1900 円＋税
新自由主義・国家主義の濁流に抗して、民衆主権の革新的創造を目指す分析と提言！

出来事の残響　原爆文学と沖縄文学
村上陽子 著 2400 円＋税
原爆文学と沖縄文学をとおし、他者の痛みを自分の問題としていかに生きなおすか。

ヒロシマ・ノワール
東琢磨 著 1900 円＋税
なぜ広島には幽霊が現れないのか。不可視の放射能。見えざるものの存在に目を凝らす。

パット剝ギトッテシマッタ後の世界へ　ヒロシマを想起する思考
柿木伸之 2100 円＋税
被爆から 70 年、未だ歴史にならない記憶の継承はいかにして可能か

インパクト出版会刊

沖縄戦場の記憶と「慰安所」 洪玧伸 ほんゆんしん 著 3000 円十税

沖縄 130 カ所の「慰安所」に、住民は何を見たのか。沖縄諸島、大東諸島、先島諸島に日本軍が設置した「慰安所」の成立から解体までを明らかにした大著。

ジェンダー・バックラッシュとは何だったのか

史的総括と未来へ向けて 石楿 そくひゃん 著 2800 円十税

ジェンダー平等の達成を求めて、日本の女性政策や運動の限界を乗り越える道を探る。

ナウトピアへ サンフランシスコの直接行動 堀田真紀子 著 2800 円十税

アートで社会を異化していくナウトピアンたちの活動を紹介。いまここから始める社会変革を模索。

パンパンとは誰なのか

キャッチという占領期の性暴力と GI との親密性 茶園敏美 著 2800 円十税

これは占領期の特殊な時期の特殊な話ではない!

性的主体化と社会空間

バトラーのパフォーマティヴィティ概念をめぐって 大貫挙学 著 3000 円十税

ジェンダー/セクシュアリティの自由は、いまに可能か?

刑事司法とジェンダー

牧野雅子 著 2800 円十税

強姦加害者の責任を問う法の在り方をジェンダーの視点から検証する。

ヒロシマとフクシマのあいだ ジェンダーの視点から

加納実紀代 著 1800 円十税

被爆国がなぜ原発大国になったのか?ヒロシマはなぜフクシマを止められなかったのか?

聴診器を手に絆を生きる 信原孝子医師のパレスチナ解放と地域医療

信原孝子 著 信原孝子遺稿・追悼文集編集委員会 編 2000 円十税

パレスチナ人に寄り添い医療活動を続けた日本人女性医師の遺稿集。

不穏なるものたちの存在論 人間ですらないもの、卑しいもの、取るに足らないものたちの価値と意味 李珍景著 影本剛訳 2800 円十税

誰かを心地悪く不安にさせる、不穏なるものたちへの素晴らしい出会い。

歩きながら問う 研究空間〈スユ+ノモ〉の実践

金友子 編訳 2200 円十税

ジェンダー平等の達成を求めて、日本の女性政策や運動の限界を乗り越える道を探る。

生と芸術の実験室スクウォット

スクウォットせよ!抵抗せよ!創作せよ! 金江著 金友子訳 2700 円十税

空き家や土地を占拠する行為を通じて人間が必要とする空間を再分配する。

燃ゆる海峡 NDU と布川徹郎の映画/運動に向けて

小野沢稔彦・中村葉子・安井喜雄 編著 3000 円十税

風のように駆け抜けた伝説の映画集団 NDU と布川徹郎の軌跡を追う。

死刑を考える必読書　インパクト出版会刊

こんな僕でも生きてていいの 河村啓三 著 1900 円＋税
破滅へ向かってひた走った半生を冷徹に描写。死刑囚による新しい犯罪文学の登場。

生きる 大阪拘置所・死刑囚房から　河村啓三 著 1700 円＋税
次々と処刑されていく死刑囚たちのことを記憶に刻み、獄中のこの瞬間を生きる。

落伍者 河村啓三著　1700 円＋税
加賀乙彦推薦。第 7 回大道寺幸子基金表現展優秀賞受賞作。

本当の自分を生きたい 死刑囚・木村修治の手記 2330 円＋税
自分の半生と犯した罪を捉え返し、本当の自分を生きよう、生きて償いたいと思う。

死刑・いのち絶たれる刑に抗して 日方ヒロコ 著 2500 円＋税
死刑囚の姉となり、世間の矢面に立ち、迫り来る執行と対峙した時代を振り返る。

死刑囚と出あって 今、なぜ死刑廃止か 日方ヒロコ 著 500 円＋税
守秘義務により隠された死刑制度を問う。ブックレット。

「鶴見事件」抹殺された真実 高橋和利 著 1800 円＋税
死刑確定者による「私は殺してはいない」という獄中からの怒りの手記。

免田栄　獄中ノート 免田栄著　1900 円＋税
無実の死刑囚・免田栄が死刑の実態、そして日本の司法制度を鋭く告発する自伝。

光市事件 弁護団は何を立証したのか 光市事件弁護団 編著 1300 円＋税
マスメディアの総攻撃に抗して、差戻控訴審での 21 人の弁護団が明かす事件の真実。

獄中で見た麻原彰晃 麻原控訴審弁護人 編 1000 円＋税
精神を病み、意識を失った人間を法廷で裁き、死刑にすることに何の意味があるのか。

少年死刑囚 中山義秀 著 池田浩士 解説 1600 円＋税
死刑か、無期か？翻弄される少年殺人者の心の動きを描き、刑罰とは何かを問う小説。

死刑文学を読む 池田浩士・川村湊 著 2400 円＋税
文学は死刑を描けるか。世界初の死刑文学論。

死刑の〔昭和〕史 池田浩士著 3500 円＋税
被害者感情、戦争と死刑、マスコミと世論、罪と罰など、万巻の資料に基づき思索。

死刑囚からあなたへ①② 日本死刑囚会議・麦の会編著 2427 円＋税
国家による殺人＝死刑を拒否し、生きて償いたいと主張する死刑囚によるメッセージ集。

死刑映画・乱反射 京都にんじんの会編 1000 円＋税
死刑について考えることは命について、社会について、国家について考えること。

銀幕のなかの死刑 京都にんじんの会編 1200 円＋税
京都死刑映画週間でのトーク集。鵜飼哲、安田好弘、池田浩士ら。

死刑を止めた国・韓国 朴秉植著 1400 円＋税
1997 年 12 月以降、死刑の執行を停止している韓国に学ぶ。

少年事件と死刑

年報・死刑廃止 2012

定価 2300 円＋税　ISBN978-4-7554-0227-2

少年法の理念さえ踏み越え、更生ではなく厳罰へ、抹殺へとこの国は向かう。少年事件と死刑の問題点を徹底検証。巻頭座談会「魔女裁判を超えて～死刑法廷とジェンダー」北原みのり・安田好弘・角田由紀子・笹原恵。

震災と死刑　年報・死刑廃止 2011　2300 円＋税

あれだけの死者が出てもなぜ死刑はなくならないのか。震災後の今、死刑を問い直す。

日本のイノセンス・プロジェクトをめざして　年報・死刑廃止 2010 2300 円＋税

DNA 鑑定により米国で無実の死刑囚多数を救出したプロジェクトは日本でも可能か。

死刑 100 年と裁判員制度　年報・死刑廃止 2009　2300 円＋税

足利事件・菅家利和さん、佐藤博史弁護士に聞く。

犯罪報道と裁判員制度　年報・死刑廃止 2008　2300 円＋税

光市裁判報道へのＢＰＯ意見書全文掲載。

あなたも死刑判決を書かされる　年報・死刑廃止 2007　2300 円＋税

21 世紀の徴兵制・裁判員制度を撃つ。

光市裁判　年報・死刑廃止 2006　2200 円＋税

なぜメディアは死刑を求めるのか。

オウム事件 10 年　年報・死刑廃止 2005　2500 円＋税

特集２・名張事件再審開始決定／歴史的な再審開始決定書全文を一挙掲載。

無実の死刑囚たち　年報・死刑廃止 2004　2200 円＋税

誤判によって死を強要されている死刑囚は少なくはない。

死刑廃止法案　年報・死刑廃止 2003　2200 円＋税

上程直前だった死刑廃止議員連盟の廃止法案と 50 年前の死刑廃止法案。

世界のなかの日本の死刑　年報・死刑廃止 2002　2000 円＋税

死刑廃止は世界の流れだ。第１回世界死刑廃止大会のレポートなど。

終身刑を考える　年報・死刑廃止 2000 ～ 2001　2000 円＋税

終身刑は死刑廃止への近道なのか。

死刑と情報公開　年報・死刑廃止 99　2000 円＋税

死刑についてのあらゆる情報はなぜ隠されるのか。

犯罪被害者と死刑制度　年報・死刑廃止 98　2000 円＋税

犯罪被害者にとって死刑は癒しになるのか。

死刑―存置と廃止の出会い　年報・死刑廃止 97　2000 円＋税

初めて死刑存置派と廃止派が出会い、議論をした記録。

「オウムに死刑を」にどう応えるか　年報・死刑廃止 96　2000 円＋税

凶悪とはなにか？　90 ～ 95 年の死刑廃止運動の記録。

死刑と憲法　年報・死刑廃止

2016 定価 2300 円＋税　ISBN978-4-7554-0269-2

憲法36条に「公務員による拷問及び残虐な刑罰は、これを絶対に禁ずる」とあるにもかかわらず、なぜ命を奪う死刑制度が温存されているのか。1948年の最高裁死刑合憲判決は、人権意識の大きく変わった現代まで、なぜあたりまえのように通用するのか。「死刑と憲法と全日本おばちゃん党」谷口真由美×伊藤公雄×大道寺ちはる。「死刑廃止は立憲主義の課題である」岩井信。「死刑執行停止を求めるストラスブール総領事の意見具申」永田憲史。

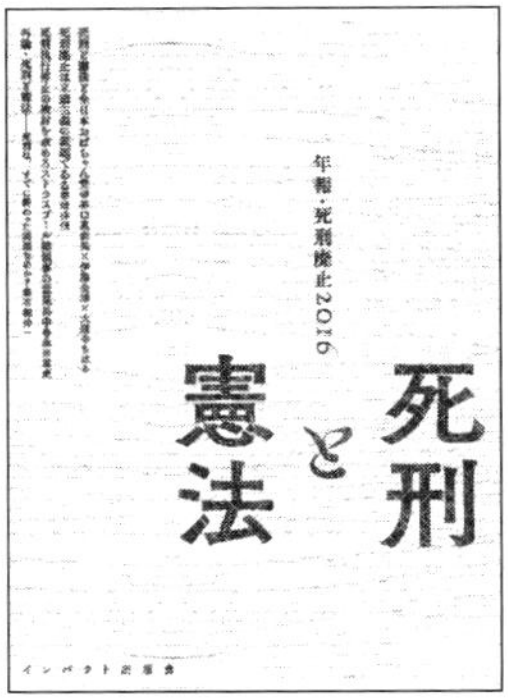

死刑囚監房から

年報・死刑廃止 2015

定価 2300 円＋税　ISBN978-4-7554-0261-6

死刑廃止国際条約の批准を求めるフォーラム90が2015年に実施した確定死刑囚アンケートの73人の回答を収載。巻頭座談会は「地下鉄サリン事件から20年　オウム事件とは何だったのか」太田俊寛・松本麗華・安田好弘・岩井信。

袴田再審から死刑廃止へ　年報・死刑廃止 2014

定価 2300 円＋税　ISBN978-4-7554-0240-1

48年間、無実の罪で幽閉され、死刑確定により精神の均衡を失った袴田巖さん。袴田冤罪事件の存在は死刑制度があってはならないことを示している。袴田ひで子さんと巖さんのインタビュー、袴田弁護団座談会や無実で執行された久間三千年さんの飯塚事件弁護団との鼎談など収載。

極限の表現　死刑囚が描く　年報・死刑廃止 2013

定価 2300 円＋税　ISBN978-4-7554-0249-4

絵画、詩歌句、小説、自伝など多くの死刑囚たちが作品を作り続ける。極限で描かれたこれらの作品は何を訴えるのか。そこから私たちとかわらぬ人間の姿が立ち上がってくる。大道寺幸子基金表現展のすべて。加賀乙彦、北川フラム、池田浩士、大道寺将司、坂口弘。作品多数収載。